PPP项目资产离岸证券化理论与实践

Theory and Practice Issue Asset-
Backed Security of PPP Project Offshore

范拓源 / 著

经济管理出版社
ECONOMY & MANAGEMENT PUBLISHING HOUSE

图书在版编目（CIP）数据

PPP 项目资产离岸证券化理论与实践/范拓源著. —北京：经济管理出版社，2018.3
ISBN 978-7-5096-5548-1

Ⅰ. ①P… Ⅱ. ①范… Ⅲ. ①政府投资—合作—社会—资本—研究—中国 Ⅳ. ①F832.48
②F124.7

中国版本图书馆 CIP 数据核字（2017）第 313432 号

组稿编辑：宋　娜
责任编辑：范美琴
责任印制：黄章平
责任校对：陈　颖

出版发行：经济管理出版社
　　　　　（北京市海淀区北蜂窝 8 号中雅大厦 A 座 11 层　100038）
网　　址：www. E-mp. com. cn
电　　话：（010）51915602
印　　刷：玉田县昊达印刷有限公司
经　　销：新华书店
开　　本：720mm×1000mm/16
印　　张：17.25
字　　数：290 千字
版　　次：2018 年 3 月第 1 版　2018 年 3 月第 1 次印刷
书　　号：ISBN 978-7-5096-5548-1
定　　价：98.00 元

前　言

我国有超过 1.3 万个 PPP 项目，通过物有所值评估将分散的基础资产打包与分层，可以消除单个资产的异质性风险，降低证券价值信息敏感度。通过设计双 SPV 交易结构实现真实出售和破产隔离，发挥自贸区政策创新和香港人民币离岸金融中心优势实现 PPP 项目资产离岸证券化，发展潜力巨大，也需要系统深入研究。

本书采用逻辑演绎和实证研究相结合的方式，得出以下主要结论：一是我国上万个 PPP 项目涵盖 19 大领域，但前 5 大领域占比为 50%，相对集中度较高，容易组建高质量资产池和资产包；设计双 SPV 交易结构实现 PPP 项目资产真实出售、破产隔离，在国际资本市场发行资产支持证券，符合国际惯例。二是在香港地区设立特殊目的载体，具有税收、资讯、操作便利等优势。香港信托、香港公司、香港基金都适合做 PPP 项目资产离岸证券化特殊目的载体；香港资产支持证券发行有债券、银行理财产品、基金、港交所上市产品等多种发行途径，有人民币挂钩结构化产品、各类基金、港交所公募产品、点心债、内保外债等多元化产品，适合多元投资主体 PPP 项目资产证券化需求。三是中央和香港特区政府达成的制度安排和政策，沪港通、深港通和基金互认机制提供便利，全口径跨境融资、双向资金池等各类创新提供了系列操作工具。

本书的创新点主要体现在：基于资产证券化原理，探索物有所值评估分割重组基础资产组建高质量 PPP 项目包方式；探索设计双 SPV 交易结构实现政府和私人部门合作项目的真实出售、破产隔离模式；基于香港地区英美法系与大陆法系的不同，探索了内地与香港地区合作的特殊目的载体设计新模式；基于离岸证券化交易结构，基于自贸区发展和香港人民币离岸金融中心建设，探索了资金管理及跨境流通合法合规方式。

目　录

第一章
PPP资产离岸证券化的必要性和可行性

第一节　PPP资产离岸证券化的必要性和价值

一、PPP资产离岸证券化的必要性

1. 资产离岸证券化符合国际惯例可以激发PPP活力

"十三五"时期我国面临复杂多变的国际、国内经济环境，经济下行压力进一步加大，多项改革步入深水区，改革成功与否关系着我国的经济命脉和国运。在深化改革过程中，如何激发社会资本投资活力是个重要而又棘手的问题，2016年国内社会投资增速已下滑至3.2%的历史低位。国务院于2017年1月陆续出台多项政策，在新型城镇化建设、收费公路等项目中积极推进PPP模式，同时建立了"一带一路"PPP工作机制，鼓励和帮助中国企业"走出去"，多措并举扩大社会资本投资范围，寄希望于PPP机制引导社会投资与国家重大战略项目结合起来，激发社会资本投资活力。但在实践中，PPP项目落地较少，与中央期待差距较大，主要原因是PPP项目既不能单独适用市场规则也不能单独适用政府规则，政府与社会资本利益目标协调难度大，契约存在不完全性，项目实施存在较多不确定性。PPP多为具有一定自然垄断特性的公共产品领域项目，调整机制不完善，风险分配不合理，资产专用性强，定价不精准，融资难、融资贵等问题都阻碍了PPP机制的应用与推广。债券市场是PPP项目融资的第一大市场，2017年我国大力推行PPP项目资产证券化，但受金融系统风险等因素影响，大规模发展

PPP 项目资产支持专项计划会受到若干制约，短期内无法成为融资"主力军"，需要同时开辟离岸资产证券化市场。在西方发达国家，设备设施、有价证券组合等资产都可以发行资产支持专项计划融资。虽然我国企业经营性资产、应收账款等资产已积累到一定规模，但预期现金流的稳定性达不到资产证券化标准，不容易在国际资本市场发行资产支持专项计划。因此，根据离岸资产证券化的结构特点和国际资本市场上投资者对我国项目相对审慎的风险偏好，需要"选择重点资产类别"。我国 PPP 项目大部分是交通、基建及环保等相关领域项目，公共产品属性资产与当地经济社会发展息息相关，而且无法搬移，同时 PPP 项目一般为政府所建，具有政府信用，同时具有稳定的现金流收入，容易被国际资本市场投资者接受和购买，因此，PPP 项目资产适合离岸证券化融资。资产证券化发达国家和地区，证券化的资产种类繁多，可以解决大规模 PPP 项目融资难等问题，可以充分激发 PPP 活力，调动地方政府、国有企业和民营企业积极性，有效缓解地方政府债务风险，化解大型国企债务集中爆发的风险。

2. PPP 项目资产离岸证券化可行且优势明显

南美、亚洲等新兴市场国家的基础设施资产支持专项计划普遍是先部分在国际市场融资，待国内市场成熟后再国内操作发行的演变历程。PPP 项目资产离岸证券化可以分为国内资产、境外资产证券化两类。国内资产境外证券化的交易，一般是将国内资产出售给境外设立的特殊目的载体（SPV），再由其向境外投资者发行资产支持证券。该模式对资产本身要求较高，要求国内的资产质量优良，信用级别较高，其优点是可以充分利用国际资本市场充裕而且低成本的资金，其缺点是操作相对复杂，交易风险相对较高。容易离岸发行证券的境外资产主要有：境外基础设施资产、出口贸易产生的应收账款、服务外包等境外购买服务产生的应收账款等，信用评级较高，融资周期相对较短，融资成本相对较低。

PPP 项目资产离岸证券化具有低成本优势。境内和境外的融资成本价差很大，我国企业青睐于境外融资。香港联贷市场是我国企业境外融资的重要交易来源，占香港融资额度的 40% 左右。通过发行人民币存款证等方式融资，其票面利率取决于抵押品和担保，一般而言，有项目资产做抵押在香港的三年期融资成本为 2.5%~3.0%。而在国内，中国人民银行规定 1~3 年贷款利率为 6.65%，3~5 年贷款利率为 6.9%。我国民营企业在国内普遍面临银行"惜贷"的困境，房地产企业通过影子银行融资高达 20% 甚至更高。在香港联贷市场融资的企业中，大部分是民营企业，香港拥有充沛的流动性为这些公司提供融资。全球第二大个人电脑（PC）制造商联想集团的控股股东——联想控股，通过旗下南明筹集 2 亿美元的三年期定期贷款。重型机械制造商三一集团也筹集了一笔 1.5 亿~2 亿美元的三年期贷款，食品和奶制品集团光明食品（集团）有限公司联系多家银行进行境外融资，以资助海外收购。除了联贷市场，债券融资、上市融资、发行理财产品融资等各种途径的融资成本也较低，适合需要大规模融资的固定资产或具有稳定现金流的权益类资产开展境外融资。同时，资产离岸证券化可以发行人民币产品，有利于避免汇率波动风险，同时推进人民币国际化进程。

3. 自贸区政策创新为 PPP 项目资产离岸证券化提供系列工具

1973 年国际海关理事会签订的《京都公约》将自由贸易区界定为：一国的部分领土，在进口关税及其他各类税务方面，运入这部分领土内的任何货物都被认为在关境以外，免予实施惯常的海关监管制度。目前，全球已有 1200 多个自由贸易区，其中 15 个发达国家设立了 425 个，占 35.4%；67 个发展中国家共设立了 775 个，占 64.6%。知名度较高的自贸区有：北美自由贸易区、东盟自由贸易区、汉堡自由港、比利时安特卫普港、巴拿马科隆自由贸易区、迪拜杰贝阿里自由贸易区、巴西玛瑙斯自由区、韩国釜山镇海经济自由区等。为进一步深入融合全球垂直生产体系，推进国际贸易，我国批准建设了各类特色自贸区。2013 年 8 月，国务院批准成立中国（上海）自由贸易试验区，涵盖外高桥保税区、外高桥保税物流园区、洋山保税港区和上海浦东机场综合保税区，总面积 28.78 平方公里。2014 年 12 月，国务院决定扩展中国（上海）自由贸易试验区区域范围，涵盖外高桥保税区、外高桥保税物流园区、洋山保税港区、上海浦东机场综合保税区、金桥出口加工区、张江高科技园区、陆家嘴金融贸易区，总面积 120.72 平方公里。2014 年 12 月，国务院批准设立中国（广东）自由贸易试验区、中国（天津）自由贸易试验区、中国（福建）自由贸易试验区 3 个自贸区。其中，广东自贸区涵盖广州南沙新区片区、深圳前海蛇口片区、珠海横琴新区片区，总面积 116.2 平方公里；天津自贸区涵盖天津港片区、天津机场片区、滨海新区中心商务区片区，总面积 119.9 平方公里；福建自贸区涵盖福州片区、厦门片区、平潭片区，总面积 118.04 平方公里。2016 年 8 月，国务院批准设立中国（辽宁）自由贸易试验区、中国（浙江）自由贸易试验区、中国（河南）自由贸易试验区、中国（湖北）自由贸易试验区、中国（重庆）自由贸易试验区、中国（四川）自由贸易试验区、中国（陕西）自由贸易试验区 7 个自贸区。除此之外，我国积极推动 WTO 国际贸易规则修订，推动中国—东盟自由贸易区（CAFTA），同时积极签订如中国—新西兰、中国—瑞士等双边贸易协议。美国总统特朗普就职首日宣布退出 TPP，全球贸易面临更多不确定性，自贸区创新政策作用日益凸显。

自贸区在金融领域的政策支持主要体现在以下几个方面：一是企业资金管理创新。中国银行上海市分行、工商银行上海市分行等银行为自贸区内企业开展了跨国公司外汇资金集中运营管理试点业务，浦发银行、农业银行上海市分行等银行为区内企业开展了跨境人民币双向资金池业务。金融创新帮助企业自主调配境内外资金，提高跨国公司资金使用效率。二是企业融资创新。自贸区内多家金融机构，如交通银行、建设银行、招商银行等，可以为自贸区内企业和非银行金融机构办理境外借入人民币业务。三是支付结算创新。银联、快钱等第三方支付机构与商业银行合作开展跨境电子商务人民币支付结算业务，上海银行、汇丰银行、花旗银行等银行为区内跨国公司办理经常项下跨境人民币集中收付业务，简化区内企业支付结算流程，提高支付结算效率。四是金融机构集聚创新。自贸区允许融资租赁公司可以利用自贸区平台和政策优势，为其开展境外融资租赁业务提供便利。五是存款利率市场化创新，自贸区率先实现了外币存款利率完全市场化。六是对外直接投资创新。自贸区内股权投资企业跨境投资流程大幅简化，以备案制替代审批制，股权投资企业开展跨境股权投资项目较以往极大地缩短了流程时间，提高了股权投资企业境外投资的效率。

基于上述研究背景，本书为 PPP 项目资产离岸证券化研究，基于自贸区政策创新和香港人民币离岸金融中心建设，研究运用双 SPV 交易结构，实现真实出售和破产隔离，通过综合运用香港等国际资本市场、国际免税港离岸发行证券，降低融资成本，激发 PPP 项目投资建设活力。

二、PPP 资产离岸证券化的价值和意义

1. PPP 模式可以填补城镇化巨额资金缺口

2020 年，我国城镇化率达到 60%，其建设资金缺口高达 42 万亿元。根据《中小城市绿皮书（2010 年)》预测，2020 年，我国城镇化率将达到 60%，基础设施投资达 20 万亿~30 万亿元，城镇化与信息化结合投资达 10 万亿元。2016 年，我国广义基础设施投资 15.2 万亿元，如果我国 GDP 增长超过 6.5%，基础设

施建设投资增速须超过 13% 甚至 15%，即需要在 15.2 万亿元的基础上新增 2.0 万亿~2.3 万亿元，再加上 2016 年 1.5 万亿元的资金缺口，2017 年基础设施建设有 4 万亿元左右资金缺口。尽管 20 多年来，我国大力实施城镇化战略，基础设施资本存量年均以 10% 左右的速度增长，但和发达国家的基础设施资本存量差距仍然较大，我国基础设施资本存量与 GDP 的比值约为 0.7，而发达国家的均值为 2，我国基础设施投资还有很大的增长空间。从基础设施建设实践来看，如果 PPP 落地速度加快，专项金融债和基建贷款适度扩张，4 万亿元资金缺口能够填补。近年来，经过社会各界的努力，2017~2020 年进入 PPP 项目落地高峰期，按照平均每季度 5000 亿元的落地速度，平均每两年落地的 PPP 项目达到 4 万亿元①。同时，2017 年中央保持 3% 的赤字率，地方债新发行规模仍有 1 万亿元左右，这意味着 PPP 项目仍有若干年大规模的扩容空间。

　　2. 大规模境外投资需要资产离岸证券化融资

　　2016 年我国首次成为全球绿地 FDI 最大来源，在交易总额中占到 2170 亿美元，几乎是 2015 年的两倍，我国首次成为全球绿地外国直接投资（FDI）的最大来源，占据全球 16.4% 的市场份额，美国过去一直是全球最大 FDI 来源。同时，我国逐步放松境外融资监管。2017 年 1 月，中国人民银行《关于全口径跨境融资宏观审慎管理有关事宜的通知》，扩大企业和金融机构跨境融资空间，便利其利用境外低成本资金，降低实体经济融资成本。2016 年，包括银行在内的中资企业在海外发行的美元债券规模达到了 1110 亿美元，远高于 2015 年的 880 亿美元。

　　美国总统特朗普上任伊始就签批"快速跟踪审批高优先级别基建设施项目"，包括 1800 亿美元的铁路公交系统，650 亿美元的港口、机场、水路，1100 亿美元的供水和污水处理系统，1000 亿美元的能源基础设施，以及 200 亿美元的公共和原住民区土地，号称美国版"四万亿"，美国大规模基础设施建设会进一步促进我国企业境外投资。在国际项目建设中，PPP 是缓解财政支出压力的政策和融资工具。随着科技革命重塑国家和社会、政府和市场之间的关系，政府和社会资本之间的相互依赖程度不断加深，基于 PPP 理念的协商共治模式正在形成。我国企业在境外大规模投资，以 PPP 模式参与各类公共产品领域项目建设，是深度

---

　　① 财政部政府和社会资本合作中心：《全国 PPP 综合信息平台项目库第五期季报》，http://www.cpppc.org，2017-02-16。

融入全球垂直生产体系的必然要求，而在项目所在国家和地区就近融资不仅信息透明度高，容易被国际金融市场增信评级，交易周期短、融资成本低。

3. 缓解地方债务压力

多年来，我国地方债务风险持续被社会各界高度关注，一方面，地方政府债务持续增长风险不断增加；另一方面，地方政府不断借贷的同时，闲散资金不断增长，大量资金闲置，主要是由碎片化预算与资金管理导致的。为全面了解债务状况与风险，我国审计署进行了三次针对地方债务的具体审计，其中最近的一次是 2013 年 12 月 30 日的审计，公告① 数据显示，截至 2013 年 6 月底，全国各级政府负有偿还责任的债务为 20.70 万亿元，负有担保责任的债务为 2.93 万亿元，可能承担一定救助责任的债务为 6.65 万亿元，合计 30.27 万亿元。与 2012 年相比，全国政府负有偿还责任的债务上升 8.57%，其中地方部分上升 13.06% 至 10.89 万亿元，中央部分上升 3.98% 至 9.82 万亿元。地方政府性债务对土地出让收入的依赖程度较高。截至 2012 年底，11 个省级、316 个市级、1396 个县级政府承诺以土地出让收入偿还的债务余额为 3.49 万亿元，占省、市、县三级政府负有偿还责任债务余额（9.36 万亿元）的 37.23%。报告对 2012 年底全国政府性债务负担状况进行分析，结果表明，全国政府性债务各项风险指标均处于国际通常使用的控制标准参考值范围内，风险总体可控，为存量资产证券化奠定了基础。报告显示，2012 年我国地方债务总额占 GDP 的比重为 39.43%，低于国际通常使用的债务占 GDP 60% 的负债率控制标准参考值。债务总额是政府财政收入的 113.41%，处于国际货币基金组织确定的债务率控制标准参考值范围之内。我国的政府性债务总体上处于可控水平，而政府性债务的风险主要出现在地方政府。在地方债务中，市、县政府占 80% 作用，其中，市政建设、交通运输、土地资源汇集与储备以及低收入者住房占到了 70%，60% 以上是通过融资平台公司操作的。不过，由于过往债务增长迅速，债务管理不力，目前及未来债务偿还压力不断增加，风险也随之增加。同时，目前经济增长放缓，财政收入（包括土地收入）增速下降，支出刚性增长，地方政府所面临的风险正进一步增加。

国务院批转《发展改革委关于 2014 年深化经济体制改革重点任务的意见》明确提出，建立以政府债券为主体的地方政府举债融资机制，剥离融资平台公司政

---

① 审计署：《全国政府性债务审计结果》，http：//www.audit.gov.cn，2014-01-06。

府融资职能。财政部先后印发《财政部关于印发〈地方政府一般债券发行管理暂行办法〉的通知》(财库〔2015〕64 号)、《财政部关于印发〈地方政府专项债券发行管理暂行办法〉的通知》(财库〔2015〕83 号)、《关于做好 2016 年地方政府债券发行工作的通知》(财库〔2016〕22 号)进一步推进地方政府债券改革,我国地方政府债券从"代发代还"经"自发代还"过渡终于迈向了"自发自还"的新阶段。未来地方政府直接发行一般责任债券将是大势所趋。但短期内,我国资产支持债券无法成为融资"主力军"。《预算法》适度放开地方政府举债权限,为地方举债设定了额度,严格控制地方政府的权限与职能,将地方债务纳入预算管理,受人大监督,融资平台将剥离政府融资功能,将政府债务与企业债务分离,禁止将企业债务转移至政府。《预算法》规范地方政府债务融资体系,却无法解决地方政府债务积累和化解的问题,仅在国内发行资产支持债券无法全部置换地方政府融资平台已经形成的巨额债务,自主发债形式意义大于实际意义。PPP 最核心的作用是充分利用市场导向机制,建立如政府引导基金、行业投资基金等以市场导向型管理为特色的新型基金管理机制,有序推进政府与社会资本间的合作,吸引社会资本投资者投资公共产品领域。PPP 机制可以对地方政府融资机制进一步优化监管方式,适当引入社会资本,扩大金融资本的作用,激活财政存量资金。PPP 机制更重要的作用是提高政府投资效率。深入分析融资与投资就会发现,地方政府所面临的巨大风险存在于投资而非融资领域,如果投资不科学,即使融资减少但风险仍然会持续增长,如果投资科学高效,即使融资规模增加,项目整体风险仍可以得到缓解。因此,提高政府投资科学性远远重要于提高融资监管水平,PPP 机制创新投资机制与投资方法可以大大提高投资效率以及专业化运营程度。PPP 机制下的地方政府债务大部分沉淀为市政、交通等项目资产,可以资产离岸证券化方式充分利用成熟的国际资本市场融资,缓解地方政府债务压力。

4. PPP 项目资产离岸证券化可以有力影响汇率

在强势美元背景下,国际投资需要基本稳定的汇率,即人民币对美元及"一篮子"货币基本稳定,同时相对其他可兑换货币以及整个金融市场基本稳定。2016 年末,CFETS 人民币汇率指数为 94.83,全年下行 6.05%。参考 BIS 货币篮子和 SDR 货币篮子的人民币汇率指数分别为 96.24 和 95.50,全年分别下行 5.38% 和 3.38%。根据国际清算银行的计算,2016 年,人民币名义有效汇率贬值 5.85%,实际有效汇率贬值 5.69%;2005 年 7 月人民币汇率形成机制改革以来至

2016 年 12 月，人民币名义有效汇率升值 37.34%，实际有效汇率升值 47.14%。2016 年末，人民币对美元汇率中间价为 6.9370 元，比 2015 年末贬值 4434 个基点，贬值幅度为 6.39%。2005 年人民币汇率形成机制改革以来至 2016 年末，人民币对美元汇率累计升值 19.31%①。人民币汇率波动的主要原因是美元走强。美国总统特朗普推行共和党长期执政政策，采取扩张的财政政策，大幅下调税率，增加国防和基础设施等政府支出。同时，税收优惠等措施能够促进投资、劳动力供给和经济包容性，美国经济将有强劲的表现，通胀会处于更低水平。美国总需求增长加快，经常账户逆差扩大，预示着美国将扩大境外资金借贷，部分借款将用于为联邦财政赤字的扩大提供融资，同时美元加息推动美元利率的快速上升，美元进一步升值，人民币具有一定的贬值空间。美国总统特朗普就职当日没有像媒体预测的那样将我国列为汇率操纵国，说明特朗普团队意识到中美之间有更重大的经济问题要谈判、协商，比如区别对待国内外企业、知识产权纠纷等问题，而是将汇率问题纳入美国与我国商讨解决的贸易和安全问题的长长清单之中。针对汇率问题，我国央行与美国财政部开展多方沟通，根据美国《2015 年贸易便利与强化法》，汇率操纵国的认定有三个标准，我国只符合其中一个标准，而有这样情况的国家有五个，不应给我国贴上汇率操纵国标签。在我国积极争取被欧美承认市场经济主体地位的同时，支持 PPP 项目资产在国际资本市场发行离岸资产支持专项计划，通过规模庞大的 PPP 项目资产融资美元、欧元、日元、英镑等自由兑换货币，有效规避汇率风险，同时，巨量 PPP 项目资产离岸证券化，可以有力影响汇率。

5. PPP 项目资产离岸证券化平衡外汇储备规模

中国人民银行的数据显示，2016 年我国外汇储备规模为 30105.17 亿美元，同比下降 3198.44 亿美元，下降 9.6%，不过，全年下降规模较上年同期少降了 1928.12 亿美元。根据国际货币基金组织关于外汇储备的定义，外汇储备在支持"走出去"等方面的资金运用记账时，会从外汇储备规模内调整至规模外；反之亦然。自 2016 年 7 月以来，外汇储备连续六个月缩水，但并未跌破三万亿关口。其主要原因是：央行在外汇市场的操作、外汇储备投资资产的价格波动，以及由于美元作为外汇储备的计量货币，其他各种货币相对美元的汇率变动可能导致外

① 中国人民银行货币政策分析小组：《中国货币政策执行报告》，http://www.pbc.gov.cn，2017-02-17。

汇储备规模的变化。其中，央行稳定人民币汇率是外汇储备规模下降的最主要原因，人民币贬值预期是上年外汇储备规模继续缩水的重要原因。反过来，外汇储备不断缩水也会相应地加剧贬值预期，形成一种彼此强化的关系。为避免资本外流失控，央行对不符合"实需"原则的跨境资本流动进行监控，同时加强对市场情绪的引导，令市场重建人民币将在中长期基本稳定的信心。从 2017 年 1 月开始，一系列针对个人结售汇监管法规的再次明确，通过限制对外投资和个人购买外汇严格控制资本账户，遏制不合规的个人资本项目下的资金外流，当前人均50000 美元的年度配额并没有改变。从银行结售汇数据看，2016 年银行累计结汇9.55 万亿元，售汇 11.8 万亿元，结售汇逆差 2.25 万亿元。从银行代客涉外收付款数据看，累计涉外收入 18.55 万亿元，对外付款 20.57 万亿元，涉外收付款逆差 2.02 万亿元。从对外支付能力和债务清偿能力看，目前我国外汇储备规模仍是十分充裕的。从外汇储备满足境内主体跨境投资和消费来看，国家外汇储备的变化本质上反映了我国对外资产持有主体的结构变化，具有积极意义。近年来，随着我国企业和个人经济实力的增强，社会多元化配置资产的需求必然增加，这是一个藏汇于民的过程，未来我国外汇储备仍将围绕合理区间上下波动。鉴于美元资产利率上升以及中美贸易冲突的可能，人民币对美元仍有进一步贬值的风险，资本外流仍然会很高。PPP 项目资产离岸证券化，可以在全球范围内配置资源，分享世界各地经济增长红利，分散投融资风险，总体上有助于我国国际收支基本稳定。

6. PPP 项目资产离岸证券化可以推进人民币国际化进程

我国中央政府频频提及经济新常态，是对我国现阶段经济发展的一个规律性结论。未来经济大发展的增长极已经不多了，城镇化和基础设施建设是一个，但随着经济带的发展成熟，其规模属于可预测范围。另一个重要着力点是人民币国际化。我国过去经济属于追赶经济，美国等发达国家分享了我国经济增长的很多利益。现在，我国经济已经达到新高度，必须实施创新驱动和分享世界经济增长利益的发展战略。世界经济增长利益分享的制度性工具就是人民币国际化机制。人民币国际化是指人民币能够跨越国界，在境外流通，成为国际上普遍认可的计价、结算及储备货币的过程，是一个长期战略。人民币作为支付和结算货币已被许多国家所接受，事实上，人民币在东南亚地区已经成为仅次于美元、欧元、日元的"硬通货"。人民币国际化的首要方向不是欧美，而是东南亚，这些国家自古就属于大中华文化圈，目前在经济上也普遍落后于我国，具有经济增长利益分享的基础和条件。

人民币国际化是人民币境内外双轨制运行的简称，另一个运行轨道是境外，主要是在香港地区。人民币跨境流通量最大的是香港地区，并且可以通过多种途径自由兑换。更关键的是，与在周边其他国家和地区不同，人民币在香港地区是被用来作为投资的一种储备货币。香港地区可以大力扩大人民币计价的债券市场规模，推进以人民币计价的股票市场，利用香港国际金融中心的优势，不断扩大以人民币计价的金融资产的规模以及交易水平，在香港地区尽快形成与欧元和美元抗衡的人民币金融市场。香港人民币离岸金融中心的建设可以在很大程度上化解外资进入内地以赌人民币升值的压力。同时，以香港离岸金融中心建设为契机，将巨量的 PPP 项目资产通过离岸证券化的方式，推动香港离岸证券化市场建设，可以大大推进人民币国际化进程。

第二节　研究的可行性

一、PPP 项目资产离岸证券化符合国际惯例

我国于 2017 年正式尝试 PPP 项目资产证券化项目，但受会计、税收制度以及法律方面的制约以及信用评级制度和环境的局限，在我国大规模开展资产证券化存在较多不确定性，规模在可控范围。按照国际惯例，资产支持证券的主要需求者是机构投资者，我国机构投资者数量有限、不成熟而且受到法律制约。PPP 项目资产离岸证券化，可以规避国内现有相关法律的限制。面临国内机构投资者数量和资金规模等问题，资产离岸证券化可以利用国际资本市场上大量机构投资者对稳定回报和低风险的要求，吸引足够的投资者，利用资产离岸证券化的方式突破融资环节的制约，有效降低融资成本。面对市场容量高达 8000 亿美元的国际高档证券市场，我国企业目前的信用等级多属于非投资级（BBB 级以下），无法进入国际市场融资。但是，我国 PPP 项目资产一般与当地公共经济紧密联系，具有政府信用，资产素质优良、收入稳定，适合在国际资本市场开展资产证券化

融资。PPP 项目资产可以利用境外特殊目的载体使信用等级增加，利用 PPP 项目资产政府信用以及稳定预期收益进入国际高档证券市场。

2016 年地方城投公司海外发债 115 亿美元。随着城市的发展以及由于内地融资环境的不确定性，城投公司积极开拓海外市场融资渠道，2016 年地方城投公司前往新加坡、中国香港等国家和地区发行离岸美元债券的政府融资平台显著增多，海外发行美元债 40 笔，融资 115 亿美元，其中，仅 11 月正式发行 14 笔，融资 34.9 亿美元。此外，常德城投、丹阳投资、天津物产等多笔城投公司美元债正在发行中，江苏徐州也有两家国资公司合计 6 亿美元的海外债券发行计划获市发改委批准。2014 年发行 6 笔，融资 24 亿美元，2015 年发行 19 笔，融资 69 亿美元。大多数城投公司属于地级市、区县级政府，海外债券通常为 3 年期，发行额一般为 2 亿~3 亿美元[①]。2017 年 1 月，长春市城市发展投资控股（集团）有限公司在香港联交所成功申请发行 4 亿美元公募债，票面利率为 3.625%，发行期限为 3 年。此单境外公募债是 2017 年首单城投美元债，也是吉林省首次实现海外债的公募发行。珠海高速公路资产离岸证券化是较早探索之一。1996 年 8 月，珠海市人民政府在开曼群岛注册了珠海高速公路有限公司，成功地根据美国证券法律的 144A 规则发行了资产担保债券。该债券的国内策划人为中国国际金融公司，承销商为世界知名的投资银行摩根士丹利公司。珠海高速公路有限公司以当地机动车管理费及外地过往机动车所缴纳的过路费作为担保，发行了总额为 2 亿美元的债券，所发行的债券通过内部信用增级的办法，将其分为两部分：一部分是年利率为 9.125% 的 10 年期优先级债券，发行量为 8500 万美元；另一部分为年利率为 11.5% 的 12 年期的次级债券，发行量为 11500 万美元。该债券的发行收益被用于广州到珠海的铁路及高速公路建设，资金的筹集成本低于当时的银行贷款利率。

二、PPP 项目资产离岸资产证券化可行高效

从 PPP 示范项目实践来看，主要集中在三个领域：一是市政工程，如供水、排水、污水处理、供电、供气、供热、供冷、公园、停车场、广场、景观绿化、海绵城市、包括地下综合管廊在内的管网、不包括垃圾发电在内的垃圾处理、市

---

① 钟源：《地方城投去年海外发债 115 亿美元》，《经济参考报》2017 年 1 月 19 日。

政道路、公交、轨道交通等。二是交通运输，如高速公路、一级公路、二级公路、铁路、航道航运、交通枢纽、港口码头、机场、隧道、桥梁、仓储物流等。三是片区开发，如园区开发、城镇化建设、土地储备、厂房建设等。大致可以划分为公益性 PPP 项目和经营性 PPP 项目两类。公益性项目主要为经济社会发展提供交通、市政保障，具有公共产品特征，免费提供。因此，该类项目主要由政府直接拨款或当地居民集资兴建，如市政基础设施、城市交通等。经营性项目属于"消费效用不可分割"的准公共产品，可以回收部分投资但建设周期长、投资多、风险大、回收期长，单靠市场机制难以达到供求平衡，需要政府参与投资经营，一般以控股和参股等方式进行，具有垄断性特征。主要包括能源工业（电力、石油）、部分交通运输业（高速公路、航运）、部分公用事业（自来水、污水和垃圾处理）等。PPP 项目资产证券化，就是集合一系列用途、性能、租期相同或相近，并可以产生大规模稳定现金流的资产，通过结构性重组，将其转换成可以在金融市场上出售和流通的证券的过程。

PPP 项目资产证券化的一个重要作用就是资产重组，运用特定的标准对所持有的形态各异的 PPP 项目资产进行筛选、清理，按其未来收入现金流量、经营期限、资产种类将其重新整合成更具吸引力的风险和预期收益组合的资产池。在资产重组的过程中，资产的风险和收益要素随之进行了分离和重组。对于重组前的单笔资产来说，其风险和收益可能难以估计和预测，但对于重组后的资产池来说，在大数定律的作用下，它们的风险和收益的变化往往是相对稳定的，易于根据历史数据对风险进行估测并确定收益率，定价和重新配置变得更为有效。"真实出售"和风险隔离机理是 PPP 项目资产证券化实现的关键技术和本质要素。该机理是通过发起人将 PPP 项目资产真实出售给 SPV 公司，从而实现基础资产与发起人之间的风险隔离。发起人的任何财务、法律或者税务上的问题都不会影响到 PPP 项目资产，因此以 PPP 项目资产未来现金流为支撑的证券本息偿付不会受到发起人的影响，保障了证券持有者（投资人）的利益。资产证券化表面上是以资产为支持，实际上却是以资产所产生的现金流为支持，大部分 PPP 项目资产具有可预期的、稳定的现金流，具有资产证券化的天然优势。

第三节　相关概念界定

一、PPP 概念界定

PPP 是 Public Private Partnership 的缩写，是指政府（Public）与私人（Private）之间，基于提供产品和服务的出发点，达成特许权协议，形成"利益共享、风险共担、全程合作"的伙伴合作关系。PPP 的优势在于使合作各方达到比单独行动预期更为有利的结果，政府的财政支出更少，企业的投资风险更轻。

PPP 融资是一种新型的项目融资模式。项目 PPP 融资是以项目为主体的融资活动，是项目融资的一种实现形式，主要根据项目的预期收益、资产以及政府扶持措施的力度而不是项目投资人或发起人的资信来安排融资。项目的未来收益以及政府补助资金是偿还贷款的资金来源，PPP 项目资产和政府信用是贷款偿还的保障。PPP 融资模式调动更多社会资本参与的积极性，专业化经营提高效率，多主体投资分散风险，以项目未来收益保证社会资本"有利可图"。社会资本投资目标是有一定投资回报率的项目，同时投资风险较低，因此，周期长、投资大的公共产品项目一般是无法吸引社会资本关注的。利用 PPP 机制，政府可以利用制定如税收减免、贷款担保、授予沿线土地开发权等优惠政策，调动社会资本投资公共产品领域的积极性，在减轻政府初期建设投资负担和风险的前提下，以专业化建设和经营方式提高公共产品质量。

PPP 具有三大核心机制：一是伙伴关系机制，PPP 中社会资本与政府部门属于伙伴关系，基于 PPP，利益目标相对容易达成一致，这就是 PPP 的独特之处。政府部门和社会资本合作并形成伙伴关系，最主要的是有共同的目标：在具体公共产品建设项目上，以最少的资源和投入供给更多更好的产品或服务。社会资本以此目标实现自身利益的追求，政府部门以此目标实现公共福利和利益的追求。形成伙伴关系，仅有一致的目标是远远不够的，为了能够保持长久伙伴关系和长远的合作利益，还需要利益共享机制和风险分担机制。二是利益共享机制，政府部门与社会资本不是简单的利润分配，基于 PPP 项目的公益性质和公共产品属性，要求不以利润最大化为目的，因此政府需要控制社会资本攫取超额利润，即不允许社会资本在项目经营过程中收取过高费用。共享利益除共享 PPP 的公共产品便利，还需要保证社会资本取得相对长期、稳定的投资回报。利益共享是伙伴关系的基础，没有利益共享，就不会有可持续的 PPP 伙伴关系。三是风险分担机制，PPP 机制使伙伴关系与市场规则兼容，风险共担是利益共享之外伙伴关系的另一个基础。利益与风险是共生的，基于自由市场经济体制，不会出现只分享利益不承担风险的可能性，否则也无法形成健康而可持续的伙伴关系。即使是最具冒险精神的企业家，为了利益也会采取多种避险措施。在 PPP 中，政府与社会资本合理分担风险，有别于政府与社会资本交易，如政府采购不能称为伙伴关系，是因为双方在交易过程中尽量降低自身风险。在 PPP 伙伴关系中，政府部门尽可能多地承担自己有优势方面的伴生风险，而让社会资本承担的风险尽可能小。如在机场、骨干路网、隧道、桥梁等建设项目中，如果在约定时间内航班、车辆流量不足而导致社会资本达不到基本的预期收益，政府部门可以对其提供财政补助分担风险，有效控制项目初期的经营风险。相对应地，社会资本会按其相对优势承担具体经营管理工作，这是政府管理层"官僚主义低效风险"的易发领域，并以此规避具体经营风险。基于 PPP 机制将提供公共产品的风险由擅于应对该风险的合作方承担，意味着整个项目成本是最小化的。

二、资产证券化概念界定

1977 年，美国投资银行家莱维斯·瑞尼尔（Lewis S.Ranieri）在《华尔街》杂志首次使用抵押贷款转手债券，此后，资产证券化在金融界流行起来。20 世纪 70 年代，美国政府国民抵押协会、联邦国民抵押协会和房地美房贷公司探索发行抵押贷款组合基础资产支持证券——房贷转付证券，资产证券化逐渐发展为常用金融工具。英国学者 Gardener 对资产证券化的定义具有代表性："资产证券化是使储蓄者与借款者通过金融市场得以部分或全部匹配的一个过程或者提供一种金融工具。Gardener 强调开放的市场信誉取代了由银行或者其他金融机构提供的封闭市场信誉"。流动性是资产证券化的关注点之一。Benvenise 和 Berger 指出，资产证券化就是积聚或者担保非流动性的银行资产，以使得它们可在市场上交易，证券化就是将流动性较低的资产转变为流动性较高的资产。

银行信贷资产证券化为许多学者所关注。被誉为"证券化之父"的耶鲁大学教授 Frank Fabozzi 认为，"资产证券化可以被广泛地定义为一个过程，通过该过程将具有共同特征的贷款、消费者分期付款合同、租约、应收账款和其他不流动的资产包装成市场化、可投资的带息证券"或者"创立由资产担保的证券的过程被称为资产证券化"。

国内学者也尝试着从不同的角度对资产证券化进行界定。何小锋对资产证券化的定义具有代表性，"广义的资产证券化是指资产采取证券这一价值形态的过程和技术，它具体包括现金资产的证券化、实体资产的证券化、信贷资产的证券化和证券资产的证券化四种"。国内学者关注操作流程的较多。邓伟利的界定具有代表性，"资产证券化就是将金融机构或其他企业持有的缺乏流动性，但能够产生可预见的、稳定的现金流的资产，通过一定的结构安排，对其风险与收益进行重组，以原始资产为担保，创设可以在金融市场上销售和流通的金融产品"。

表 1-1　资产证券化几种典型的定义

定义角度	定义	定义本质	代表人物
融资方式	储蓄者与借款者通过金融市场得以部分或全部地匹配的一个过程或工具。在这里，开放的市场信誉（通过金融市场）取代了由银行或其他金融机构提供的封闭市场信誉	资产证券化本质上是通过金融市场融资的过程和工具	格顿（Gardener）
融资功能性	资产证券是指主要由现金流支持的，这个现金流是由一组应收账款或其他金融资产构成的资产池提供的，并通过条款确保资产在一个限定的时间内转换成现金以及拥有必要的权力，这种证券也可以是由那些通过服务条款或者具有合适的分配程序给证券持有人提供的资产支持证券	资产证券化本质上是现金流支持的证券	美国证券和交易委员会
源资产的趋同性	资产证券化可以被广泛地定义为一个过程，通过这个过程将具有共同特征的贷款、消费者分期付款合同、租约、应收账款和其他不流动的资产包装成可以市场化的、具有投资特征的带息证券	资产证券化本质是将流动性不强的同类资产转化为市场化的证券的过程	博齐
资产属性	指把欠缺流动性但具有未来现金流的信贷资产经过结构性重组形成资产池，从而转变为可以在金融市场上出售和流通的证券	银行信贷资产证券化具有便利性	斯蒂文·L. 西瓦兹

本书认为，资产证券化（Asset Backed Securitization，ABS）是指将缺乏流动性但能够产生可预见的稳定现金流的资产，通过一定的结构安排，对资产中风险与收益要素进行分离与重组，进而转换成为在金融市场上可以出售的流通的证券的过程。首先，资产证券化必须由一定的资产支撑来发行证券，且其未来的收入现金流可预测。其次，实现"真实出售"，资产的所有者必须将资产出售给特殊目的载体（SPV），使资产证券化过程依赖资产和收益，而不是依赖资产所有者信用。最后，必须建立一种风险隔离机制，在该资产与发行人之间筑起一道防火墙，即使其破产，也不影响支持债券的资产，实现破产隔离。后两者是资产证券化的关键，可以减少资产风险，提高资产支撑证券信用等级，降低融资成本，有效保护投资者利益。

三、资产离岸证券化概念界定

在岸金融、离岸金融是根据金融活动所在地进行界定的。资产证券化和资产离岸证券化也是根据证券化的司法管辖区域所界定的，其证券化的内涵相同，二者的不同主要体现在操作措施上。因此，资产离岸证券化可以界定为：资产证券化机构将可以产生稳定的可预见未来收入现金流的国内资产，按照某种共同特征汇集成一个资产池，利用设在境外的特殊目的载体，通过一定的技术把这个资产池转换为可以在国际资本市场上流通的有固定收益的证券。

由于资产离岸证券化的技术性，资产离岸证券化必须选择国际市场认可的资产并组建符合国际投资者需求的资产池。由于资产离岸证券化大部分关键环节，如信用评级、信用增级、证券发行等都利用国外的机构和人才，结合资产离岸证券化的技术性内涵，操作重点是兼顾国内、国际市场衔接的制度、机制等问题。作为债券类凭证，其发行对象主要是国际资本市场的机构投资者和个人投资者，在国际资本市场上筹集资金，必然涉及证券发行国家或地区法律、税收及经济政策等，制度套利是资产离岸证券化实施的方向、重点和动力。

第四节　研究思路与研究方法

一、研究思路

本书以PPP项目资产离岸证券化为出发点，基于自贸区政策创新机遇，以属于英美法系的最大的人民币离岸金融中心——香港地区为主要研究地域，逐层深入剖析PPP项目资产池组建、PPP项目资产证券化的规律、离岸证券化交易结构设计、香港证券发行及基于自贸区发展的资金跨境流动管理等研究模块，逐步呈现一个完整的PPP项目资产离岸证券化模式。

本书以资产证券化为主线，基于自贸区发展及香港离岸人民币金融中心发展，以PPP项目资产为研究对象，探索其交易结构设计及资金跨境管理问题。

第一板块：问题的提出，基于资产证券化可以激发PPP项目建设活力，PPP资产在国际金融市场融资具有优势，自贸区政策创新提供系列工具，PPP资产离岸证券化对填补城镇化巨额资金缺口、缓解地方政府债务、支持境外投资、稳定汇率、平衡外汇储备和推进人民币国际化的重要作用，在前人研究成果梳理分析的基础上，界定了研究对象，聚焦了研究主题和研究内容。

第二板块：在上一步研究的基础上，综合文献研究和理论基础，分析PPP项目资产、资产池、资产包及估值，研究资产离岸证券化交易结构设计要素，理论归纳提炼PPP项目资产离岸证券化需要研究的重点环节和关键步骤。对PPP项目资产离岸证券化进行了历史演绎研究及现状研究，梳理了在我国的发展脉络及呈现出来的实质特征及发展趋势。

第三板块：基于PPP项目资产的本质属性和特点、基于离岸证券化实质需求，基于最大的人民币离岸中心——香港地区相关产业的发展及法律法规，探索了PPP项目资产离岸证券化的结构设计模式。

第四板块：基于自贸区政策创新以及发展趋势，基于内地和香港地区制度性安排，探索了PPP项目资产证券化发行、融资及跨境资金管理模式。基于PPP项目资产的特点以及离岸证券化操作模式属性，探索了其交易结构可能存在的主要风险，探讨主要风险控制模式。

第五板块：结论与展望。总结了基于自贸区和香港离岸人民币金融中心发展的 PPP 项目资产离岸证券化操作模式，并对交易结构设计中的重要影响因素：特殊目的载体、真实出售认定、资金跨境管理等问题提出了下一步研究的展望。

由此，本书对 PPP 项目资产离岸证券化进行相关研究，为我国基于自贸区和香港人民币离岸金融中心的离岸资产证券化及资金跨境管理实践提出了建议，并对未来的研究方向进行展望。

二、研究方法

理论研究：通过对查阅的相关文献进行归纳与综合，从中发现已有研究成果存在的问题和尚待研究的领域，并寻求论文的研究总体思路，并为以后论文的进一步研究提供依据和铺垫。通过剖析有关文献中提出的有关 PPP 项目资产、离岸资产证券化的相关结论，结合我国实际，探讨 PPP 项目资产离岸证券化交易结构设计模式。

专家访谈：访谈金融专家和金融机构高管，明确本书研究的选题、研究重点及研究主要内容。

LBIO：基于文献获得指标数据，从科学出版物和引文的情况以及从技术和行业期刊报道上获得有关 PPP 项目资产、离岸证券化相关案例和数据，并基于探索 PPP 项目资产离岸证券化交易结构设计模式。

现场调查：在完成 PPP 项目资产离岸证券化交易结构、资金跨境管理模式探索后，对 PPP 项目相关政府、企业、证券公司、基金公司进行访谈，征求相关意见和建议，使本研究更富有可操作性。

第五节　主要创新点

本书紧紧围绕 PPP 项目资产离岸证券化这一核心问题，以双 SPV 交易结构为操作纽带，基于自贸区和香港人民币离岸金融中心政策创新发展，继承性地综合运用了中外学者的分析方法及研究成果，并结合我国 PPP 项目资产以及离岸证

券化操作模式的实际状况，在广泛调研的基础上，通过严密的理论推演形成了
PPP 项目资产离岸证券化交易结构设计模式。在此基础上，通过访谈与案例研
究，分析和验证了其交易结构的可行性，并对其进行了修正与完善。笔者在中外
学者研究的基础上进行了研究，主要有以下几个创新点：

（1）针对我国上万个 PPP 项目集中在市政、交通等 5 大领域的实际，探索通
过物有所值评估将分散的基础资产打包与分层，消除单个资产的异质性风险降低
证券价值信息敏感度，组建高质量 PPP 项目资产池和资产包的模式。

（2）基于 PPP 项目政府和私人机构合作的不确定性，探索设计多元化双 SPV
交易结构设计，实现 PPP 项目资产真实出售、破产隔离模式。

（3）根据香港地区英美法系与大陆法系差异实际，探索内地与香港地区合作
的特殊目的载体设立新模式，探索适合做资产离岸证券化特殊目的载体的香港信
托、香港公司、香港基金模式。

（4）基于自创区政策创新与香港国际资本市场、人民币离岸金融中心发展，
探索 PPP 项目资产在香港国际金融市场发行债券、银行理财产品、基金、交易所
产品等路径，以及资金管理及跨境流通合法合规模式。

（5）基于中央和香港特区政府达成的制度安排和政策，探索沪港通、深港通
和基金互认机制，全口径跨境融资、双向资金池等各类金融创新在 PPP 项目资产
离岸证券化的应用。

第二章
PPP 资产证券化的发展现状

第一节　我国 PPP 项目发展现状

国际上对 PPP（Public Private Partnerships）的内涵一直未达成共识，世界银行认为 PPP 是市场主体和政府公共管理主体之间为提供公共产品或服务而达成的长期合同，市场主体因此承担管理责任和风险，其报酬和绩效挂钩。欧盟认为 PPP 是公共部门和社会部门之间的一种合作关系，目的是提供传统上由公共部门提供的公共项目或服务。美国 PPP 国家委员会认为 PPP 是介于外包和私有化之间，并结合了两者特点的一种公共产品提供方式，充分利用私人资源进行设计、建设、投资、经营和维护公共基础设施，并提供相关服务满足公共需求。从各国实践来看，PPP 模式最早可追溯到 20 世纪 70 年代的英国，它广泛应用于交通、监狱、医疗保健等领域。随后，法国应用于铁路、电力、水务供应、环境卫生、废物处理、城市交通等领域，美国应用于交通、卫生与医疗服务、社区学校、城市重建等领域。PPP 呈现不同的组织形式或合同结构，如 BT、BOT、BOOT、DBFO、DBFOM、BOO、BTO、TOT、JVS 等。我国从世行及亚行引进通用项目融资 PPP 模式，探索应用 PPP 模式调动社会资本积极性，提高公共产品或服务供给效率。截至 2016 年 12 月 31 日，我国 PPP 入库项目涵盖 19 大类共 11260 个，入库项目金融 13.49 亿元，其中，已签约落地 1351 个，投资额 2.2 万亿元，落地率 31.6%。从入库项目行业来看，排在前五位的分别是市政工程 PPP 项目 4011 个、交通运输 PPP 项目 1371 个、城镇综合开发 PPP 项目 693 个、旅游 PPP 项目

655 个，生态建设和环境保护 PPP 项目 633 个，占总数的 65.39%[①]。

一、发展演变

探索阶段（1995~2003 年）。1995 年，国家计委主导广西来宾 B 电厂、成都自来水六厂及长沙电厂等几个 BOT 试点项目建设。2002 年，北京市政府主导实施了北京市第十水厂 BOT 项目。虽然有的项目没有执行，但因为该阶段 PPP 项目规格高、投资额大、有深远影响力，标志着 PPP 模式正式进入我国。随后，很多地方政府借用 PPP 概念引进外商投资，但该类外资引进操作模式因种种原因而终止。但是，建设部及各地建设行政主管部门开始在市政园林领域试水特许经营模式，如合肥市王小郢污水处理厂资产权益转让项目，使 PPP 模式在全国推广开来。在合肥市王小郢项目的运作过程当中，项目相关各方，包括中介咨询机构，对中国式 PPP 的规范化、专业化及本土化进行了非常有益的尝试，形成了相对成熟的项目结构及协议文本，为我国式 PPP 机制发展奠定了良好的基础。

大规模应用推广阶段（2004~2013 年）。2004 年，建设部颁布了《市政公用事业特许经营管理办法》（126 号令），后来对其多次修订完善，特许经营正式引入市政公用事业，并在淡水供应、污水处理以及燃气供给等领域推广开来，产生了大规模的项目实践。各级地方政府也纷纷以 126 号令为模板，先后出台了大量地方性法规、政府规章及政策性文件，用于引导和规范各自行政辖区的特许经营项目开发，PPP 进入第二轮发展浪潮。在这一阶段，PPP 项目不再由计划、发改部门作为唯一牵头方或主导方，建设部、交通部、环保部、国资委以及地方政府均不余遗力地推动 PPP 项目建设。我国的 PPP 项目虽然不再一味偏爱境外资本，但其单一的筹资导向并无实质性转变。政府和社会资本之间，政府"甩包袱"、减负担，社会资本抢占市场和经营领域成为普遍现象和 PPP 发展的主要动因，而公共产品或服务的供给效率、风险控制、社会及经济效益等 PPP 模式的核心要素，在当时，没有成为 PPP 推广的真正原因。该阶段后期，低价竞标、非理性竞标、反复毁约的 PPP 项目、国（资）进民（资）退的现象层出不穷。我国地方政府具有追求当期政绩的施政偏好，社会资本有追求现实利益的诉求，政府与社会

[①] 财政部政府和社会资本合作中心：《全国 PPP 综合信息平台项目库第五期季报》，http://www.cpppc.org，2017-02-16。

资本合作 PPP 项目以当期价值为优先目标。实践中，PPP 项目的可扩展性、社会效益和经济收益不是政府、投资机构最看重的，政府热衷于筹集社会闲置资金，倾向于把政府缺钱的、做不好的公共产品或服务推向市场。在 PPP 项目立项过程中，独立法律及财务顾问的专业意见通常不为项目方所完全理解并接纳，因此，大量潜在风险随着 PPP 大规模发展逐步累积。政府或社会资本怠于履约甚至违约的风险时而曝光，其中，政府因素居主流。城市供水及污水处理行业的成功经验，经过复制与改良用于更加综合、复杂的项目，如北京地铁 4 号线和国家体育场，不再限于一个独立运作单元项目，参与主体和影响因素更趋于多元化。大规模、多元化的 PPP 项目实践，促进了 PPP 理论体系的深化和发展，实践与理论进一步互动发展。规章制度、合作框架、项目结构和合同范式基本完善。

规范化发展及国际化发展阶段（2014 年至今）。中共十八大确定"允许社会资本通过特许经营等方式参与城市基础设施投资和运营"，国家财政部从 2013 年开始对 PPP 模式推广做了全面部署。2014 年国家发改委先后推出了 80 个鼓励社会资本参与建设运营的示范项目，范围涉及传统基础设施、信息基础设施、清洁能源、油气、煤化工、石化产业，且项目模式不局限于特许经营。2015 年 6 月正式实施《基础设施和公用事业特许经营管理办法》（以下简称《办法》）就 PPP 模式进行了规范。为确保政府履约，设计了三项制度安排：一是强调双方的协商合作，《办法》第 4 条将"转变政府职能，强化政府与社会资本的协商合作"作为特许经营实施的四项原则之一。第 18 条进一步明确规定，政府应当与依法选定的特许经营者签订特许经营协议，通过协议来约定各方的权利义务。政府有什么职责，能够做什么不能做什么，要一览无余地在协议中事前约定，这是非常重要的一个要求。第 37 条规定，如果协议内容确实需要变更的，应当在协商一致的基础上签订补充协议。有时候在经营过程中有些不可测的因素，需要对协议个别条款作出补充、调整，这也是合理的。强调双方合议、协商，不能政府单方面说了算。《办法》明确政府是掌握公共资源的，是决定公共政策的，不能觉得该调就调，该修正就修正。对争议解决方式，强调双方平等协商，发挥专家和第三方机构的调解作用。《办法》对双方协商合作，从原则、具体的制度设计方面来加以体现。二是关于严格政府履约义务。第 26 条规定，特许经营协议各方当事人应该遵循诚实信用的原则，按照约定全面履行义务。第 21 条规定政府可以就防止同类竞争、财政补贴、配套基础设施提供等作出承诺。第 34 条又规定政府方应当按照协议严格履行有关义务，为特许经营者提供便利和支持，特别强调行政区划的调整、政府的换届、部门调整和负责人的变更都不得影响特许经营协议的履行。三是明确政府违约责任。政府不仅仅是代表公权力的履行者，也是平等市场主体，如果不按照事前双方和议协商的约定来履行承诺，需要承担违约责任。《办法》第26条明确要求政府不履行特许经营协议约定义务或者履行义务不符合约定要求的，也应当根据协议继续履行、采取补救措施或者赔偿损失。总之，《办法》试图通过上述一系列的规定和制度安排，来增强政府履约意识，约束政府公权力，营造良好的投资环境，以期撬动社会投资，激发社会创新和创造的活力，增加公共产品和公共服务的供给。国家发改委主要做了四个方面工作：一是印发《关于创新重点领域投融资机制鼓励社会投资的指导意见》，这是我国首次以国务院文件的名义对推行PPP模式进行系统性的阐释，对建立健全PPP模式推进机制提出了明确要求。二是印发《关于开展政府和社会资本合作的指导意见》，从适用领域、操作流程、操作规范等方面，对开展PPP项目建设提出了规范性要求。三是印发《关于推进开发性金融支持政府和社会资本合作有关工作的通知》，提出由国家开发银行对PPP项目提供利率优惠，最长可达30年贷款期限等方面的差异化信贷政策，解决PPP项目缺乏期限匹配、成本适用的金融等问题。四是印发《关于进一步做好政府和社会资本合作项目推介工作的通知》，建立国家发改委PPP项目库，并在国家发改委官方网站开辟专栏，公开发布项目信息，协助各地加大宣传力度，引导社会资本投资PPP项目。

2016年，国家财政部在短短半个月之内连续发布了《关于在公共服务领域深入推进政府和社会资本合作工作的通知》（财金〔2016〕90号）、《关于联合公布第三批政府和社会资本合作示范项目加快推动示范项目建设的通知》（财金〔2016〕91号）、《关于印发政府和社会资本合作项目财政管理暂行办法的通知》（财金〔2016〕92号），罗列规范适用于PPP的15个行业领域，允许社会资本发起PPP项目，由社会资本方编制项目实施方案，然后提请政府进行相关论证。规范了PPP的工作流程：实施方案——物有所值评价——财政承受能力论证——调整实施方案。而以往很多PPP项目都忽略了项目初步实施方案环节，影响了项目操作质量。充分发挥政府和社会资本平等合作的PPP核心机制，对经采购未中选的，财政部门应会同行业主管部门对其前期投入成本予以合理补偿，以调动社会资本投资PPP项目积极性。在收益预测方面，合同应当根据项目基准成本和项目资本金财务内部收益率，参照工程竣工决算合理测算确定项目的补贴或收费定价基准。项目收入基准以外的运营风险由项目公司承担，对财务测算及收益率标准进行了规范。明确可以将资产及权益的所有权和收益权依法设置抵押、质押等担保权益，或进行结构化融资，有利于项目融资。严禁以 PPP 项目名义举借政府债务，项目实施不得采用建设—移交（BT）方式，政府不得股权回购，不得绕道政府购买服务。

2017 年 11 月 10 日，财政部颁行了《关于规范政府和社会资本合作（PPP）综合信息平台项目库管理的通知》（财办金〔2017〕92 号）进一步规范了 PPP 项目"入库""清库"。11 月 17 日，一行三会等五部委公布了《关于规范金融机构资产管理业务的指导意见（征求意见稿）》，即"资管新政"，规范 PPP 项目融资来源，规范 PPP 项目融资模式。11 月 21 日，国资委公布《关于加强中央企业 PPP 业务风险管控的通知》（国资发财管〔2017〕192 号），严控中央企业投资 PPP 业务风险，严格规范 PPP 股权投资。

在国际化方面，"一带一路"倡议实施为 PPP 机制在国际基础设施建设市场推广应用奠定了基础。2016 年"一带一路"沿线的 66 个国家和地区，基建领域投资总额超过 4930 亿美元，其中，公用事业、交通、电信、社会、建设、能源及环境七项核心基建领域的项目总量及平均投资金额均有提升[①]。2013 年实施"一带一路"倡议以来，沿线国家和地区项目基建领域投资金额一直处于上升趋势，复合年增长率达到 33%。在基础设施投资拉动下，2016 年"一带一路"沿线国家及地区 GDP 平均增长率为 4.6%，超过新兴市场经济体 3.6%的平均增速。在具体行业方面，"一带一路"沿线的 66 个国家和地区电力行业具备较大投资潜力；如铁路及公路项目等交通项目也具有较大投资潜力，尤其是俄罗斯、哈萨克斯坦、蒙古国等；医疗领域的投资可以解决沿线国家及地区的人口老龄化、高生育率及医院病床不足等问题，也具有较大投资潜力。随着未来香港地区加入亚投行，香港国际金融市场在"一带一路"的融资平台地位会大大提升。

二、发展趋势及特点

PPP 机制有利于实现物有所值目标。2017 年 11 月，根据财政部官网站得知

---

① 王小旎：《"一带一路"沿线基建项目去年投资总额近 5000 亿美元》，http://www.xinhuanet.com/gan-gao/，2017-02-15。

财政部正会同行业部委组织评选第四批 PPP 示范项目，评选重点聚焦连片特困地区发展、美丽乡村建设、生态环境治理、基本公共服务供给等领域，优先支持存量项目。截至 2017 年 12 月初，财政部已会同行业部委推出三批共 697 个 PPP 示范项目，投资额 1.8 万亿元，其中已落地项目 572 个，投资额 1.5 万亿元。第四批共征集各地申报项目 1226 个，投资额 2.12 万亿元。2017 年上半年，全国政府和社会资本合作（PPP）入库项目 13554 个，累计投资额 16.3 万亿元，覆盖 31 个省（直辖市、自治区）及新疆生产建设兵团和 19 个行业领域。其中，已签约落地项目 2021 个、投资额 3.3 万亿元，覆盖除天津、西藏以外的 29 个省（自治区、直辖市）及新疆生产建设兵团和 19 个领域，落地率 34.2%（落地率指执行和移交两个阶段项目数之和与准备、采购、执行、移交 4 个阶段项目数总和的比值，不考虑识别阶段项目）。截至 2016 年 12 月底，符合条件且物有所值定量评价信息已录入项目库的示范项目共 335 个，PSC 值之和是 6972 亿元，PPP 值之和是 5705 亿元，政府方计划投资额之和是 6949 亿元。PPP 值之和比投资额之和少 1244 亿元，平均每个项目约少 3.7 亿元；PPP 值之和比 PSC 值之和少 1267 亿元，平均每个项目约少 3.8 亿元。上述数据证明，比较分析 PPP 模式与传统投融资模式发现，PPP 机制更有利于吸引社会资本投资，减少财政投入，提升公共服务供给效率。按回报机制分析，335 个示范项目中，使用者付费、政府付费、可行性缺口补助类分别为 61 个、99 个、175 个，平均每个项目物有所值量值分别为 2.4 亿元、2.7 亿元、4.9 亿元，综上所述，发挥 PPP 机制引入市场公开竞争可以实现物有所值目标。

强化社会资本利益保护。2015 年，国家发改委印发《基础设施和公用事业特许经营管理办法》，采取强化合法权益保护、强化融资服务创新、强化政府投资的支持三大措施解决"玻璃门""弹簧门""旋转门"问题。在保障特许经营者取得合理收益的同时，分别从四个方面规定了公共利益的保障措施：一是明确实施条件。第 9 条、第 10 条对特许经营项目提出的标准作出了要求，规定有关部门在提出项目时应当符合相关规划，建设运营的标准和监管的要求要明确，并保证项目的完整性和连续性。项目实施方案还应当包括基本的经济技术指标、投资回报的测算、可行性分析等基本内容。第 11 条、第 12 条规定了特许经营的可行性评估，并引入第三方评估机制。二是加强社会监督。第 43 条规定实施机构应当将社会公众的意见作为监测分析和绩效评价的重要内容。第 44 条规定社会公众的监督权、投诉权和提出意见建议的权利。第 45 条针对政府和特许经营者分别规定了相应的信息公开义务，政府应当及时公开特许经营有关的政策措施、监管机制等，实施机构和特许经营者应当将特许经营项目全过程信息，包括提供建设运营标准，定期监测分析和绩效评价、财务核算等向社会公开。三是完善保障机制。第 46 条规定了特许经营者普遍无歧视提供公共服务的义务。第 40 条、第 48 条、第 52 条规定了特殊情形下保障公共产品或者公共服务稳定持续提供的措施。当协议双方存在纠纷时，不管是政府还是特许经营者，不能影响社会公众正常获取公共产品或公共服务。第 47 条还规定了出现突发事件时的应急预案保障。在投资主体变更、股权变更及收费价格调整方面，市场主体联合投标，各展所长，各司其职，集合各自优势参与竞争。投资主体、股权变更只要符合法定的程序和条件，就运行修改协议。第 17 条规定特许经营者选择应当符合内外资准入等有关法律、行政法规规定，无论是国内还是国外的企业在基础设施、公用事业建设方面建设的招投标都是一视同仁的。同时，推进价格和收费方面的改革，完善特许经营价格和收费机制，而且政府可根据有关的协议给予必要的财政补贴。第 20 条规定，特许经营协议应当明确价格或收费的确定和调整机制。特许经营项目价格或收费应当根据相关法律、行政法规规定和特许经营协议约定予以确定和调整。第 21 条进一步规定，政府可以在特许经营协议中就必要的、合理的财政补贴及有关配套公共服务和基础设施的提供等内容作出承诺，但不得承诺固定投资回报和其他法律、行政法规禁止的事项。

地方政府积极推动 PPP 项目快速发展。随着国务院"剥离融资平台公司政府融资职能"（43 号文）的推进，地方政府举债机制逐步规范，为缓解巨大的偿债压力，伴随融资冲动，很多地方政府采取地方财政牵头，平台公司、银行等入股的形式建立城镇化发展基金，加快推动 PPP 项目应用。很多省份的财政部门抽调精干力量成立了 PPP 管理中心，邀请咨询机构培训，让工作人员快速掌握 PPP 推广应用的操作办法。结合省银行资金相对宽裕的实际，省财政部门牵头发起设立新型城镇化发展基金，如由省级平台和省财政出资 100 亿元，地方财政和地方平台放大四倍出资 400 亿元，商业银行放大五倍出资 500 亿元，可以发起设立总量为 1000 亿元的基金。城镇化基金早在几年前国家提倡城镇化建设之初就设立了，不过当时的城镇化发展基金属于产业基金，在基金合伙人合作期间大都体现了利益共享、风险共担的原则。如江苏、重庆、山东、安徽等省份先后发起设立的城镇化发展基金、城镇化建设基金等。目前，地方政府的城镇化建设资金来源比较单一，除财政资金外，债务则主要是来自商业银行的贷款。商业银行一般要求为优先级受益人，地方政府提供抵质押物，如土地、公共房产等，地方政府对融资平台公司、银行等基金合伙人一般都有隐性的担保条款和苛刻的抵质押要求，不完全符合利益共享、风险共担的投资基金属性。城镇化基金从实质来看属于城投债，一旦出现风险，将采取优先劣后的退出机制，保证金融机构的本金和收益。多个省份依托该城镇建设基金大力发展 PPP 项目，推动市政、交通、区域开发等项目建设。

PPP 项目运作需要进一步规范。我国 PPP 项目数量位居全球前列，但质量和效益却落后于欧美发达国家。一是运作程序透明度不够，很多项目没有设置竞标环节；二是运作人员不专业，负责 PPP 项目的公务人员经常调整，中介服务机构 PPP 运作经验不足；三是商务条件设计不合理，PPP 框架设计多有缺陷；四是项目进度安排过紧，普遍忽略前期准备工作，科学项目进度管理工具应用较少。很多地方政府为了转换机制、提高效率，将基建项目包装为 PPP 项目，但是很多项目竞标是围标，甚至是"走过场"的形式竞标，准入竞争不充分甚至没有竞争。因此，居于主导地位的地方政府换届后容易发生违约、废约等行为，当短期投资收益无法保障时，民营资本也容易发生违约行为。国外的 PPP 项目多是采用项目融资的方式，也就是以项目资产或项目未来现金流收益权抵押获得融资，不需要股东提供担保，债务不进入股东的资产负债表。我国的 PPP 项目融资基本是以股东担保为前提的，但是当企业负债率较高时会限制 PPP 的发展，尤其是在地方债较高以及国企杠杆率普遍很高的情况下，PPP 项目融资发展会受到更多限制。上述原因都可以引发 PPP 项目代价超过传统体制，因此，PPP 被投资界视为低效率投资渠道。

PPP 机制与特许经营机制需要进一步衔接。国内外立法的案例以及我国实践证明，PPP 本质上是公私合作伙伴关系，内涵既包括特许经营，也包括股权合作，还有政府购买服务等多种形式。包括联合国贸易法委员会、欧洲、日本、韩国等国际组织和国家在内的案例证明，PPP 主要应用于基础设施和公共建设领域，主要是通过特许经营来实施。如联合国贸易法委员会的《基础设施私人融资示范法》、欧盟的《特许经营合同授予程序指令》、俄罗斯的《联邦特许经营法》、蒙古国的《特许经营法》，均是使用特许经营概念。特许经营概念在我国已经使用了几十年，国务院有关部门、各个省市发布了大量有关特许经营的地方性法规、规章、规范性文件，都使用特许经营这个概念。我国很多 PPP 项目就是基于特许经营权授权及收益权开展的 PPP 项目。

三、实践中的问题和困难

经过几年发展，我国的 PPP 项目已经超过 1.3 万个，世界上任何其他国家的 PPP 项目都没有超过 1000 个。我国 PPP 工作存在的基本问题是理论研究不充分，实践缺少市场秩序，存在的主要问题包括以下几个方面。

落地率和民间资本参与率"双低"。来自财政部 PPP 中心的数据显示，截至 2017 年 6 月底，PPP 项目落地率 34.2%，需要指出的是，官方公布的落地率是指执行和移交两个阶段项目数之和与准备、采购、执行、移交 4 个阶段项目数总和的比值。业界普遍看法是，真正进入执行阶段的项目落地率比官方公布的数据更低。同时，民间资本参与率低，这与我国现阶段 PPP 项目本身特点有关，有些项目并不适合民间资本做，一是由于 PPP 项目投资收益期长、见效益慢，民资投资之后，可能要等待较长时间才能获益，资金回报率低；二是 PPP 项目是微利项目而不是暴利项目，投资规模大，融资成本必须低，我国现行金融系统无法满足；三是公益性强，政府、民资之间的权责利关系有待明确，需要严格的法律法规保护，民间资本担忧自身权益保障，而不愿投资。总之，我国 PPP 项目尚处于起步阶段，缺少成功的案例和经验，有待进一步探索、完善实施路径和方案。

融资是目前的主要"短板"。限制 PPP 项目落地的最主要原因还是国内融资渠道不健全，金融机构对 PPP 存在顾虑，PPP 项目回报率比较低，存在资产质押没有法律保障等不确定性。国外 PPP 项目在建设时通过银行贷款获得资金，而在项目运营且有稳定现金流后发行债券融资，而我国 PPP 项目收益债市场发育不充分，目前无法满足融资需求。PPP 模式比较成熟的国家有 PPP 资产证券化市场，将 PPP 项目的未来收益作为基础资产发行 ABS 解决融资需求。一些基础设施类项目集中在中西部，项目收益低需要政府提供高额补贴，比如地下管廊，国外用户付费比例在 50% 以上，政府可行性缺口比例在 40%~50%，而国内用户付费比例不足，政府补助压力较大。

欠缺完善的退出机制和交易市场。PPP 模式比较成熟的西欧国家有较为发达的 PPP 资产交易市场，项目资产可以分割转让交易，同时 SPV 可以转让项目公司股权。我国没有形成 PPP 资产交易市场，未来收益和退出机制不明确。比如生态保护是未来增长率较高的领域，2015~2017 年生态投资增长率超过 20%，问题是现在还没有生态资产交易市场，不能产生现金流，社会资本的退出机制也不明确。

政府书面承诺不具有有效合同法律效力。在黑龙江省大庆市人民政府与大庆市振富房地产开发有限公司招商引资债务纠纷案件中，虽然市政府办公会议纪要明确了优惠政策原则和优惠政策方案，内容明确、具体，可操作性强，但最高人民法院认定市政府办公会议纪要不能作为民事合同，最终不支持振富公司补偿合同诉求。在中银香港与辽宁省人民政府、葫芦岛锌厂保证合同纠纷中，最高法院认定政府承诺"协助解决"并不是对债务作出代为清偿责任的意思表示，而且《承诺函》不符合《中华人民共和国担保法》第六条有关"保证"的规定，不支持因《承诺函》而要求政府承担保证责任的诉讼请求。在佟玲嫚诉黑山县国土局和黑山县政府的案件中，最高法院认定黑山县领导的讲话和黑山县政府的政府规范性文件不能被认定为有效合同的一部分，因为原被告双方一直没有签署《土地出让合同》，佟玲嫚主张黑山县国土局和黑山县政府承担违约责任的事实依据和法律依据不足，不予支持。虽然 2016 年 11 月印发的《中共中央国务院关于完善产权保护制度依法保护产权的意见》中第七条明确规定，地方各级政府及有关部门要严格兑现向社会及行政相对人依法作出的政策承诺，但是地方政府口头和书面的承诺，在法律上不能被认定为有效合同的一部分。公务人员观念滞后，在具体操作时，不以平等市场主体地位谋划协议，不按商业规则具体操作，出现多起草率签约、随意违约现象。政府违约不仅破坏了民营资本对政府的信心，而且无法降低公共产品支付费用。比如，政府未按合同向投资人及时支付污水处理费，投资人据此减少甚至停止处理污水，政府却需要多支付环境保护费用、公共卫生费用等。社会主体存在广泛不诚信行为。自 PPP 正式引进我国以来，虽然不时曝出政府废约、民营资本违约等事件，但 PPP 项目的回报水平仍然较高，承担 PPP 项目的公司越来越多，这本是非常奇怪的现象，但仔细探究，其原因是地方政府在项目经营后期以超出预算为由调整提供预算、支出，有的民营资本降低建设标准，有的民营资本做大项目投资减少实际投资，等等。中介服务机构功能不完善。聘请中介服务机构是 PPP 项目国际惯例，重要的是中介服务机构具有丰富的实操经验。我国 PPP 项目一般不倾向于聘请中介服务机构，大部分地方政府或企业都是参考文件设计 PPP 框架和协议，节约了顾问费用，但往往因经验不足会产生大量遗留问题，甚至直接导致 PPP 项目失败。即使聘请了中介服务机构，但要求中介服务机构必须进入当地政府部门制定的中介服务机构名录，违反市场自由基因，排斥全国更专业的中介服务机构。有的地方政府要求 PPP 的中介服务机构要具备工程招标资格等资质，而这些资质与 PPP 运作没有任何关系；有的地方政府要求中介服务机构要提前在当地注册，致使很多中介服务机构在获得项目信息后来不及完成注册工作；有的地方政府要求中介服务机构提供各种证件和合同的原件，而中介机构无法同时向两个以上地区提供，导致只能放弃一些项目；有的地方政府聘请中介服务机构时主要选择低价格的，往往很难聘请到经验丰富的中介服务机构。违背市场规律的 PPP 运作方式，其经验教训无法大规模推广应用，重复交学费造成了很大的社会浪费，不利于转变经济发展方式的实现。

"挑肥拣瘦"现象较多。美国公用事业法规定企业一旦进入公共服务行业，则具有"准公共机构"性质并享有某些特定"公法权利"，包括特许或独家经营等，同时需履行某些强制性的"公法义务"，包括接受政府监管、提供"普遍服务"、禁止在服务区域内"挑肥拣瘦"，以及未经许可，不得转让特许权利及专用资产等。1983 年，路易斯威尔铁路公司因每年亏损 20 万美元申请停运一条边远铁路得到了美国联邦商业委员会批准，但是美国十一巡回法院否决了该委员会的决定，认定厂商一旦进入公共服务市场，在特定服务区域和特定服务期限内享受合理赢利和承担合理亏损应当成为其不可分割的权利和义务，由此判定，该公司中止该段铁路运营，显然违反了"禁止挑肥拣瘦"和"普遍服务"法律原则并会对该地区的商业环境产生危害。因此，我国 PPP 项目发展需要制定、完善《公共服务法》《公共企业法》《公共服务监管法》《公共服务价格及补贴法》等基础法律，对公共服务行为、公共监管行为、价格行为、市场行为、公共企业的性质、范围、权利和义务等确立法律原则和作出法律规定。

资产"回购"不科学。PPP 是建立在授权公共服务行为与公共设施载体之上的市场运作模式，私人资本获得的仅仅是限定时期内的公共服务权和对公共资产的经营权而非所有权，特许经营期满后应将相应权利和资产完整和无偿地归还政府和公共部门。然而，我国某些地方政府在签署 PPP 合同时，竟然同意特许经营期满后政府需"按照当时市场价格回购"项目资产的条款。如某县级城市的供水设施以几百万元出售给私营企业，当政府决定回购该资产进行改造和运行时，私企以市场价格为由开价几千万元。在 PPP 项目经营即将期满，投资成本收回且资产面临移交时，经常发生厂商不再为更新设备和技术而追加投入，对资产的后续运营带来新问题。为了鼓励企业在 PPP 合同后期出于更新技术和设施之目的而持续投入，国际上通行的做法是允许根据厂商后期的新增投入成本原值（包括银行利息）进行核价，并给予"成本补偿"，这种"按照成本"进行补偿与按照"市场价格"进行回购之间有着本质区别。

合理利润计算存在争议。"合理利润"的形成方式，究竟是通过投资人的竞争而形成，还是通过政府一方的计算、测算、假定甚至规定而产生。在 PPP 项目发达的国家，合理利润并不来自政府的事前计算，而是来自企业的事中竞争。如1990 年在柏林公厕经营权拍卖会上，后来被称为"茅厕王"的汉斯·瓦尔承诺免费提供公厕设施及其维护和清洁服务，在一片惊讶中轻松拿下经营权。其实该公司的盈利点并不在每次如厕时的 0.5 欧元收费，而在分散在城市各处的厕所外墙所承载的商业广告，醒目且显眼，加之收费较低，广告合同纷至沓来。其次，合理利润属于一种什么权利？在某个 PPP 项目合同谈判中，曾有企业要求将"政府应确保企业实现合理利润和避免亏本经营"等文字载入合同条款。乍一看貌似合情合理，但仔细琢磨，字里行间中透着精明算计。公共企业"有权在提供产品或服务时收取合理利润"，属于"应有权利"。如因政府原因导致企业无法实现合理利润甚至亏损，前者自然责无旁贷。假如因自身或经营性因素无法实现合理利润，企业则应自担风险。要求"政府确保企业实现合理利润和避免亏本经营"，让政府承担"兜底"风险，不是 PPP 机制题中之意。

资产存在严重溢价现象。资产溢价的严格管控是成本控制的主要方式之一，但是在一些 TOT 类型项目中，由于地方政府过度关注 PPP 模式的融资功能或简单追求国有资产的升值，因而在资产或股权转让时出现高额溢价。过度溢价迫使购买厂商以高成本进行生产和定价，进而厂商有可能通过放大成本规模来放大利润规模。同时，高额溢价成本会转化为公众消费计价或公共财政补贴的基础，实质上属于成本转嫁。PPP 过程中的国有资本流失与否，其衡量标准并非简单是账面价值的高低，而应是社会公众或公共财政的获益或损益程度。那种在国有资产增值的幌子下，机构享溢价之利，公众受溢价之累；前任收溢价之金，后任偿溢价之债的做法，完全有悖国有资产保值和增值的基本宗旨。PPP 不仅需要关注程序和流程方面的技术和技巧，更需关注在原理和要义方面的领悟和精通，后者才是 PPP 的精义所在。

通过政府性基金突破 PPP 项目 10%红线存在风险。2015 年财政部出台《政府和社会资本合作项目财政承受能力论证指引》（财金〔2015〕21 号）第二十五条规定每一年度全部 PPP 项目需要从预算中安排的支出责任，占一般公共预算支出比例应当不超过 10%。省级财政部门可根据本地实际情况，因地制宜确定具体比例，并报财政部备案，同时对外公布。根据《中华人民共和国预算法》，预算包括一般公共预算、政府性基金预算、国有资本经营预算、社会保险基金预算。其中，一般公共预算、政府性基金预算、国有资本经营预算、社会保险基金预算应当保持完整、独立。政府性基金预算、国有资本经营预算、社会保险基金预算应当与一般公共预算相衔接。转移性收入中的调入资金可以将政府基金预算收入、国有资本经营收入纳入一般公共预算收入。

根据《国务院关于深化预算管理制度改革的决定》（国发〔2014〕45 号），加大政府性基金预算、国有资本经营预算与一般公共预算的统筹力度；建立将政府性基金预算中应统筹使用的资金列入一般公共预算的机制；加大国有资本经营预算资金调入一般公共预算的力度。根据《财政部关于在公共服务领域深化推进政府和社会资本合作工作的通知》（财金〔2016〕90 号）第八条，对于政府性基金预算，可在符合政策方向和相关规定的前提下，统筹用于支持 PPP 项目。

根据《财政部关于新增建设用地土地有偿使用费转列一般公共预算后加强土地整治工作保障的通知》（国土资函〔2017〕63 号），进一步推进财政资信统筹使用，加大政策性基金预算转列一般公共预算力度，从 2017 年 1 月 1 日起，新增建设用地土地有偿使用费（以下简称"新增费"）由政府性基金预算调整转列为一般公共预算。在进行财政承受能力论证时，应适当地根据当地政府的各收入明细实际情况进行财政预算。进行一般公共预算支出预测时，应当考虑可能纳入一般公共预算的政府基金预算收入、国有资本经营收入等，尽可能提高预测的准确性，在不突破 10%红线的基础上，促进 PPP 健康发展，避免 PPP 项目泡沫的出现。

但是，当前一些地方政府试图过度利用鼓励政策，借道政府性基金，来突破 PPP 项目 10%红线。PPP 财政承受能力论证是针对具体的项目进行论证，有可操作性。按照条文理解，10%红线的规定是针对每年公共预算支出，而非收入，而且 10%红线对应的是预算支出，而不是每年的现实支出，是一种软约束。同时，个别地方政府在财政承受能力论证中，将 PPP 项目下部分支付责任简单粗暴地直接挪入政府性基金的行为。按照相关规定，即使园区开发类 PPP 项目的财政承受能力论证，也需要有项目与土地的高度相关性和严格的程序。简单将大部分政府支出责任设置为通过政府性基金予以支付，会大大降低在一般预算支出中的占比。政府性基金没有 10% 的红线限制，将导致项目杠杆率很高，放大债务风险。

第二节　我国资产证券化的发展现状

一、自发探索阶段（1992~2004 年）

资产证券化是在 20 世纪 90 年代进入亚洲资本市场的，当时东南亚金融危机刚刚过去，具有直接融资和表外融资等优势的资产证券化融资工具迅速被日本、中国香港、韩国、泰国、菲律宾、新加坡、马来西亚等国家和地区资产市场接受，并不断创新发展。

资产证券化及其在亚洲的蓬勃发展引起了我国资本市场的高度关注，在民间出现了自发探索的案例。1992 年，海南省三亚市开发建设总公司以三亚单洲小区土地收益为基础资产，公开发行了 2 亿元的 3 年期投资证券。1996 年，珠海市人民政府在开曼群岛注册了珠海高速公路有限公司，以本地车辆登记费和向非本地车辆收取的过路费的稳定现金流为支持，根据美国证券法律的 144a 规则发行了 2 亿美元债券。1997 年，中国远洋运输总公司（CoSC0）以其北美航运应收款为基础资产，通过私募形式在美国发行了 3 亿美元的浮动利率票据。1999 年，中国建设银行对住房抵押贷款证券化相关问题进行研究，随后国家开发银行也提出了信贷资产证券化的要求。2000 年 3 月，中国国际海运集装箱（集团）股份有限公司与荷兰银行在深圳签署了总金额为 8000 万美元的贸易应收账款证券化项目协议。

2000 年，中国建设银行和中国工商银行的住房抵押贷款证券化尝试也曾获得过批准，但由于诸多因素影响，未能成功实施。2003 年，中国信达资产管理公司与德意志银行签署了不良资产证券化和分包"一揽子"协议，此次资产证券化采取的是离岸操作模式，证券化的设计和实施由德意志银行全权海外进行。2003 年，华融资产管理公司推出国内首个实现了内部信用增级的资产处理信托项目，把全国 22 个省市 256 户企业的 132.5 亿元债权资产打包，以中信信托为受托人发行了 3 年期限的财产信托。2004 年 1 月，《国务院关于推进资本市场改革开放和稳定发展的若干意见》出台，允许"积极探索并开发资产证券化品种"。2004 年，中国工商银行将 26 亿元不良资产以财产信托的方式进行了证券化。这是我国商业银行首个资产证券化项目，是我国第一次采用资产证券化方式处置不良资产。

二、试点推广期（2005~2008 年）

我国的资产证券化始于 2005 年，以 3 月 21 日信贷资产证券化部际协调小组第一次会议的召开为标志。由中国人民银行牵头，国家发展和改革委员会、财政部、劳动和社会保障部、建设部、国家税务总局、国务院法制办、中国银行业监督管理委员会、中国证券监督管理委员会、中国保险监督管理委员会联合成立了信贷资产证券化试点工作协调小组。因此，2005 年是我国资产证券化的元年。国务院于 2007 年 4 月批复扩大试点。这一时期，我国建立了资产证券化的基本制度框架，并实现了证券化产品的成功发行。

2005 年 4 月，银监会出台了《信贷资产证券化试点管理办法》，并在同年 11 月颁布了《金融机构信贷资产证券化监督管理办法》。2005 年 8 月，证监会批准的首个专项资产管理计划——"中国联通 CDMA 网络租赁费收益计划"成功募集资金 32 亿元。同年 12 月，东莞控股通过广发证券公司设立莞深高速公路收费收益权专项资产管理计划，融资 5.8 亿元。同时，国家开发银行发行了信贷资产支持证券化产品，中国建设银行发行抵押贷款支持证券化产品。

在证券业，2005 年 5 月证监会颁布了《关于证券投资基金投资资产支持证券有关事项的通知》。2006 年证监会发布了《资产证券化专项业务试点管理办法》，确定企业作为发起人的资格，以资产证券化专项计划（Special Asset Management Plan，SAMP）为特殊目的载体（SPV），证券公司为计划管理人，与银行系统的信贷资产证券化并行发行证券。2007 年 11 月，我国银监会批准了上汽通用汽车金融有限责任公司和华宝信托有限责任公司合作的第一期汽车抵押贷款证券化项目，意味着非银行金融机构的资产证券化正式开始。

2005~2008 年，共有 11 家金融机构发行了 17 笔信贷资产证券化项目，累计发行规模达到 667.83 亿元。2008 年底，由于金融危机的影响，国内监管机构暂停了信贷资产证券化的审批。

三、危机中的谨慎停步（2009~2010 年）

美国次贷危机引发全球金融危机后，我国的资产证券化试点的官方工作实际陷入停滞状态。但由于我国受到金融危机的冲击不大，已有的证券化实践依然在平稳运行。2009 年 5 月，证监会向各证监局下发《证券公司企业资产证券化业务试点指引（试点）》。官方试点虽然暂停，但我国民间的证券化实践开始快速增长。截至 2010 年末，按资产总额计算，我国保险业的证券化率为 67%；按原保险保费收入计算，证券化率为 56%，而此时保监会允许保险资金参与证券化的新规尚未出台。

四、危机后的新兴（2011~2013 年）

2011 年，经国务院同意继续试点，有 6 家金融机构共发行了 228.5 亿元的信贷资产证券化产品。2012 年 5 月，中国人民银行、银监会、财政部发文扩大试点，总规模达到 500 亿元；2012 年 9 月，国家开发银行发行重启后的首单产品"2012 年第一期开元信贷资产支持证券"顺利推出。2012 年 9 月至 2013 年 4 月，市场上共发行了 23 只信贷资产支持债券，发行面额总计 228.54 亿元。上海清算所数据显示，2013 年信贷资产支持债券托管存量已达到 200 多亿元。除了金融机构的信贷资产证券化业务外，非金融企业也获准在银行间债券市场发行资产支持票据。2012 年 8 月，经中国人民银行备案同意，中国银行间市场交易商协会正式发布了《银行间债券市场非金融企业资产支持票据指引》，资产支持票据由基础资产所产生的现金流作为还款支持，并约定在一定期限内还本付息，通过银行间交易商协会注册发行，可选择私募或公募发行。资产支持票据在形式上与资产证券化很类似，但对其交易结构严格的风险隔离措施没有具体要求。

2012 年，中国人民银行会同有关部门继续大力推动债券市场创新，鼓励和支持更多符合条件的机构参与资产支持证券的发行、投资和交易，稳步推进信贷资产证券化试点工作。截至 2012 年末，国家开发银行等 5 家金融机构先后获准在银行间市场发行总额为 193 亿元的资产支持证券。为进一步提高保险资金运用效率，保监会于 2012 年发布新规，允许保险资金投向类证券化金融产品和股指期货交易等，并将债券投资品种扩大至现有市场公开发行的所有债券。2013 年 3 月，证监会正式发布《证券公司资产证券化业务管理规定》。2013 年 8 月，国务院常务会议决定进一步扩大证券化在我国的试点。

2013 年，资产支持证券化工作虽然如火如荼，但总规模仍处于百亿级水平，远远达不到千亿级，因此，该阶段为活跃阶段，但无法达到国际惯例认可的规模化发行阶段。

五、规范发展阶段（2014 年至今）

2014 年证监会发布《证券公司及基金管理公司子公司资产证券化业务管理规定》（修订稿），规定资产证券化实行备案制，基础资产实行负面清单制，取消行政审批，强化重点环节监管，制定信息披露、尽职调查配套规则，加强投资者保护。同时，《上海证券交易所沪港通试点办法》正式出台，根据香港市场实际情况，沪股通、深港通投资者可在香港市场开展股票保证金交易（类似于内地的融资买入）、股票借贷和担保卖空（类似于内地的融券卖出）。为防范在香港市场开展的沪股通、深港通股票"融资融券"行为造成内地市场波动，对保证金交易和担保卖空的标的、担保卖空的提价规则和比例限制等事项作出规定。融资融券的许可，大大便利了资产证券化融资产品的发行与销售。该规定出台不久，中国长城资产管理公司旗下境外平台公司——长城环亚国际投资有限公司在香港成功发行总金额 5 亿美元的债券，其票面利率为 2.50%。本次发行以 China Great Wall International Holdings Limited（英属维尔京群岛注册）为特殊目的载体，联席全球协调人为中国银行、渣打银行、国泰君安国际。联席账户管理人和联席牵头行为中国银行、渣打银行、国泰君安国际、建银国际、工银亚洲、中国农业银行香港分行、农银国际、德意志银行、瑞士信贷、汇丰银行、永隆银行。该融资成为我国内地企业在香港离岸发行债券的一个典型案例，其交易结构全球资源布局的操作模式对其他资产离岸证券化具有启示意义。

经过 2015~2016 年的发展，我国离岸资产支持专项计划已初步形成规模。比如，2016 年华宝兴业已拥有货币基金"华宝添益"，以及场内规模最大的 QDII-LOF 基金"华宝油气"，ETP 产品线涵盖了场内货基、LOF、ETF、分级基金等 11 只基金共计 13 个上市交易品种，ETP 产品总规模超过 820 亿元。其中，"云图"

MAP 海外投资业务成为华宝兴业旗下三大业务主线之一。兴业基金旗下华宝油气、香港中小、美国消费等上市基金产品于 2016 年均取得卓越的投资回报，助力投资者有效地在全球进行资产配置，满足了投资人多层次的投资需求。

QDII、QDIE、QDLP 都是进一步开放资本账户，满足国内投资者境外投资需求的一种手段，操作过程中都是在国内募集人民币后，再换汇出境投资。其中，QDIE 和 QDII 都是针对在境内注册成立的符合资格基金公司的对外投资模式，其区别点主要在投资范围、额度获批主体、审批机关等。QDIE 就是境外募集、境内投，RQFLP 则在其基础上，允许离岸人民币资金直接入境，无须换汇，主要审批国内企业是否具备资质，主要投资领域包括：普通股、优先股、存托凭证等权益类证券；银行存款、可转让存单、回购协议、短期政府债券等货币市场工具；政府债券、公司债券、可转换债券等固定收益类证券；以及基金、金融衍生品和中国证监会许可的其他金融工具，但是不能投资海外的对冲基金等私募产品。QDLP 主要审批国外企业是否具备资质，主要投资领域包括：投资私募产品、非上市交易股权、大宗商品、贵金属、实物等。相对于资产管理机构的 QDII 而言，QDIE 投资范围非常广泛，不仅可以投资二级市场，还可以投资非上市交易的股权、实物。

第三节　我国 PPP 项目资产证券化探索

一、相关政策

2014 年 9 月财政部发布《关于推广运用政府和社会资本合作模式有关问题的通知》，引导社会资本和政府资本在公共产品领域的合作投资。同年 11 月国务院发布《关于创新重点领域投融机制鼓励社会投资指导意见》中"大力发展债权投资计划、股权投资计划、资产支持计划"和"推动铁路、公路、机场等交通项目建设企业应收账款证券化"的规定，支持对政府和社会资本合作（PPP）发展 ABS 融资渠道和融资方式。

2016 年 12 月，国家发改委和证监会联合出台了《关于推进传统基础设施领域政府和社会资本合作（PPP）项目资产证券化相关工作的通知》，推进 PPP 项目资产证券化工作，对盘活 PPP 项目存量资产、加快社会投资者的资金回收、缓解 PPP 项目融资、吸引更多民营资本参与 PPP 项目建设具有重要意义。该通知明确了 PPP 项目资产证券化条件，首先，项目已严格履行审批、核准、备案手续和实施方案审查审批程序，并签订了规范有效的 PPP 项目合同，政府、社会资本及项目各参与方合作顺畅；其次，项目工程建设质量符合相关标准，能持续安全稳定运营，项目履约能力较强；再次，项目已建成并正常运营 2 年以上，已建立合理的投资回报机制，并已产生持续、稳定的现金流；最后，原始权益人信用稳健，内部控制制度健全，具有持续经营能力，最近三年未发生重大违约或虚假信息披露，无不良信用记录。满足上述四点要求的 PPP 项目优先发行资产支持专项计划，这对前几年已经落地的不规范的 PPP 项目会产生一定影响，资产证券化操作会有难度，但对 PPP 项目的发展可以起到重要规范引导作用。优先鼓励符合国家发展战略的 PPP 项目开展资产证券化，各省级发改委优先支持由行业龙头企业发起的，处于市场发育程度高、政府负债水平低、民营资本相对充裕的地区，以及具有稳定投资收益和良好社会效益的优质 PPP 项目开展资产证券化示范工作。这意味着政府信用、政府负债水平直接影响 PPP 项目资产证券化工作，各地 PPP 项目实施的情况与政府信用和财政支出能力息息相关，未来在地方政府信用好、财政支付能力强的地区开展 PPP 项目资产证券化会更加有利。PPP 项目科学管理和资产证券化尽职调查成为关键因素，项目实施单位要严格执行 PPP 项目合同，保障项目实施质量，切实履行资产证券化法律文件约定的基础资产移交与隔离、现金流归集、信息披露、提供增信措施等相关义务，并积极配合相关中介机构做好 PPP 项目资产证券化业务尽职调查。在 PPP 项目资产证券化推进中，要严格执行法律文件，完善监管、加强监督，政府应尽快完善相关法规政策，保障 PPP 项目资产证券化良性健康发展。同时，基于 PPP 机制，共同培育和积极引进多元化投资者。国家发改委与中国证监会将共同努力，积极引入城镇化建设基金、基础设施投资基金、产业投资基金、不动产基金以及证券投资基金、证券资产管理产品等各类市场资金，投资 PPP 项目资产证券化产品，促进建成多元化、可持续的 PPP 项目资产证券化的资金支持机制，为 PPP 项目资产证券化提供资金保障。优化 PPP 项目资产证券化审核程序，引导市场主体建立合规风控体系，建立完善的沟通协作机制。证监会为 PPP 资产证券化开"绿色通道"，证监会系统相关单位负责建立专门的业务受理、审核及备案绿色通道，由专人专岗负责，提高国家发展改革委优选的 PPP 项目相关资产证券化产品审核、挂牌和备案的工作效率。

2017 年 4 月财政部等六部委印发的《关于进一步规范地方政府举债融资行为的通知》（财预〔2017〕50 号）中明确指出"地方政府不得以借贷资金出资设立各类投资基金，严禁地方政府利用 PPP、政府出资的各类投资基金等方式违法违规变相举债"。50 号文和《政府和社会资本合作（PPP）项目专项债券发行指引》的同步推出，实际上是通过对投资基金等融资平台的限制（部分区县级的 PPP 项目的资金来源，其实是政府与社会资本方分别向银行借，存在一定的风险隐患），有助于地方债务风险的防控与疏导，倒逼政府转向规范的 PPP 模式，客观上将大大推进 PPP 的健康持续发展。所以两者之间并不存在矛盾关系。《指引》规范了 PPP 项目专项债发行条件，只有规范的项目、合法合规的项目、优质的项目、入库的项目，才能发行 PPP 项目专项债，才能获得市场的认可。从资金使用方面来看，发行企业债的，允许企业使用不超过 50% 的债券募集资金用于补充营运资金；而普通企业债募集资金来补充营运资金的上限比例为 40%。从发行条件来看，相比于一直以来依赖政府信用的城投债，PPP 专项债券本身以项目本身信用为基础，更加关注 PPP 项目未来现金流，发行主体更加宽泛，主体和债务率的限制放宽，同时在增信措施方面，引入项目融资概念，具备一定条件的可以不设置差额补偿机制。这点对于资质一般的平台主体，在拓展融资渠道上有着很强的意义。从审核效率来看，PPP 项目专项债券比照加快和简化审核类债券的审核程序，审核效率高，批复文件有效期比一般企业债券延长 1 年。从募集资金用途来看，募集资金既可以用于 PPP 项目建设、运营，又可偿还已直接用于项目建设的银行贷款，用途十分灵活。从融资成本来看，通过债券市场融资可以有效地为 PPP 项目资金定价，减少信息的不对称性，降低 PPP 项目的融资成本。从偿债方式来看，发行人可根据项目资金回流的具体情况科学设计债券发行方案，支持合理灵活设置债券期限、选择权及还本付息方式，债券存续期不得超过 PPP 项目合作期限（PPP 专项债比企业债期限更长，可以覆盖项目的全生命周期）。PPP 项目专项债与企业债对比具有明显优势，一是囊括了项目收益债的发行方式，有利于解决增信主体缺失问题。项目收益债依托的是项目自身的现金流，而不是项目公司的主体信用，一般仅需要进行债项评级。这对于有限追索融资的、缺乏增信主体（政府方和社会资本方都不愿意为项目融资提供增信、担保）的 PPP 项目，可谓是量身定做。二是为 PPP 项目建设期融资提供了"专项融资工具"。《项目收益债管理暂行办法》第二十条规定："项目收益债券募集资金投资项目原则上应为已开工项目，未开工项目应符合开工条件，并于债券发行后三个月内开工建设。"也就是说三个月内开工的项目和已开工的项目，都可以发行项目收益债。"PPP 项目专项债"如果发行的是项目收益债，即可以按照这一规定执行。PPP 项目专项债可以成为项目资本金、项目贷款之后的又一种项目建设资金来源。

2017 年 5 月，国家发改委印发了《政府和社会资本合作（PPP）项目专项债券发行指引》，支持发行 PPP 项目专项债券募集的资金，可用于 PPP 项目建设、运营，或偿还已直接用于项目建设的银行贷款。同时规定，在偿债保障措施完善的情况下，允许企业使用不超过 50% 的募集资金补充营运资金（以项目收益债券形式发行 PPP 项目专项债券除外）。

2017 年 2 月 17 日，上海证券交易所、深圳证券交易所分别发布推进政府和社会资本合作（PPP）项目资产证券化业务的相关通知文件，成立 PPP 项目资产证券化工作小组，明确专人负责落实相应职责，对于符合条件的优质 PPP 项目资产证券化产品建立绿色通道。项目申报阶段实行即报即审，受理后 5 个工作日内出具反馈意见，管理人提交反馈回复确认后 3 个工作日内召开工作小组会议，明确是否符合挂牌要求。项目挂牌阶段专人专岗负责，提升挂牌手续办理效率。同日，中国证券投资基金业协会亦发布《关于 PPP 项目资产证券化产品实施专人专岗备案的通知》，确定专项计划管理人按照《资产支持专项计划备案管理办法》规定，通过基金业协会备案管理系统以电子化方式报备 PPP 项目资产证券化产品。此外，针对符合 2698 号文要求的 PPP 项目资产证券化产品，基金业协会将指定专人负责，依据《备案管理办法》在备案标准不放松的前提下，即报即审、提高效率，加快备案速度，优先出具备案确认函。随着 PPP 资产证券化工作正式的开展，业务细则指南出台。2017 年 10 月，沪深交易所同步发布实施政府和社会资本合作（PPP）项目资产支持证券的挂牌条件确认指南和信息披露指南，对 PPP 项目收益权、PPP 项目资产、PPP 项目公司股权三类基础资产的合格标准、发行环节信息披露要求、存续期间信息披露要求等做出了详细规定。

二、PPP 项目资产证券化分类

（1）按照基础资产类型分类。PPP 项目资产证券化（以下简称"PPP＋ABS"）

的基础资产主要有三种类型：收益权资产、债权资产和股权资产。其中，收益权资产是 PPP 项目资产证券化最主要的基础资产类型，包括使用者付费模式下的收费收益权、政府付费模式下的财政补贴、"可行性缺口"模式下的收费收益权和财政补贴，原始权益人主要为项目公司；债权资产主要包括 PPP 项目银行贷款、PPP 项目金融租赁债权和企业应收账款/委托贷款，原始权益人主要为承包商和银行；股权资产主要是指 PPP 项目公司股权或基金份额所有权，原始权益人主要为项目公司。

（2）按照项目阶段不同分类。PPP 项目主要分为开发、建设和运营等阶段，其中开发阶段和建设阶段合称"在建阶段"。

在建阶段由于 PPP 项目尚未产生现金流，可以采取以下资产证券化模式：一是设计"双 SPV 结构"，以在建保障房项目未来现金流收入所支持的信托受益权作为基础资产，发行资产支持专项计划；二是以重大在建项目未来的现金流作为支持，发行保险资管资产支持计划；三是以在建阶段商业银行的项目贷款或金融租赁公司提供设备融资的金融租赁债权作为基础资产，发行信贷资产证券化产品。

由于 PPP 项目在运营阶段开始产生比较稳定的现金流，开展资产证券化的条件更为成熟，可以采取以下资产证券化模式：一是以收费收益权和/或财政补贴作为基础资产，发行资产支持专项计划、资产支持票据或资产支持计划；二是以运营阶段商业银行的流动资金贷款或金融租赁公司提供设备融资的金融租赁债权作为基础资产，发行信贷资产证券化产品；三是以 PPP 项目公司的股权或股权收益权作为基础资产，发行类 REITs 产品。

（3）按照合同主体不同分类。在这种分类标准下，可以围绕 PPP 项目合同体系设计相应的资产证券化方案。PPP 项目合同体系主要包括以下四类与资产证券化相关联的合同主体：一是 PPP 项目的实施主体，即 PPP 项目公司；二是为 PPP 项目提供贷款融资的商业银行或提供融资租赁服务的租赁公司；三是 PPP 项目的投资方，即社会资本（专业投资者与财务投资者）；四是 PPP 项目的合作方，即承/分包商。

三、PPP 项目资产证券化操作模式

根据合同主体的不同，PPP 项目资产证券化可分别采取以下操作模式：

一是以 PPP 项目公司作为原始权益人或发行人，以收费收益权与/或财政补

贴作为基础资产。

二是以商业银行或租赁公司作为发起机构，以 PPP 项目银行贷款或租赁债权作为基础资产，资产出表后释放额度，继续发放新的贷款或租赁款，支持 PPP 项目建设。

三是以社会资本作为原始权益人或发行人，基础资产类型进一步扩展，可以跳出 PPP 项目本身，以社会资本自身拥有的符合要求的基础资产发行资产证券化产品，募集资金以增资扩股或股东借款方式支持 PPP 项目公司。

四是以承/分包商作为原始权益人，以 PPP 项目公司的应收账款或其他类型资产作为基础资产，承/分包商获得募集资金后以垫资或委托贷款方式支持 PPP 项目公司。

四、PPP 项目资产证券化操作流程

（1）资产证券化业务的基本流程。资产证券化中涉及的主体主要包括融资方（原始权益人/发起人）、资产管理机构、证券承销机构、信用增级机构、信用评级机构、资金托管机构、资产评估机构和投资者等。

通常一个完整的资产证券化交易过程可以概括为以下三步：一是成立 SPV，发起人将需要证券化的资产转移给 SPV。二是 SPV 对基础资产现金流进行重组、分层和信用增级，并以此为支持发行有价证券，获得资金对价。三是资产服务商负责基础资产现金流的回收和分配，主要用以归还投资者的本金和利息，剩余部分则作为发起人的收益。

（2）信贷资产证券化的操作流程。PPP 项目贷款的资产证券化操作流程具体如下：

一是银行将对 PPP 项目公司的贷款信托予受托机构。二是受托机构以该信贷资产设立信托，发行以信托财产支持的资产支持证券，委托主承销商销售该等证券。三是主承销商组建承销团，向投资者发售资产支持证券，并将募集款项扣除发行承销费用后的余额划付给受托机构。四是受托机构将该余额扣除必要费用（如证券登记托管费）后作为对价支付给发起银行。五是在信托存续期间，银行作为贷款服务机构负责已设立信托的贷款的本息回收工作，并将回收款转付至信托账户，用于偿还证券本息。六是发起银行通过资产证券化交易可以实现资产出表，释放贷款额度，可以以募集资金继续向 PPP 项目公司发放贷款。

（3）资产支持专项计划的操作流程。PPP 项目在资产支持专项计划模式下的操作流程具体如下：一是设立专项计划：券商（或基金子公司）作为专项计划管理人设立资产支持专项计划，并作为销售机构向投资者发行资产支持证券募集资金，次级资产支持证券通常由原始权益人自持。二是购买基础资产：管理人以募集到的资金向原始权益人（PPP 项目公司）购买基础资产，原始权益人通常作为资产服务机构负责基础资产的后续管理和运营。三是现金流归集和计划分配：

①在专项计划存续期间，基础资产产生的现金流将定期归集到原始权益人在监管银行开立的监管账户（或称"资金归集账户"），并按照约定定期划转到管理人在托管人处开立的专项计划账户。

②管理人对专项计划资产进行管理，托管人根据《托管协议》对专项计划资产进行托管。

③若基础资产现金流不足以支付优先级产品当期本息，则由差额支付承诺人（如有）履行差额支付义务，担保人（如有）对差额支付承诺人的差额支付义务提供不可撤销的连带责任保证担保。

④托管人按照管理人的划款指令进行产品本息分配，通过中证登向投资者兑付产品本息。

（4）资产支持票据的操作流程。PPP 项目在资产支持票据模式下的操作流程为：一是发行人（PPP 项目公司或其母公司）向投资者发行资产支持票据（ABN），并与主承销商签署《应收账款质押合同》等交易文件。二是发行人以其合法享有的基础资产产生的回收款作为第一还款来源，并定期归集到资金监管账户。三是发行人对基础资产产生的回收款与 ABN 应付本息差额部分负有补足义务。四是在 ABN 本息兑付日前，监管银行将本期应付票据本息划转至上海清算所的账户。五是上海清算所将前述资金及时分配给 ABN 持有人。

（5）资产支持计划的操作流程。PPP 项目在资产支持计划模式下的操作流程具体如下：一是原始权益人（PPP 项目公司）与受托人（保险资管公司）签订《资产转让合同》，将基础资产转让给受托人。二是委托人通过签署《认购协议》，委托受托人管理资金，用于购买基础资产。三是受托人与托管人签署《托管合同》，由托管人保管资产支持计划资产并负责资产支持计划项下资金拨付。四是若当期基础资产现金流不足以偿付资产支持计划该期应付本息，则由增信机构履行补足义务。五是托管人根据受托人指令，及时向受益凭证持有人分配资产支持计划本金和收益。

五、PPP 项目政府审批流程

（1）在项目发起阶段，政府方作为项目发起筛选人，主要完成以下工作：

①组织完成 PPP 储备项目的立项、用地、环评审批/核准/备案。

②征集遴选储备项目，对是否适宜 PPP 模式进行评估认证。财政部门（政府和社会资本合作中心）应对项目实施方案进行物有所值和财政承受能力验证，通过验证的，由项目实施机构报政府审核；未通过验证的，可在实施方案调整后重新验证；经重新验证仍不能通过的，不再采用政府和社会资本合作模式。

③编制审核项目（初步）实施方案。发改部门应会同行业管理部门、项目实施机构，及时从项目储备库或社会资本提出申请的潜在项目中筛选条件成熟的建设项目，编制实施方案并提交联审机制审查，明确经济技术指标、经营服务标准、投资概算构成、投资回报方式、价格确定及调价方式、财政补贴及财政承诺等核心事项。

④编制本行政区域内 PPP 项目年度和中期开发计划。根据国家发改委要求，各省区市发展改革委要建立 PPP 项目库，定期将项目进展情况按月报送国家发展改革委。

⑤建立 PPP 项目专家库。PPP 项目涉及面广、专业性强，财政部鼓励各级政府部门通过政府采购平台选择一批能力较强的专业中介机构及专业人士，如律师、造价咨询、注册会计师、注册税务师等，为 PPP 项目实施提供技术支持。

（2）在选择社会资本阶段，政府方作为项目采购人，主要完成以下工作：

①指定项目实施机构。

②组织资格预审。项目实施机构应根据项目需要准备资格预审文件，发布资格预审公告，邀请社会资本和与其合作的金融机构参与资格预审，验证项目能否获得社会资本响应和实现充分竞争，并将资格预审的评审报告提交财政部门（政府和社会资本合作中心）备案。可邀请有意愿的金融机构及早进入项目磋商进程。

③决定采购方式并依法选择社会资本。地方各级财政部门要依托政府采购信息平台，或搭建信息服务平台，公开 PPP 项目的工作流程、评审标准、项目信息、实施情况、咨询服务等相关信息，加强政府和社会资本合作项目政府采购环节的规范与监督管理，保障信息发布准确及时、审批过程公正透明、建设运营全

程监管。

④参与合同谈判、完善及审核。地方各级财政部门要会同行业主管部门协商订立合同，重点关注项目的功能和绩效要求、付款和调整机制、争议解决程序、退出安排等关键环节，积极探索明确合同条款内容。

⑤将采购涉及的财政支出依法列入预算（含财政中期规划）并报同级人大审批。

（3）在项目实施阶段，政府方作为项目采购人，主要完成以下工作：

①依约履行采购义务。

②对项目实施进行监管、考核、披露。项目实施过程中，政府方应加强工程质量、运营标准的全程监督，确保公共产品和服务的质量、效率和延续性。项目实施机构还应定期监测项目产出绩效指标，编制季报和年报，并报财政部门（政府和社会资本合作中心）备案。项目实施结束后，可对项目的成本效益、公众满意度、可持续性等进行评价，将评价结果作为完善 PPP 模式制度体系的参考依据。

对于不涉及国家秘密、商业秘密的政府和社会资本合作项目合同条款、绩效监测报告、中期评估报告和项目重大变更或终止等情况应由政府方及时公开披露。

③根据行政职权对项目实施进行行政管理。可进行的行政管理包括价格管理、审计管理等。另外，可根据社会公众及项目利益相关方的举报行使监督检查职权。

④依约授予特许经营许可。

六、发行实践

国家发改委分批次推进 PPP 资产证券化项目。2017 年 3 月，发改委发布了首批 9 单 PPP 资产证券化项目的推荐函，沪深两大交易所对首批符合挂牌条件的 4 个资产证券化项目发放了无异议函，项目发行通过，PPP 资产证券化正式进入落地期。首批 9 单中已经有 4 单 PPP 项目资产证券化产品正式在沪深两个交易所挂牌，总规模达 27.14 亿元。首批四单分别为华夏幸福公司的固安工业园区新型城镇化 PPP 项目资产支持计划、首创股份公司的中信证券—首创股份（600008）污水处理 PPP 项目收费收益权资产支持专项计划、东江环保公司的广发恒进—广晟东江环保（002672）虎门绿源 PPP 项目资产支持专项计划、浙大网新的中信建投—网新建投庆春路隧道 PPP 项目资产支持专项计划。首批剩余 5 单 PPP 资产证券化项目相继推出。首批推荐项目包括交通基建、工业园区、水务、固废处理等类型的传统基础设施领域项目。2017 年 5 月，第二批 8 个 PPP 项目资产证券化项目获得发改委推荐，涉及交通基础建设领域项目多达 5 单，占全部项目数的 62%。随着今年 PPP 资产证券化工作正式的开展，首份正式业务细则指南落地。2017 年 10 月，沪深交易所同步发布实施政府和社会资本合作（PPP）项目资产支持证券的挂牌条件确认指南和信息披露指南，对 PPP 项目收益权、PPP 项目资产、PPP 项目公司股权三类基础资产的合格标准、发行环节信息披露要求、存续期间信息披露要求等做出了详细规定。交易所作为当前企业发行 ABS 最重要的市场，PPP+ABS 进入提速阶段。

前期探索。2017 年 2 月 3 日，"太平洋证券新水源污水处理服务收费收益权资产支持专项计划"在机构间私募产品报价与服务系统成功发行[①]，为国内 PPP 项目资产证券化的深化发展提供了启示借鉴。新水源 PPP 资产支持专项计划发行总规模 8.4 亿元，采用结构化分层设计，其中优先级 8 亿元，共分为 10 档，评级均为 AA+；次级 0.4 亿元。本次专项计划由新疆昆仑新水源科技股份有限公司作为发起人并担任特定原始权益人，由太平洋证券股份有限公司担任计划管理人并进行交易安排。基础资产系特定原始权益人新水源公司依据《特许经营协议》在特定期间内因提供污水处理服务产生的向付款方收取污水处理服务费及其他应付款项的收费收益权，污水处理服务费付款方为乌鲁木齐市水务局。

根据该专项计划的交易结构安排，优先级 6~10 档在第五年设置原始权益人利率调整选择权，并附投资者回售权、特定原始权益人赎回权，同时新水源公司为专项计划提供差额补足义务，并将污水处理服务收费权质押为差额补足义务及支付回售和赎回款项的义务提供不可撤销的质押担保。此外，新水源公司股东分别是乌鲁木齐市国资委实际控制的乌鲁木齐昆仑环保集团有限公司和上市公司北京碧水源科技股份有限公司，二者分别为该专项计划提供了无条件的不可撤销的连带责任保证担保。

本次纳入基础资产的甘泉堡工业园区污水处理 PPP 项目隶属于乌鲁木齐昆仑环保集团有限公司 PPP 项目，是乌鲁木齐市先行尝试的少数 PPP 项目之一，后

---

① 刘国锋：《国内首单 PPP 资产证券化项目落地》，《中国证券报》，2017 年 2 月 6 日。

者已纳入财政部公布的 PPP 项目库。甘泉堡经济技术开发区（工业区），位于新疆首府乌鲁木齐市北部，距市中心 55 公里，紧邻五家渠市和阜康市，为乌昌地区东线工业走廊的核心节点，总规划面积为 360 平方公里。其中在乌鲁木齐市范围内规划建设用地面积为 171 平方公里，2012 年 9 月 15 日经国务院批准设立为国家级经济技术开发区。开发区以新能源和优势资源深度开发利用为主，区内有国家重点工程北水南调"引额济乌"项目的尾部调节水库"500"水库，区位、水土资源优势明显，系乌鲁木齐确定的六大产业基地之一 ——"战略性新兴产业基地"，是新疆新型工业化重点建设工业区。根据财政部《政府和社会资本合作模式操作指南（试行）》要求，甘泉堡工业园区污水处理 PPP 项目严格履行了项目识别、项目准备、项目采购、项目执行和项目移交的全流程，并于 2016 年 1 月 8 日投入正式运营，特许经营期自污水处理项目通过环保验收日起 28 年。根据对目前国内 PPP 项目建设情况的观察，污水处理行业的市场化水平相对较高，盈利模式清晰，北京碧水源科技股份有限公司作为行业领先企业，在 PPP 项目建设和进行资产证券化操作上都具备了得天独厚的优势。2017 年 5 月 24 日"富诚海富通—浦发银行 PPP 项目资产支持专项计划"通过上海证券交易所审批，发行总规模为 15.25 亿元，基础资产系信托受益权，采用结构化分层设计。

七、PPP 项目资产证券化趋势

资产离岸证券化是资产证券化的一种特殊形式，是指利用海外的特殊目的载体（SPV），在国际资本市场上发行资产支撑证券（ABS）筹集资金，其核心要素包括：一是资产离岸证券化业务流程中的信用评级、信用增级、发行证券等关键环节，大部分是由境外发行地司法管辖区内机构完成的，既可以充分利用境外的机构和人才资源降低成本，更重要的是可以获得广大投资者的认同。二是由境外机构充当资产离岸证券化的特殊目的载体。如果将特殊目的载体设在开曼群岛、中国香港等离岸金融中心，可以起到良好的避税作用。三是由于资产离岸证券化是在国际资本市场上筹集资金，是一种吸引外资的新方式，属性上不属于外债，可以不受外债额度限制。

资产离岸证券化与国际保理有一定的区别。国际保理主要是依靠其对应收账款的专业技能减少风险，而资产离岸证券化主要是通过购买具有稳定收益的资产最小化其风险；国际保理融通的是短期资金，一般为 6 个月以内，而资产证券化融通的是长期资金，发行的是证券，而不是短期商业票据。

20世纪90年代以来，开展资产离岸证券化，在国际资本市场上筹集资金，不仅是新兴市场经济国家流行的做法，而且西方发达国家也非常重视资产离岸证券化业务。资产证券化是完全有效的，可以提高公司或金融机构资产的流动性，增加总体的盈利水平（Kothari，1999）。美国证券交易委员会为了使美国的证券法适用于国际交易，特别是为了涵盖国际证券化，1990年实施"S条例"，放松对国际交易的管制。资产离岸证券化的本质是结构性融资，目的是充分利用境外融资的成本优势，发行符合境外发行地政治、经济、法律环境要求的资产支持证券的过程。

PPP项目资产证券化抓住了PPP落地难背后的融资难要害。充分依托资本市场，积极推进符合条件的PPP项目通过资产证券化方式实现市场化融资，提高资金使用效率。对于项目投资人而言，最直接的影响是增加了一个新的退出渠道，盘活所有投资人PPP项目的存量资产，资金流动性会大大地提高，从而提高投资人持续投资的能力。同时，通过将相关产品在交易所公开上市来降低整个产品的利率，从而让投资人降低它的获得资金的成本。从一个流动性差的资产变成一个流动性高的资产，它本身的溢价是非常明显的，并且短期内就能获得。

对于基金来说，所有的公募基金、基础设施产业基金、保险基金以及证券资管产品等大量市场资金有了一个新的投资渠道。现在的资产证券化产品并不多，交易活跃度也不高，缺乏大的基础资产的池子。而PPP资产证券化比一般的企业债、融资平台债券更有安全系数和保障系数。对于上市公司而言，这一新的政策会给上市公司带来更多参与PPP项目的动力。上市公司现在承接PPP项目，不可能全部用上市公司的资金，还需要在社会上另寻一些合作伙伴共同参与，以缓解自身在资金上的压力。但是上市公司中标PPP项目后，寻找新的伙伴方或者接手方很困难，因为新接手方对项目不熟悉，导致期间需要很多的沟通，过程很复杂。PPP资产证券化以后，就可以在承接PPP项目的事中、事后，很容易找到新的伙伴，公司还可以在项目融资和退出上有更畅通的渠道。实际上通过PPP项目资产证券化这个融资机制和金融产品，将实现PPP项目与资本市场的打通和有效连接，对PPP和资本市场来说能实现共赢。一方面，为当前数量众多的和急需资金的传统PPP项目新增了融资渠道和社会资金来源；另一方面，在当前"资产荒"的大环境下，让资本市场相关投资者能够分享PPP优质资产所带来的收益和红利。

交易成本低。资产证券化是一种结构性融资，因为资产证券化融资设计出一种严谨有效的交易结构。资产证券化的融资利率低于债务融资的利率，具有成本比较优势（Steven L. Schwarcz，1994）。交易结构中包括原始权益人（融资方）、特别目的载体（SPV）、投资者、服务商、受托者、担保机构、评级机构等。这一交易结构在资产证券化运行中的作用在于：一是保证了破产隔离的实现，把资金的偿付能力与原始权益人的信用能力分开。二是交易结构确保融资活动可以充分享受政府提供的税收优惠。三是交易结构使资产得到信用增级，改善了资产支撑的发行条件。资产离岸证券化是资产证券化在全球范围内资金配置的过程，结构性融资特点使其在全球范围内降低交易成本成为可能。资产离岸证券化大大扩展了投融资双方的选择范围。当资产证券化在一国进行时，尽管资产与资金的结合比较密切，但还是有局限：有些资产不易在国内证券化，比如以外币计价的应收款在本国证券化时，投资者将面临汇率风险；受国内资本市场发育程度以及法律、税收、会计制度的影响，有些资产证券化的成本很高，或者根本不可能证券化，这些情况在许多发展中国家普遍存在，而当证券化跨越国界时，这些局限基本上可以被克服，资金配置更合理；资产证券化结构性融资的特点适宜于离岸运作，其参与主体较多且密切合作，但都彼此独立，使每个环节都尽量分布在运行成本最低的国家和地区。资产离岸证券化是组织者在全球范围内配置法律、税收等交易模块构建交易结构的过程，属于"非标准化的、灵活的交易准则和行为规范"。同一国家内标准化的交易结构具有一致性、可预测性，能够降低参与者的信息取得和学习费用，降低不确定性引起的费用，而离岸非标准化、市场导向的交易结构则需要参与者持续的创造，风险不可预测，谈判和实施的费用较高。但是，标准化的交易结构没有考虑某一具体交易的需求，限制了实验和创新，对迅速变化的环境缺乏适用性，增加了机会成本。因此，在资产离岸证券化的实践中，非标准化的、市场导向的交易结构扮演着重要的角色。资产证券化的离岸运作作为一种金融创新，鼓励参与者最大限度地规避无效率的制度约束，采取更灵活的、成本更低的组织形式。参与者可以将分解的资产证券化子系统放在不同国家和地区，追求安全性、监管放松、税费低廉的效果，达到整体优化。一家不同应收款来自欧美地区而需要融资的出口企业，可以将特别目的载体（SPV）设在"税收天堂"开曼群岛等区域，在监管披露相对宽松、投资者基础雄厚的美国私募资本市场上发债,请中国香港贸易伙伴为该债券提供担保,聘请欧洲某个著名的商业银行作为受托人,聘请投资银行做财务顾问,由国际知名评级公司评级。

规避国内政策限制。Barbara J.Moss 认为,证券化的扩张是金融服务业内部与外部多种因素共同导致的结果。按照国际惯例,资产支持证券的主要需求者是机构投资者,我国机构投资者数量有限、不成熟而且受到法律制约。国有企业和上市公司虽然放开了持有证券的限制,但其资金供给能力有限。一般投资者对利率的敏感性不强,资产支持证券在短期内难以得到个人投资者的普遍青睐。由于会计、税收、法律制度方面的制约以及信用评级制度和环境的局限,在我国大规模推行资产证券化的可能性不大。而将境内资产包装到境外实现证券化,可以避免和国内现有法律的冲突,相对较容易实现。商业银行面对监管资本的要求,利用资产证券化的手段将风险低的资产出售和证券化,以满足监管的要求(Calem and LaCour–Little,2004)。对于国内机构投资者数量和资金有限的问题,离岸证券化可以利用国际资本市场上大量机构投资者对稳定回报和低风险的要求,吸引足够的投资者。所以,利用资产离岸证券化的方式,可以突破融资环节的制约,进行国际化融资,并有效降低融资成本。对于一个金融资金还不是十分充裕的国家,引进外资无疑对经济增长的作用相当大。同时,对于发展中国家来说,引进外资还有助于引进先进技术、工艺装备、管理经验,有助于提高国内技术水平,创造就业机会,促进企业制度改革,有利于提高企业的国际化水平,推动经济持续增长。然而,不加选择地引进外资也有威胁民族工业生存和成长、冲击国内金融市场、增加外债负担等消极影响。Claire A.Hill 指出,资产证券化主要解决了信息不对称的问题。资产离岸证券化是化解国际信息不对称,将流动性差的国内金融资产在国际市场上置换出流动性强的资金,不仅可以引进外资,而且不以出让产权、出让市场为代价。通过资产离岸证券化引进的外资使融资方自主使用,不附加其他条件。从资产交易的角度看,资产证券化融资也不构成国家的外债。改变利用外资的形式,使资产离岸证券化具有较强的现实意义。

满足大规模 PPP 项目融资需求。融资是发展中国家经济持续稳定增长的关键问题之一。由于经济、金融环境的变化和企业的投资机制、经营机制和产品结构等方面的缺陷,在目前的经济形势下,企业的经营业绩、利润水平和资产质量下降,导致企业信用等级下降,这样企业即使有好的投资项目或部分优良资产也难以筹集资金。因此,在我国企业的融资结构中,间接融资占绝大比例,甚至达到

90%，而通过资本市场的直接融资仅占 10%左右。在间接融资中，沉淀了大量的不良债权，银行出于风险考虑，有"惜贷"的倾向。虽然资本市场的发展能够减轻银行的融资压力，但由于规模小，所起的作用有限，使得我国目前投融资方式的回旋空间小，影响了金融体系的正常运转。同时，未来经济增长对投资需求尤其是 PPP 项目的投资需求会更加旺盛，加上 PPP 项目建设周期长，占用资金规模巨大，单纯从财政、银行和股市融资难以满足，必须进一步发展和完善资本市场，引进、创新多元化的融资工具。资产证券化让所有的市场参与方受益，是一种有吸引力的选择。发起人由于能够不费力地出售资产以及增强资金提供能力而受益，投资者因获得高收益证券、流动性与多样化而受益（Bharat A.Jain）。资产离岸证券化是作为间接融资方式出现的一种新型融资方式，打破了间接融资的国际界限，为解决和缓解 PPP 项目建设大规模资金短缺问题提供了新的融资渠道。在国际资本市场融资的途径主要有发行国际股票和发行国际债券两种。发行国际股票会稀释股权，其潜在的成本较高。发行债券的成本通常低于股票，可以获得比信贷融资更长的期限。离岸资产证券化通过在全球布局交易资源，充分发挥境外利率较低国家和地区的融资成本优势、免税港的低税负优势，大幅度降低融资成本。Shane A.Johnson 提出应权衡证券化的收益与成本来决定是否证券化，证券化的成本主要是机会成本，即放弃非证券化债权带来的利润所导致的成本。通过资产离岸资产证券化的结构性融资，监管成本、信息成本、破产成本、专业化分工与交易成本等都有所下降。与银行信用中介的功能集约化相反，资产离岸证券化对原来由银行集中完成的各个功能进行分解，把分解后的各个功能交给金融市场中具有不同专长的金融机构，由这些金融机构利用自身的比较优势完成原来集中于银行的各项功能，从而达到通过专业化分工来提高信用中介效率的目的。Steven L.Schwarcz 指出，资产证券化是一种"炼金术"。他认为，资本市场的平均利息率要低于中小企业贷款的利息率。在使用资产证券化之前，这些企业主要通过担保或者无担保贷款的方式取得资金，而出现资产证券化之后，他们可以通过特殊目的载体（SPV）从资本市场上获取资金，只要资产证券化节约的利率比它的成本高，这种从担保融资方式向资本市场融资方式的转变就可以使企业获得纯收益。Walid A.Chammah 认为，资产证券化可从破产隔离、税收、提升资产的回报率、减少资本成本、增多资金来源、优化资产负债匹配等多种途径增加收益。在资产离岸证券化的融资结构中，发起人与投资者之间通过各个专业金融机构得以沟通。发起人主要负责证券化资产的发起，信用评级机构承担对证券化资产的信息收集和信用评估，服务商负责证券化资产应收款收缴以及违约事项的处理，受托人负责向投资者发放还本付息的资金。通过上述金融机构的专业化分工协作达到提高金融市场效率的目的。

PPP 项目资产证券化的发展趋势。资产证券化有两个大的方向，一是发行资产支持专项计划融资，二是真实出售、破产隔离，做表外业务即脱表。PPP 项目资产证券化发展趋势是真实出售、破产隔离，而不仅仅作为一个融资渠道，因为融资渠道对很多的投资人都没有大的吸引力，它与银行融资及其他融资相比并不具备非常明显的优势。而如果能够出表卖掉这些产品，以上所说的意义都能体现出来。这对于证券公司而言也是一个非常大的业务点，作为固定收益产品的团队以及投行团队都很有可能介入到这一类资产里面去。PPP 项目资产和母公司资产没有太多关联性，PPP 项目资产质量、瑕疵均不受母公司资产影响，出售也不会对母公司产生影响。目前所有的 SPV 公司都是新设的，所有的项目公司都是新设的并且是单一的，基本上完全可以做得到资产隔离。

亟待解决的问题。资产证券化对提升 PPP 项目吸引力的作用是显而易见的，但同时要看到，资产证券化只是解决了退出机制问题，PPP 项目参与方多、关系复杂，想要成功运行，每个环节都必不可少，"木桶短板"效应明显。

第三章
PPP 项目资产分析

第一节　PPP 项目基础资产

　　跨国基础资产。为巩固和扩大现有多边机制，以全球和区域性平台和工具的形式进一步促进知识转移、项目的准备和实施，支持推动全球基础设施建设，多边银行发起设立了全球基础设施中心（Global Infrastructure Hub）项目库。在联合国主导下，由世界银行集团、非洲开发银行、亚洲基础设施投资银行、亚洲开发银行、欧洲复兴开发银行、欧洲投资银行、美洲开发银行、伊斯兰开发银行、新开发银行等各多边开发银行发起设立全球基础设施中心项目库，2014 年经二十国集团（G20）领导人峰会批准成立，总部设在澳大利亚悉尼。平台和工具包括在多边开发银行的密切合作中逐步形成风险防范和风险分担机制，比如，PPP知识实验室（PPP Knowledge Lab）、全球基础设施基金（Global Infrastructure Facility）、国际基础设施支持系统（International Infrastructure Support System）、Infrascope，PPP 认证计划以及环境、社会和治理标准等。通过分享全球基础设施投资最佳实践信息、投资策略和风险管理工具，促进和优化政府和社会资本合作（PPP）。GI Hub 开发了一系列工具，评估公共投资和公共—私营合作模式（PPPs）的财政影响对比、公共投资项目和 PPP 项目的实施风险对比以及提高基础设施合同和项目透明度的方法等，旨在帮助开启数万亿美元私人投资，为世界各地急需帮助的公共基础设施提供资金。我国是 GIH 的发起国之一，和澳大利亚、哥伦比亚、韩国、墨西哥、新西兰等国政府一道持续提供入库项目。

市政基础资产。财政部牵头组建了全国政府和社会资本合作（PPP）综合信息平台。按照国务院《关于在公共服务领域推广政府和社会资本合作模式的指导意见》（国办发〔2015〕42 号），参考国家发改委的行业划分标准，PPP 项目已涵盖 19 个一级行业，其中，市政工程、交通运输、片区开发 3 个行业项目合计超过入库项目的 50%。在项目回报机制方面，需要政府付费和政府补贴的项目比重正逐渐提高。全国政府和社会资本合作（PPP）综合信息平台数据显示，我国 PPP 项目已超过 1 万个，而且示范项目落地呈加速趋势，在市政工程领域，主要包括供水、排水、污水处理、供电、供气、供热、供冷、公园、停车场、广场、景观绿化、海绵城市、管网（包括地下综合管廊）、垃圾处理（不包括垃圾发电）、市政道路、公交、轨道交通及其他 18 个二级行业。在交通运输领域，主要包括高速公路、一级公路、二级公路、铁路、航道航运、交通枢纽、港口码头、机场、隧道、桥梁、仓储物流及其他 12 个二级行业。在片区开发领域，主要包括园区开发、城镇化建设、土地储备、厂房建设和其他 5 个二级行业。其中，"污水处理"二级行业自 2016 年 3 月起由"生态建设和环境保护"划转至"市政工程"。

开发区建设基础资产。2017 年 2 月，国务院印发《关于促进开发区改革和创新发展的若干意见》（以下简称《若干意见》），鼓励以政府和社会资本合作（PPP）模式进行开发区公共服务、基础设施类项目建设。财政部 PPP 综合信息管理系统数据显示，截至 2016 年 5 月 31 日，园区开发项目有 249 个，含新建园区项目 203 个，其中采用 PPP 模式建设的有 215 个，占 86.35%。可见，在《若干意见》印发之前绝大多数园区 PPP 项目属于新建的园区开发项目。但《若干意见》明确鼓励社会资本在现有的开发区中投资建设、运营特色产业园，强调对存量开发区进行建设和运营，而非再建设新的开发区，且原则上要求每个县（市、区）的开发区不超过 1 家。开发区 PPP 项目应以投资建设公共服务、基础设施类项目和运营开发区为主。目前，国内园区 PPP 项目内容主要包括规划咨询服务、土地整理和拆迁、基础设施和公共设施的建设、基础设施项目运营和园区公共服务、产业招商和企业发展服务。在上述五项合作内容中，国内的园区 PPP 项目多是建立在土地一级开发或者土地一、二级联动的基础上开展的 PPP 项目。《若干意见》重新回归开发区 PPP 项目的本质，明确未来开发区以运营为核心。以投资建设公共服务、基础设施类项目和运营开发区为主。以土地整理和拆迁为主的园区开发 PPP

项目将不被政府认可和推广。其实这一点，在《关于联合公布第三批政府和社会资本合作示范项目加快推动示范项目建设的通知》中就已经明确 PPP 项目主体或其他社会资本不得作为项目主体参与土地收储和前期开发等工作。因此，园区 PPP 项目中的土地整理和拆迁将逐渐退出，或者不在政府力推的园区 PPP 项目范围之内。同时，明确禁止打着开发区建设的旗号，大量圈占土地大搞房地产开发。

特色小镇建设基础资产。特色小镇不是行政镇街，也不是产业园区，而是一个产业、文化、宜居、环境等各种要素集聚平台，是经济转型升级的新形态，强调功能整合，需要通过 PPP 模式引入专业城市投资建设运营商，摆脱当地人才、资金、能力不足等"瓶颈"，促进优质资源的整合。2016 年，经专家复核，会签国家发展改革委、财政部，认定 127 个镇为第一批中国特色小镇，其中浙江省桐庐分水等 8 个镇入围，将受到国家的重点培育。未来三年里，浙江将重点培育 100 个特色小镇，在产业上聚焦信息、环保、健康、旅游、时尚、金融、高端装备制造七大产业，兼顾茶叶、丝绸、黄酒、中药、青瓷、木雕、根雕、石雕、文房等历史经典产业。其他省份也加快推进特色小镇建设，如合肥加快建设全国首例"PPP + VR + 特色小镇"。2016 年 10 月，安徽省路网交通建设集团股份有限公司与肥东县人民政府签约建设合肥 VR 小镇，在国家推行 PPP 模式和特色小镇建设等多重政策叠加的引领下，以 VR 产业发展为支撑，以合资公司为载体，以 VR 技术研发、VR 消费体验、VR 内容制作、VR 产权交易、VR 投融资等全产业链的构建为核心，打造具有安徽特色的小镇生态体系。地方政府主要负责征地拆迁、立项可研、用地环评等项目前期工作。社会资本主要负责小镇投融资、建设、VR 产业资源的引进和运营，特色小镇 PPP 模式的运作流程设计。四类合作主体为：获得政府授权的下属机构或下属公司，各类投资主体（特殊之处在于可能会包含各类镇村集体经济、合作经济组织）、金融机构或其他投资人，咨询设计、工程施工、招商运营等产业服务机构等，合作成立 PPP 项目公司作为实施主体。两类参与收益：开发建设成本补偿 + 特许经营收益，两项收入之和会使各参与者有一定的利润收入，但成本补偿可能不能完全覆盖各参与者的投入，不足部分需要特许经营收益补足。PPP 对于价格管理的基本要求是：定价应基于成本，并进行适度价格管制，既保证项目运行及社会资本的合理收益，又不损及公共利益，同时要建立对收益进行补贴、调整或约束的条款。四类偿付来源：对政府来说，土地出让收入 + 税收收入 + 非税收入 + 专项资金四项收入将成为偿付各参与者的成本和利润的主要来源。

交通设施建设基础资产。交通运输 PPP 项目是提高城市间基础设施互联互通、助力经济发展提质增效的重要抓手，也是入库项目的主要类型之一。截至 2016 年 12 月 31 日，全国交通运输领域入库项目 1375 个，投资额 4.0 万亿元。其中，已签约落地项目为 186 个，投资额 7429 亿元，与 3 月末相比，交通运输领域新增落地项目 152 个，新增落地投资 6892 亿元，落地率由 3 月末的 14.7% 增加至 31.2%。《中华人民共和国国民经济和社会发展第十三个五年规划纲要》提出，"十三五"期间建设高效密集轨道交通网，强化干线铁路建设，加快建设城际铁路、市域（郊）铁路并逐步成网，充分利用现有能力开行城际、市域（郊）列车，客运专线覆盖所有地级及以上城市。完善高速公路网络，提升国省干线技术等级。构建分工协作的港口群，完善港口集疏运体系，建立海事统筹监管新模式。打造国际一流航空枢纽，构建航空运输协作机制。全国所有省份和直辖市都明确了"十三五"时期的交通投资计划，投资规模基本都在 4000 亿元以上，合计投资规模达到 5.8 万亿元。其中，铁路和高速公路仍是地方交通投资的主要领域。2015 年 8 月，国家发改委印发了《关于加快实施现代物流重大工程的通知》，引领社会资本重点投向与"一带一路"、京津冀协同发展、长江经济带、自贸区等国家战略或倡议相匹配的交通、物流工程，重点引领 10 个领域的项目建设：多式联运工程，重点建设现代化的中转联运设施，包括港口的铁路和公路转运货场、集疏运设施、铁路集装箱中心站、内陆城市和港口的集装箱场站建设等。

城市地下综合管廊建设基础资产。借鉴国际先进经验，在城市建造用于集中铺设电力、通信、广电、给排水、热力、燃气等市政管线的地下综合管廊，是创新城市基础设施建设的重要举措，不仅可以逐步消除"马路拉链""空中蜘蛛网"等问题，用好地下空间资源，提高城市综合承载能力，满足民生之需，而且可以带动有效投资、增加公共产品供给，提升新型城镇化发展质量，打造经济发展新动力。目前仅城市供水管线就有约 50 万公里，加上其他总长可能在 170 万~180 万公里左右，仅仅将供水管线改造完就需要投资上千亿元资金。在全国开展一批地下综合管廊建设示范，在取得经验的基础上，城市新区、各类园区、成片开发区域新建道路要同步建设地下综合管廊，老城区要结合旧城更新、道路改造、河道治理等统筹安排管廊建设。已建管廊区域，所有管线必须入廊；管廊以外区域不得新建管线。加快现有城市电网、通信网络等架空线入地工程。完善管廊建设和抗震防灾等标准。城市地下综合管廊建设相当于建设一条地下"高速公路"，建立合理的收费机制和相应的运营管理机制，回报率会是长期稳定的，政府和社会资本合作（PPP）模式适合在城市地下综合管廊建设中推广。2016年，郑州、广州、石家庄、四平、青岛、威海、杭州、保山、南宁、银川、平潭、景德镇、成都、合肥、海东15座城市纳入地下综合管廊试点范围。2015年，哈尔滨、沈阳、长沙、海口、苏州、包头、厦门、十堰、六盘水、白银10座城市纳入地下综合管廊试点范围。地下管廊本来有收益来源，比如自来水等，其建成后，也可降低居民的成本。统一的地下管廊可以大大节约排污、供水的成本，污水处理费、自来水费就有降价的空间，市民就可以少缴一些费用。地下管廊可以通过发市政债来解决，因为市政债利率低、成本低。2014年，财政部印发《关于开展中央财政支持地下综合管廊试点工作的通知》，中央财政对地下综合管廊试点城市给予专项资金补助，直辖市每年补助5亿元，省会城市每年4亿元，其他城市每年3亿元。对采用PPP模式达到一定比例的，将按上述补助基数奖励10%。同时，发改委印发《城市地下综合管廊建设专项债券发行指引》，提出鼓励各类企业发行企业债券、项目收益债券、可续期债券等专项债券，募集资金用于城市地下综合管廊建设。发行城市地下综合管廊建设专项债券的城投类企业不受发债指标限制。

海绵城市建设基础资产。国务院于2015年倡导建设海绵城市，解决城市雨水蓄排问题，作为全国性的抗洪涝解决方案。海绵城市在国际上特指在城市使用透水材料铺地，保证雨水能渗进地面。而在我国，海绵城市建设涵盖雨洪管理的所有方面，包括透水材料的铺装、人工湿地、生态洼地、雨水收集再利用以及排水设施的建设。目前，中央财政支持的试点海绵城市有30个，中央对海绵城市建设试点将持续三年给予专项补助：直辖市每年6亿元，省会城市每年5亿元，其他城市每年4亿元。海绵城市PPP项目中私人资本占比超过一定比例的，除了基本的专项补助外，还将额外奖励10%。如河流整治、园林绿化、排水服务等项目的经济回报率几乎为零，但污水处理费可以支付雨洪管理部分，这将为雨洪管理设施带来稳定的现金流，于是水务PPP项目呈指数上涨，海绵城市的PPP项目尽量和污水处理厂捆绑在一起，PPP项目打包不仅是出于环境因素，更多是经济效益。首批公布的16个海绵城市建设并没有强制采用PPP的模式，但第二批14个海绵城市都需要引入PPP模式。

环保领域基础资产。环保类 PPP 项目主要涉及污水处理、供水工程、垃圾填埋场、垃圾焚烧发电、水库改造等领域。污水处理投资额在环保类 PPP 项目总金额中占比近 20%，是 PPP 模式最显著的受益领域；烟气治理板块由发电机组超低排放市场带动，也实现了快速发展；第三位的固废板块同样快速增长，印证了 PPP 项目为环保公司开辟了宽广的蓝海市场，提供了良好的发展机遇，PPP 也将成为驱动环保公司成长的最大动力。

棚改领域基础资产。棚户区改造是一个长期、复杂的问题，涉及城市规划、土地政策、产业发展、人口安置、社会工作等多个方面，是个复杂的系统工程。2016 年，扬州安排保障性安居工程用地 57.67 公顷，其中，除棚户区改造用地 43.33 公顷外，保障性住房用地 9.34 公顷（廉租房用地 0.67 公顷，经济适用房用地 8.67 公顷），均为新增用地，当年开工 8300 套，基本建成 6700 套。在资产支持专项计划发行中，《资产证券化业务基础资产负面清单指引》中明确指出"当地政府证明已列入国家保障房计划并已开工建设的项目除外"，即交易所企业 ABS 融资通道是保障房建设公司的'绿色通道'"。同时，扬州保障房建设完全通过销售收入获得经济回报，没有收取政府财政补贴，规避了"以地方政府为直接或间接债务人的基础资产"不能进行资产证券化的法律障碍。因此，扬州（楼盘）保障房信托受益权资产支持专项计划为国内首单以"棚户区拆迁安置保障房信托受益权"为基础资产的企业 ABS 产品。该产品发行总规模为 10.5 亿元，其中优先级分三层，总规模为 10 亿元，信用级别均为 AA+级，次级资产支持证券为 0.5 亿元，不设评级。该产品的一大特点是，采用了"证券公司资产支持专项计划+信托计划"的特殊目的载体（SPV）双结构。

主题生活体验设施基础资产。从国外 MALL、SHOPPING CENTER、THEME PARK 等产品发展来看，差异化的商业地产在我国商业地产中将会越来越多，而个性突出的生活形态（LIFE-STYLE）类产品将成为主流，其中，主题明显、特殊体验、氛围轻松等因素是关键。日本东京中城 TOKYO MIDTOWN MALL 项目于 2007 年正式开业，主体地标建筑中城大厦高 248 米，目前为东京都内最高的建筑，在建筑内部不仅有三得利美术馆、时尚设计师三宅一生和建筑师安藤忠雄的工作坊，使整个购物中心在体验上更像是艺术中心的感觉。以娱乐为主题的美国摩尔购物中心 MALL OF AMERICA 则演绎着另一番生态，它主要由 4 家本土百货公司组成，总面积 39 万平方米，商城内共有商店 520 家。娱乐和休闲业态超常规的高占比是其最大特色，其内部就包含了一个占地 7 公顷的史努比主题乐园、水量为 120 万公吨的水族馆、18 洞迷你高尔夫球场、14 影厅电影院，娱乐和休闲业态所带来的丰富体验，让消费者愿意停留的时间更长，因而产生的消费也更多。而与主题消费体验形成对比的是，受经济减速和电商的影响，购物中心（SC）等商业设施过剩的情况越来越突出。由于在与电商的竞争中经营陷入困境，坐落在成都繁华商业街春熙路上的购物中心"成都 101 购物艺术中心"开张营业仅仅 9 个月后于 2015 年 5 月突然关店。英国零售商玛莎百货决定 2015 年 8 月之前关闭上海市内的 5 家店铺，2015 年上海市内已有十几家百货店倒闭。辽宁省沈阳市的购物中心"阳光百货"开始"全业态招商"。除商店和餐饮店外，阳光百货还希望招募金融和办公室入驻其空闲的 10 万平方米空间。难以吸引顾客光顾的原因之一是商业设施的激增。

第二节　PPP 项目效益评估

一、PPP 项目产出

　　一般意义上的 PPP 项目产出是指满足项目需求的基础设施项目资产、公共产品和服务等直观的产出，以产出说明书方式进行表述和规范。从这个角度来看，项目产出是一个绝对概念，强调不同模式间对项目需求响应结果的一致性，即对具体的基础设施建设、融资、运营服务等需求标准的满足，是结果导向的指标。广义的 PPP 产出是指模式产出，即采用 PPP 模式与采用传统政府采购模式产生效益的差别，即物有所值（Value for Money），以定量化，可能为正值或负值（货币化）和定性描述和判断（非货币化）方式衡量。模式产出是个相对概念，基本原理与项目评估中的前后比较法类似，比较分析 PPP 模式与政府采购模式的差异性，因此，同一个 PPP 项目的模式产出随不同参照值而呈现差异，不是绝对固定值。

　　在产出说明书的应用中，存在一个常见的误区，即过分关注如何实现产出而非产出本身，或者把目标当作产出来控制。需求（Needs）是 PPP 项目最终要满足和实现的要求，是采用 PPP 模式的根本原因。需求、成果、产出和目标是由本至末的层层递进关系。如为推进开发区基础设施建设，产生了园区骨干交通道路及路网衔接建设需求。成果（Outcomes）是 PPP 项目的直接结果，也是满足需求的途径。为进一步推进园区骨干交通道路及路网衔接建设的需求，需要建设"三纵三横"骨干交通道路和辅助道路。产出（Outputs）是对应 PPP 项目成果而制定的项目产成品或服务的绩效衡量标准。如建设 110 公里"三纵三横"骨干交通道路，建设辅助道路 300 公里，形成路网等。目标（Objectives）是 PPP 项目具体的产成品或服务要求，也是实现项目产出的手段。如建设 A1 纵 20 公里、A2 纵 25 公里、A3 纵 30 公里，B1 横 10 公里、B2 横 15 公里、B3 横 10 公里的"三纵三横"骨干道路，建设辅助道路 300 公里，形成路网。

而在实践中，很多项目的产出说明书实际上是目标说明书，公共部门不仅对项目产出做了定义和要求，还对具体的设计方案、工艺流程等加以限制，扼杀了社会部门产出交付方式的灵活性和创新空间，还可能因技术壁垒等因素降低投资竞争程度。尤其是有具体建设内容的 PPP 项目，地方政府为了降低可研、环评等审批环节的不确定性，避免项目进度的延误，往往把设计环节列为职能部门工作事项。需要投入禀赋资源的 PPP 项目，具有资源或技术优势的投资者与地方政府容易达成默契，地方政府在设计方案和技术路线选择时对该投资人有所倾向，导致公开竞争项目变成明确指向性项目。在设计 PPP 项目时，地方政府往往担心把决定项目绩效的设计环节交给社会部门可能导致项目出现不可控的风险，认为对关键环节的控制力越强，其承受的风险就越低，常常完成初步设计环节甚至是施工图设计环节的相关工作后才将项目主导权交给社会部门。上述做法容易产生设计风险，地方政府失去了利用社会部门的技术和经验优势以及在竞争环境下鼓励创新的机会，在设计风险发生后还需承担潜在的缺陷风险、绩效风险、技术落后风险、升级风险等次生影响所带来的损失。因此，在制定产出说明书时，应关注最终的项目产出品和服务绩效能否满足需求，而非该等产出的交付方式。

合理利润空间。合理利润率应以商业银行中长期贷款利率水平为基准，充分考虑可用性付费、使用量付费、绩效付费的不同情景，结合风险等因素确定。一是科学测算保底量，稳定利润预期。PPP 合同一般为长期合同，项目经营不确定因素较多，为了保证社会资本目标利润的稳定性，公私双方通常会设定最小需求保证（Minimum Demand Guarantee，MDG）或最小收益保证（Minimum Revenue

Guarantee, MRG), 其核心机制是公私双方风险共担或社会资本风险分散机制, 在我国PPP实践中叫作保底量。我国经济与社会发展较快, PPP立法滞后, 市场不规范, 污水处理、垃圾处理、隧道、桥梁等具有流量特征的PPP项目, 以及新能源汽车充电等市场不成熟的项目一般设定运营前期保底量。二是将盈亏状况不同的公共产品捆绑, 提高目标利润的可持续性。基础设施和公用事业领域既有现金流入充裕的经营性公共项目, 也有现金流入不足的非经营性公共项目, 甚至是没有任何现金流入的非经营性公共项目。为了吸引社会资本进入更为广泛的基础设施和公用事业领域, 同时确保PPP项目"盈利但不暴利", 可以将盈亏状况迥异的项目捆绑实施PPP, 实现"以丰养歉": 既可以是同类公共产品中盈亏状况不同的项目捆绑, 如捆绑交通流量不同的高速公路路段, 也可以是具有特定联系的异类公共产品中盈亏状况不同的项目捆绑。

成本核算。财政部门需要综合考虑PPP项目各项支出情景、特点以及概率等因素, 对项目全生命周期内财政支出进行测算。PPP项目运营补贴支出需要根据项目建设成本、运营成本及利润水平合理确定。对政府付费模式的项目, 在项目运营补贴期间, 政府承担全部直接付费责任。政府每年直接付费数额包括: 社会资本方承担的年均建设成本(折算成各年度现值)、年度运营成本和合理利润, 其计算公式如下:

对可行性缺口补助模式的项目, 在项目运营补贴期间, 政府承担部分直接付费责任。政府每年直接付费数额包括: 社会资本方承担的年均建设成本(折算成各年度现值)、年度运营成本和合理利润, 再减去每年使用者付费的数额, 其计算公式如下, n代表折现年数, 财政运营补贴周期指财政提供运营补贴的年数:

当年运营补贴支出数额=

$$\frac{项目全部建设成本 \times (1+合理利润率) \times (1+年度折现率)^n}{财政运营补贴周期(年)} + 年度运营$$

成本 $\times (1+$合理利润率$) -$ 当年使用者付费数额

成本结构优化。项目组合实现规模经济降低成本, 技术创新和科学管理减少日常运营支出优化成本结构, 减少社会资本的一次性建设投入。一是项目组合实现规模效应。PPP项目一般属于大型工程项目, 其项目规模越小, 市场化经营盈利能力一般较差。相反, PPP项目规模越大, 其投资回报率越有保障, 越能吸引投资。在实践中, 为实现适当规模而降低成本, 可以组织同类PPP项目实现规模效应，组织上下游项目实现范围效应。如小型污水处理项目，分布在不同区域且规模偏小，可以进行项目组合，如将深圳龙岗 10 座污水处理厂进行组合，将江阴 4 个分散污水处理厂组合，将海南 16 座污水处理厂组合成两个"项目包"委托运营等。2017 年 5 月中国天楹中标长春市九台区生活垃圾焚烧发电 BOT 项目，有效提升中国天楹公司在垃圾焚烧发电业务领域的市场竞争力，对公司未来的经营业绩及经营规模均有积极影响。2017 年 9 月，国家高速公路榆蓝线（G65E）陕西境黄龙至蒲城公路项目招标，该项目因原投资人原因终止合同，但原投资人已完成部分工程施工，中标单位成立项目公司后必须及时支付前期已完成投资费用。中国铁建下属中铁二十局集团有限公司与新余铁建广融投资合伙企业组成的联合体，中标该项目，项目投资估算总额为 75.36 亿元。项目联合体与地方政府签订 BOT 特许权协议，按照协议对项目的筹划、资金筹措、建设实施、运营管理、债务偿还和资产管理等全过程负责，按照特许权协议自主经营，自负盈亏，并在特许权协议规定的特许经营期满后，按照特许权协议的约定将公路（含土地使用权）、公路附属设施及相关资料清算后，移交给政府相关部门。二是技术创新和科学管理降低成本。根据欧美 PPP 项目建设实践，PPP 项目不仅能缓解财政压力，还能借助社会资本的专业技术创新和科学管理提高公共产品的供给效率。社会资本为了提高项目盈利水平，需要创新技术和科学管理降低其经营成本。2015 年中国建筑投资建设的深圳地铁 9 号线轨道工程全线实现双线轨通，在铺轨过程中，创新多项施工技术。铺轨采用减震道床技术，减少了列车运行时产生的噪声，在深圳市范围内首次采用浮置板道床在厂内预制的方法，现场直接安装，有效地保证了浮置板的施工质量，提高了施工效率。安装带滚轮系统的曲尖轨道岔，既提高了列车通过道岔的速度，又增加了道岔的使用寿命。在全国地铁施工领域，率先采用高铁的精调技术 CPIII 控制测量网，使轨道几何尺寸达到了高铁标准，确保了列车运营安全和轨道几何尺寸的圆顺性，提高了市民乘车的舒适度。该项目自红树湾至航海路站，线路长 10.7 公里，设站 10 座，投资 90.8 亿元。

收益结构优化。一是捆绑私人产品，配补收益来源。当政府希望通过 PPP 模式获得的公共产品或服务属于非经营性（没有任何价格机制和现金流入，主要产生社会效益）或准经营性（有价格机制和现金流入，但无经营利润，成本无法收回）时，可以为该公共产品或服务配补适当的私人产品并捆绑提供，从而克服收费困难或收费不足的难题，即所谓的公共物品供给的捆绑模式或联合供给模式，最早提出这一思路的为德姆塞茨。"基础设施和公用事业特许经营管理办法"（以下简称 25 号令）明确规定，"向用户收费不足以覆盖特许经营建设、运营成本及合理收益的，可由政府提供可行性缺口补助，包括政府授予特许经营项目相关的其他开发经营权益"，从而充分肯定了这一盈利模式的合法性。如授权提供配套服务，拓展盈利链条，当 PPP 项目供给的基础设施或公用事业建成后，必需相应的配套服务才能正常运转时，政府可授权 PPP 项目公司提供这种可以产生预期收益的配套服务（如餐饮、物业、绿化），从而通过延长价值链创建现金流。

开发副产品，增加收益来源，PPP 项目公司在提供政府需求的公共产品或服务时，可以附带生产出更具经营性的副产品，如广告、建筑作品知识产权的授权使用。增补资源开发权，弥补收益不足，政府以对 PPP 项目公司进行补偿的方式，将基础设施或公用事业项目（地铁、隧道、环境治理等）周边一定数量的资源（如土地、旅游、矿产）的开发权出让给 PPP 项目公司，以捆绑的方式提高项目公司的整体盈利能力。二是冠名公共产品，增值社会资本声誉资本。对于社会资本而言，能够为其自身增值、为其发展助力的收益不仅限于货币形式的，还可以是提高知名度、潜在收益等非货币形式的，因此，PPP 项目还可以冠名公共产品作为社会资本的回报，日本丰田汽车公司就热衷于这一类 PPP 项目。例如：丰田汽车公司捐赠 350 万元人民币在天津建造过街天桥，命名为"丰田桥"，虽然丰田桥无法产生任何直接现金收益，但丰田汽车公司通过得到该桥的冠名权，收获了巨大的隐性声誉收益。又如：丰田汽车公司负责了 NBA 球队休斯敦火箭队的主场——"丰田中心球馆"的投融资建设与维护，但并不负责其运营以收回建设投资，而是通过为体育场馆冠名，来吸引丰田中心球馆看比赛的火箭队球迷购买丰田轿车。

二、物有所值

物有所值评价或 VFM 评价是研判一个项目"是否应采用 PPP 模式"以及"采用 PPP 模式时选择何种社会部门投标方案更为有效"的评价方法，是一种以定量评价为核心，辅以定性评价和补充评价形成的综合性前评估体系。在 PPP 项目资产证券化中，VFM 评价做适用性调整，即可评估项目资产收益及成本[①]。

综观 PPP 项目发达国家和地区所开展的物有所值评价，按照能否或是否适宜货币化衡量，分为定性评价和定量评价。定性评价主要针对 PPP 运作方案的可行性，研判项目的建设目标、服务需求以及计划采用的具体模式是否有可能为社会部门提供足够的进入项目的操作空间，能否利用如风险分配、全生命周期成本的分配、创新空间、资产利用效率、规模经济、社会部门投标竞争等关键价值驱动因素实现投资回报，以及能否为政府部门提供物有所值，是否给地方财政造成过重负担。定量评价通过全生命周期成本、竞争性中立调整和风险三个方面货币化地衡量 PPP 模式比较分析政府采购模式的"模式产出"或"综合效益"。定量评价一般由两个环节构成：一是 PSC（Public Sector Comparator，公共产品提供效率及效益比较值）基准的建立，研发 PPP 模式是否满足项目产出要求的最佳参考系项目，分别计量 PSC 的基本构成，包括全生命周期成本、竞争性中立调整、可转移风险和留存风险，构建定量评价的基准。二是社会部门投标方案的比较评估，研判社会部门投标方案与 PSC 的差别，定量化地反映不同社会部门投标方案下 PPP 模式是否能够为地方政府提供物有所值。从实践来看，目前定性评价还没有统一的标准，主要是通过回答一系列问题，需要事先设计评价因子并列出问题清单，进行主观分析和综合评判。定量评价则相对客观，也具有更加明确的步骤和程序，主要是通过对 PPP 项目的全生命周期内政府支出净成本现值和政府传统采购模式的净成本现值即公共部门比较值（PSC）进行比较然后得出结论。不同阶段 PPP 项目的全生命周期内政府支出净成本现值的计算方法是不一样的。在项目决策阶段，由于实际成本未知通常采用影子报价（Shadow Bid）。而在采购阶段，则为社会资本实际报价和政府承担自留风险的成本加总之和。

其中，PSC 的确定尤为关键。根据 PPP 项目发达国家的实践，PSC 一般由基本 PSC（包括基本成本和融资成本）、风险承担成本（包括可转移风险承担成本和自留风险承担成本）、竞争性中立调整值等构成。在 PSC 计量过程中，全生命周期成本主要包括直接资本性支出，即项目设计成本、土地以及其他开发成本、原材料成本、外部供应商的报酬、公共采购程序的成本、为项目建设而向外部咨

[①] Darrin Grimsey, etc.Are Public Private Partnerships Value for Money[J]. Accounting Forum, 2005, 29: 345–378.

询顾问支付的报酬、厂房和设备成本等，资本性收益扣减即预售、租赁或处置与公共服务提供无关的项目资产、参考系项目结束时处置资产所回收的剩余价值等，直接维护成本即原材料成本、工器具成本、维护工作所需劳动力的工资和福利等，直接运营成本即原材料成本、直接与服务提供相关的员工的工资福利和培训费用、直接管理成本、保险费等。通过对 PSC 与社会部门投标方案中项目全生命周期成本，通常以"净现成本"即 NPC 的形式体现的比较，可以衡量 PPP 模式与公共采购模式间项目初始成本的差异。竞争性中立调整将任何政府经济主体凭借其公有体制获得的净竞争优势移除，这样才能在 PSC 和社会部门投标方案之间进行公平、公正的评估比较。如果不进行竞争性中立调整，那么 PSC 很有可能由于人为因素低于社会部门投标方案的成本，并且不能全面反映参考系项目下政府方的真实成本，这样可能导致非最优的采购决策。通常，公共部门的公有体制会产生的潜在竞争优势包括对覆盖资本性支出没有要求、土地税豁免、地方政府税豁免、印花税等的豁免、工资税、公司管理费用等因素；潜在竞争劣势则包括会计责任成本、员工报酬和奖励等因素。风险方面，地方政府风险转移的原则是在充分考虑公共利益的前提下将每个风险分配给能够以最小成本管理它的一方。任何项目中都不可能出现地方政府或投标人能够单方面最好地管理全部项目风险的情形，因此风险转移的导向应是最优风险转移水平而非最大风险转移水平。各方的风险管理能力由其降低风险发生概率、最小化风险发生后果的能力来衡量，在对不同采购模式下的项目风险成本进行比较时，首先通过重要及可量化风险类别的识别、风险后果和发生概率的量化等对各项风险的价值进行评估，然后根据 PSC 和社会部门投标方案下的风险分配方案进行标准化调整和量化比较，进而得到 PPP 模式能否在风险分配和风险成本方面为政府方提供物有所值，以及该等物有所值的货币化金额是多少的结论。

实践中，基本 PSC 较为容易计算，风险承担成本和竞争性中立调整值则较难确定。一方面，风险的分担比例划分具有一定的科学性和艺术性，政府向社会资本方过高或过低地转移风险都是不合适和不可取的。基本的原则是，不同的风险应该由能够更加有效控制和管理风险的一方来承担，而且风险与收益要对等。通常来说，项目的建设运营风险由社会资本承担，法律、政策风险由政府承担，而不可抗力风险由双方分担。另一方面，之所以考虑竞争性调整，是因为在传统政府采购模式下政府往往依托体制机制来获得某些相对优势，如可以减免税费、免费或廉价获取某些资源以及特殊的监管待遇等，因此有必要把这些隐性的成本节约重新加进来以体现可比性。当然，如果在某些方面体现为相对劣势，则应该从 PSC 中抵扣掉。

补充评价包含两部分内容：一是其他评价条件，主要包括不可量化的风险，如功能性、可操作性、外观等设施的物理属性，社会部门投标方案中非完全响应的部分等；二是没有包括在 PSC 和社会部门投标方案中的可量化风险和成本，一般指因采用 PPP 模式而增加的与项目运作相关的政策风险和成本，如 PPP 模式下由地方政府承担的更高的交易成本、更高的监管成本、额外的发起人风险等。此外，折现率的选择（主要包括资本的社会机会成本、社会时间偏好折现率、资本资产定价模型折现率、无风险利率等）对物有所值评价的结果也有很大影响。在实践中，不同国家倾向于选择不同的折现率，如英国财政部建议采用社会时间偏好折现率，而澳大利亚基础设施中心则在政府承担全部风险的情况下，建议采用无风险利率作为折现率。如果公共部门比较值大于全生命周期政府支出净成本现值，则意味着政府传统采购模式的成本更高，选择社会资本是划算的，而且差值越大，则越应该采用 PPP 模式；反之亦然。如果出现二者基本接近或相当的情况，也就是说，采用 PPP 模式处于可用可不用的临界点时，则应该侧重定性评价进行选择。对我国而言，如果从推动政府职能转变、释放民间资本活力、提高国家治理能力现代化水平以及确保民众尽早享受社会公共服务等更大的视角去考量，建议政府应该倾向于采用 PPP 模式。

PPP 项目发达国家的实践证明，物有所值的定量评价需要开展大量复杂和耗时耗力的工作，而能否顺利开展还取决于是否存在完善齐全的数据库，以判断各类风险发生的概率。在竞争性中立调整计算过程中政府的体制机制优势和监管成本更是难以货币化和量化。显然，如果基础条件不太具备，强行推行定量评价可能带来较大误差，甚至带来决策错误。实际上，从国外的实践来看，物有所值评价并非只做一次，通常在不同的阶段开展相应的评价，且目的和功能各有侧重，所选方法和程序也不一样。如爱尔兰规定 PPP 采购过程中要进行四次物有所值评价，分别在项目详细评估时、编制项目产品/服务产出说明时、对社会资本响应文件进行评审时、签订项目合同时进行。另外，在合同结束后、财务结算前还可以进行物有所值检验。英国财政部则在推行私人融资计划时，要求在项目群层级（行业主管部门各自制定基础设施和公共服务项目群规划）、项目层级、采购层级三个阶段分别开展物有所值评价。印度财政部则要求在 PPP 实施过程中分别在可行性研究阶段和采购阶段进行两次物有所值评价。综合来看，随着信息和数据的不断积累和完善，很多国家通常在项目早期开展定性评价而后期开展定量评价。

表 3-1 PPP 项目物有所值定性分析评分表

	评审指标	权重（%）	评分
基本指标	①全生命周期整合潜力或生命周期的项目独立性与效率	5	
	②风险识别与分配	5	
	③绩效导向		
	④潜在竞争程度	5	
	⑤鼓励创新	5	
	⑥政府机构能力		
	⑦政府采购政策落实潜力		
	基本指标小计	20	
要项指标	①项目规模及项目规模的市场适应性	10	
	②项目资产寿命及项目资产寿命的市场适应性	10	
	③资产利益及收益或项目收益类别比（估算值）	10	
	④全生命周期成本管理程序与结构的合理性	15	
	⑤法律和政策环境	10	
	⑥项目融资可行性	15	
	附加指标小计	80	
	合计	100	

第三节 资产分割重组打包

根据《证券公司及基金管理公司子公司资产证券化业务管理规定》（以下简称《管理规定》），基础资产是指符合法律法规规定，权属明确，可以产生独立、可预测的现金流且可特定化的财产权利或者财产。基础资产可以是单项财政权利或者财产，也可以是多项财产权利或者财产构成的资产组合，其交易基础应当真实，交易对价应当公允，现金流应当持续、稳定，包含的类别为应收账款、租赁债权、信贷资产、信托受益权等财产权利，基础设施、商业物业等不动产财产或不动产收益权，以及中国证监会认可的其他财产或财产权利。但并不是所有符合上述规定的财产权利或财产均可以作为基础资产。该《管理规定》第 37 条规定："中国基金业协会根据基础资产风险状况对可证券化的基础资产范围实施负面清单管理，并可以根据市场变化情况和实践情况，适时调整负面清单"。2014 年 12 月，基金业协会出台《证券化业务基础资产负面清单指引》，对资产证券化基础资产选择、风险控制等方面进行了详细规定。

（1）"以地方政府为直接或间接债务人的基础资产。但地方政府按照事先公开的收益约定规则，在政府与社会资本合作模式（PPP）下应当支付或承担的财政补贴除外"。按照本条规定，除了项目企业采取 PPP 模式形成的基础资产可以设计成资产证券化产品以外，其他"以地方政府为直接或间接债务人的基础资产"不允许包装为资产证券化产品。PPP 项目的收入来源主要有三种：政府授予项目业主特许经营权方式，社会资本业主将项目建成并负责运营，运营收入来源主要为使用者付费形式，运营期满后移交政府；社会资本项目业主负责将项目建成并运营，运营收入来源为政府付费购买；社会资本项目业主的收入来源为使用者购买与政府财政补贴相结合的形式。采用 PPP 模式建成后的收入来源现金流稳定持续可靠，采用特许经营权方式建成运营的项目收入属于项目业主资产收益类的基础资产；而运营收入依靠政府付费购买或者政府财政补贴方式形成的基础资产属于项目公司的债权类资产，均可以做成资产证券化产品。

"以地方政府为直接或间接债务人的基础资产"包括两类：一类是政府融资平台公司或下属子公司项目收入来源直接依靠地方政府财政资金支付，即项目（公司）是债权人，地方政府是该项目（公司）的债务人。根据国务院关于清理整顿、分类管理各级政府投融资平台的指示精神，此类平台形成的债权类基础资产不能通过发行资产证券化产品形式筹集资金，如政府投融资平台公司采用 BT 模式建成后，其合作相对方形成的债权类基础资产，政府就是直接债务人。另一类主要是指地方政府为政府融资平台公司担保或者承诺为其债务兜底而形成的或然负债，此时政府就是间接债务人，若地方政府融资平台的合作相对方以其对地方政府融资平台的债权为基础资产发行资产证券化产品则属于本负面清单管理之列。

现行 PPP 模式下的项目一般为地方政府打包项目，项目包中的经营类项目收益不足以覆盖项目资产包整体收益时，一般通过政府付费或者可行性财政补贴方式补足收益差额部分，因此项目公司对地方政府形成债权，其资产池中既有债券类资产，也有收益权类资产，如果进行资产证券化，应在基础资产的遴选中分离债券类资产和收益权类资产。政府融资平台是否必然属于国务院相关文件中清理整顿、分类管理的范围，其最终取决于融资平台公司业务范围是公益性还是自营性的，若属于公益性（如政府保障房建设等），政府最终为平台公司的债务兜底，此类基础资产就可以发行资产证券化产品；而自营性平台公司则在经营上自负盈亏，其在和社会资本合作过程中形成的债务是自营债务，政府不存在为此类融资平台公司财政支付和财政补贴的责任，由于未来现金流不稳定持续，故不能发行资产证券化产品。目前，各地方政府鼓励社会资本参与的 PPP 项目涵盖城市供水、供暖、供气、污水和垃圾处理、保障性安居工程、地下综合管廊、轨道交通、医疗和养老服务设施等项目，均符合基础资产要求，非《负面清单》所禁止的情形，可以进行资产证券化。

（2）矿产资源开采收益权、土地出让收益权等产生现金流的能力具有较大不确定性的资产。矿产资源开采收益权更多地属于项目资产收益权，其收益受国际国内两个市场的波动影响，现金流收益不稳定；土地出让收益同样受房地产市场波动影响太大，现金流收益不确定，也不是资产证券化的适格基础资产。这两类基础资产现金流还均缺乏可预测性，受外在市场环境影响太大。不过，上述资产虽不好实施资产证券化，却可以进行准资产证券化——采取集合资金信托计划的方式融资。

（3）有下列情形之一的与不动产相关的基础资产：因空置等原因不能产生稳定现金流的不动产租金债权；待开发或在建占比超过 10% 的基础设施、商业物业、居民住宅等不动产或相关不动产收益权。当地政府证明已列入国家保障房计划并已开工建设的项目除外，这是指不动产证券化（Reits）。一般认为，不动产证券化的基础资产最恰当的是已经建成的商业地产与工业园区出租人出租不动产使用权而产生的租金债权；至于在建的不动产一般认为不是恰当的证券化的基础资产，因此该条款才规定将"待开发或在建占比超过 10% 的基础设施、商业物业、居民住宅等不动产或相关不动产收益权"列入负面清单。而将国家建设的保障房纳入准许证券化的基础资产范围，主要是考虑项目基础资产现金流的稳定性、可持续性与可预测性。一般在建商业地产与工业地产的资金来源不外乎由开发商的少部分自有资金、银行贷款与地产的销售收入三类资金组成，而若通过不动产证券化募集资金用于项目建设，其还款来源不外乎是房地产项目的销售收入，但房地产销售受市场因素与政府宏观调控的影响较大，政府保障房由于在建设期间资金来源有保障，建成后销售收入受市场影响较小，现金流稳定持续，故被排除在负面清单之外。

（4）不能直接产生现金流、仅依托处置资产才能产生现金流的基础资产。如提单、仓单、产权证书等具有物权属性的权利凭证。提单、仓单与产权证书之类的权利凭证，一般认为属于准物权，本身不能产生现金流，需处置后才能有收益，且只能一次性而不能分割处置，不是资产证券化的适格基础资产。

（5）法律界定及业务形态属于不同类型且缺乏相关性的资产组合，如基础资产中包含应收账款、高速公路收费权等两种或两种以上不同类型的资产。《证券公司及基金管理公司子公司资产证券化业务管理规定》第三条规定："本规定所称基础资产，是指符合法律法规，权属明确，可以产生独立、可预测的现金流且可特定化的财产权利或者财产。基础资产可以是单项财产权利或者财产，也可以是多项财产权利或者财产构成的资产组合。"至于基础资产能否是不同类型且缺乏相关性的财产权利或者财产构成的资产组合，规定中无相应明确条款。试想某原始权益人企业既有应收账款类债权资产，又有收益权类的资产，若将其两类业务不同、法律权属相异的基础资产打包在一起发行证券化产品，则至少会出现以下问题：一是违反基础资产的法律权属明确原则。权属明确的含义是指基础资产归属于一种权属，而不能是债权与资产收益权两种权属的混合。二是资产池现金流的归集风险增大。基础资产产生的现金流统一归集到专项计划托管账户中，若该账户中既归集有债权类资金，又归集有收益权类资金，则两类资金会发生混同，对账户监管不力，容易引发财务与法律风险。三是信用增级措施触发条件与操作流程不同，债权类资产经营现金流更多受到个别债务人自身经营情况的影响，收益权类资产经营现金流更多受到外部市场环境的影响，二者并不兼容。将"法律界定及业务形态属于不同类型且缺乏相关性的资产组合"的基础资产纳入负面清单是正确的选择。

（6）最终投资标的为上述资产的信托计划受益权等基础资产。将上述已纳入负面清单的基础资产转化为信托受益权等基础资产，再将该信托受益权作为基础资产进行证券化，则属于基础资产的再证券化，是更加抽象的远离原始基础资产的资产证券化衍生产品，当属禁止之列。当然，如果是以未纳入负面清单基础资产转化为信托受益权等基础资产，再将该信托受益权证券化自然是允许的。

第四节　资产包估值

资产包在交易前，一般都会基于成本和收益评估资产价值，并以此为基础确定交易起始价格。

一、公允价值

PPP项目资产包交易应当以公允价值和应支付的相关税费作为换入资产的成本，公允价值与换出资产账面价值的差额计入当期损益，该项交换具有商业实质，换入资产或换出资产的公允价值能够可靠地计量。

资产包存在活跃交易行为，是资产包公允价值能够可靠计量的主要评判标准。符合以下三种条件之一的，公允价值视为能够可靠计量：换入资产或换出资产存在活跃交易行为；换入资产或换出资产不存在活跃交易行为，但同类或类似资产包存在活跃交易行为；换入资产或换出资产不存在同类或类似资产可比市场交易，但采用估值技术确定的公允价值满足一定的条件。

当采用估值技术确定的公允价值估计数的变动区间很小，虽然企业通过估值技术确定的资产的公允价值不是一个精确数值，而是落于一个变动范围很小的区间，可以认为资产的公允价值能够可靠计量。在公允价值估计数变动区间内，各种用于确定公允价值估计数的概率能够合理确定，采用估值技术确定的资产公允价值落于一个变动区间内，视为公允价值能够可靠计量。区间内出现各种情况的概率或可能性能够合理确定，企业可以采用类似会计准则计算最佳估计数的方法确定资产的公允价值，视为公允价值能够可靠计量。

在PPP项目资产包交易中，凡是换入资产和换出资产公允价值均能够可靠计量的，换出资产的公允价值可以作为换入资产成本的基础，取得资产的成本应当按照所放弃资产的对价来确定。在 PPP 项目资产估值过程中，换出资产就是放弃的对价，如果其公允价值能够可靠计量，则优先考虑按照换出资产的公允价值作为确定换入资产成本的基础。在 PPP 项目资产包交换存在轧差结算或补价时，如果换入资产的公允价值更加可靠，则可以换入资产的公允价值为基础计量换入资产成本，存在补价表明换入资产和换出资产公允价值不相等，不能直接以换出资产的公允价值作为换入资产的成本，在轧差结算时更适用。

二、会计价值

当 PPP 项目资产包不具有商业实质价值无法可靠计量，或者交换涉及资产的公允价值不能可靠计量时，可以按照换出资产的账面价值和应支付的相关税费作为换入资产的成本，无论是否支付补价，均不确认损益。将收到或支付的补价作为确定换入资产成本的调整因素，收到补价方，以换出资产的账面价值减去补价，再加上应支付的相关税费计算换入资产的成本；支付补价方，以换出资产的账面价值加上补价，再加上应支付的相关税费计算换入资产的成本。

在 PPP 项目资产交易时一般需要在附注中披露与基础资产交易有关的信息：换入资产、换出资产的类别；换入资产成本的会计处理方式；换入资产、换出资产的公允价值以及换出资产的账面价值；非货币性资产交换确认的损益。

三、交易价格

采用竞价交易方式，使形态各异的 PPP 项目资产包价值发现过程更丰富，更符合投资需求。

通过竞价方式，可以在充分的市场竞争中发现 PPP 项目资产包的真实价值和确定交易价格，即通过 PPP 项目资产包需求者和供给者的竞价行为，充分地反映市场的供求状况。通过竞价方式，PPP 项目资产包买卖双方能在同一市场上公开竞价，充分表达自己的投资意愿，最终直到双方都认为已经得到满意合理的价格时达成交易。竞价交易机制中的开盘与随后的交易价格均是竞价形成的，所有投资者的买卖指令都汇集到交易所的主机中，电脑自动让价格相同的买卖单成交。PPP 项目资产包竞价交易机制的最大优势是成交量最大，高于基准价格的买入申报和低于基准价格的卖出申报全部成交，或者是与基准价格相同的买方或卖方申报至少有一方全部成交。成交价格是在交易系统内部生成的。所以，竞价方式是在投资者充分表达自己意愿的基础上，通过撮合成交最终确定了基础设施的交易价格，具备了定价的功能，提高了交易效率。

在竞价机制市场上，PPP 项目资产包通过交易者的竞价过程，其最终成交价格是唯一、明晰、准确的，交易结果不仅符合交易双方的真实需求，并且交易次数较少，成本低，投资者的交易成本仅仅是付给经纪人的手续费。而在传统市场中，同时存在着两种市场报价：买入价格与卖出价格，而两者之间的价差则是经纪人的利润，是经纪人提供"即时性服务"所索取的合理报酬，但投资者被迫担负了额外的价差交易成本。通过竞价机制成交的 PPP 项目资产包，其交易成本是最低的，可以大大提高资产规模大、交易金额大的 PPP 项目资产包的交易效率，降低基础资产的融资成本。

第四章

PPP 项目资产离岸证券化交易结构设计

第一节 PPP 项目资产离岸证券化的关键环节及流程

PPP 项目资产离岸证券化是将特定的政府和社会部门合作建设资产，经过分拆、重组、分割为基础资产，并将基础资产的未来现金流通过发行证券予以变现的过程，一般需要以下几个步骤：

一、组建资产池及分割重组资产包

资产离岸证券化"自我清偿"的本质属性决定了证券清偿所需资金完全来源于证券化所产生的现金流，其期限和流量上的不同会直接影响到以其为支撑的证券的期限和本息偿付。因此，在设计资产离岸证券化产品时，在现金流方面，必须保证基础资产具有稳定的现金流。在分散化方面，基础资产的债务人有广泛的地域和统计分布。在同质性方面，基础资产具有标准化、高质量的合同条款。在坏账统计记录方面，原所有者已经持有该资产一段时间，有低违约率、低损失率等良好的信用记录，或者具有相对稳定的坏账统计记录，可以预测未来类似损失的发生概率。在期限相似方面，本息偿还分摊于整个资产存续期间，即基础资产的期限结构相似。在抵押物方面，基础资产的抵押物有较高的变现价值或者抵押物对于债务人的效用很高的现金流特征，又能满足市场投资者需求的产品。适宜离岸证券化操作的基础资产在现金流、分散化、同质性、坏账统计记录、期限相似和抵押物等方面与一般资产证券化的基础资产具有共同特征。除此之外，还需要根据境外证券发行地的法律环境进行组合。一般而言，资产离岸证券化产品的设计要兼顾资产种类选择和交易类型设计。

PPP 项目主要集中于公共产品领域，具有稳定的现金流收益或者财政补助，而且债务人原则上有广泛的地域分布。未列入 PPP 项目库的规模较小的基础资产，比如污水处理收费等权益类资产，在国内容易融资，不涉及国际信用评级等环节，可以节省部分评级费用。但作为国家战略的 PPP 项目规模一般较大，项目协议具有标准化、高质量的合同条款，资产更容易分割、重组为资产池、资产包，可以快速达到资产证券化融资需要的基础资产规模，适合在国际资本市场开展持续性融资，满足流动性需求。评级机构是通过对现金流量的确定性分析进行资产信用评级的，基础资产具有可预测的现金流，该资产支持的证券的价值才能被评估确定。PPP 项目离岸证券化的资产需要：可以产生稳定、可预测的现金流；具有良好的信用记录，特别是低违约率、低损失率；具有良好的可变现性；具有标准化、固定的合同条款，同时资产应具有较高的同质性。比较容易获得国际投资机构认可的、容易切入国际市场的 PPP 项目资产有电力、能源、矿石等能矿类基础设资产，高速公路、港口、轨道交通等收费类权益资产，医院、养老院、旅游景区等准公共资产，以及应收账款等具有稳定外币现金流的资产。

二、特殊目的载体（SPV）的设立和风险隔离

组建特殊目的载体（Special Purpose Vehicle，SPV），实现真实出售。特殊目的载体（SPV）是资产支持证券的发行人，是一个以资产证券化为唯一目的的、独立的经济实体。在 PPP 项目资产离岸证券化过程中，特殊目的载体（SPV）是真实出售和风险隔离的关键，可由境外的信托公司、资产管理公司或政府特设的专营机构担任，也可由本国在外设立或合资的特殊机构充当。真实出售是保证资产风险隔离的一个重要环节，即在资产转让的过程中由发起人以出售的形式将与基础资产有关的收益和风险全部转移给特殊目的载体（SPV）。资产转让完成后，特殊目的载体（SPV）对资产拥有完全的所有权，转让人及债权人在转让后不再拥有资产控制权或者收益权。风险隔离的作用在于，当发起人破产或发生重大债务时，证券化的基础资产不会被划为发起人的财产危及证券的发行和偿还。设立特殊目的载体（SPV），既可以在资产证券化中实现真实出售和风险隔离的目的，也能够方便后续的一系列操作，在某种程度上决定了实施 PPP 项目资产离岸证券

化的难易程度。

三、离岸信用增级

PPP 项目资产投资规模大、周期长，因此，资产债务人的违约、拖欠或债务偿付期与特殊目的载体（SPV）安排的资产证券偿付期不相匹配会给投资者带来风险，这种信用或流动性风险会直接对 PPP 项目资产支持证券的定价和上市产生影响。为了吸引更多境外投资者并降低融资成本，需要对拟证券化 PPP 项目资产进行相应的信用增级，一方面保护投资者的利益，另一方面提高 PPP 项目资产支持证券的信用评级。目前，我国在境外发行债券一般以企业整体资产为基础确定信用等级，融资成本较高。PPP 项目资产离岸证券化改变以往通行的做法，将部分优质资产重组后的资产池证券化，并实施信用增级，获得较高的信用评级而扩大融资量，提高融资效率。信用增级可以分为外部信用增级和内部信用增级两大类。外部信用增级又称第三方信用担保，是指通过发行人之外的机构提供全部或部分信用担保，借以提高资产支持证券的信用级别的方式。PPP 项目资产离岸证券化的外部信用增级一般由国内大型企业、金融机构提供担保，或者由证券发行地的机构提供担保。内部信用增级是指特殊目的载体（SPV）通过调整证券化结构、重新分配现金流使资产支持证券达到所需要的信用级别方式。

四、离岸信用评级

信用增级之后，离岸资产证券化需要聘请如标准普尔、穆迪、惠誉等国际知名的信用评级机构评级，或聘请如大公国际香港、香港世界信用评级集团等证券发行地信用评级机构评级。信用评级机构通过审查各种合同和文件的合法性及有效性，给出评级结果。一般情况下，公司债券的信用评级更关注发行人的综合信用的评级，而资产证券化中信用评级则一般是对资产收益情况进行评级。信用等级越高，表明证券的风险越低，越能吸引投资者关注和购买，从而使发行证券筹集资金的成本越低。

五、证券发行及销售

信用评级完成并公布结果后，特殊目的载体将经过信用评级的证券交给证券承销商去承销，可以采取公募或私募的方式进行。在公募发行方式下，投资银行作为包销人从发行人那里买断证券，然后再进行销售，并从中获取收益；如果采用私募发行方式，投资银行并不购买证券，它仅仅作为特殊目的载体（SPV）（发行人）的代理人，为其成功发行资产支持证券提供服务。发行何种证券以及如何发行，取决于特殊目的载体（SPV）采取何种组织形式，如果是信托型特殊目的载体（SPV），则一般发行债券或者相应的资产类证券；如果采用公司型的特殊目的载体（SPV）则一般发行股票或者债券。需要说明的是，PPP 项目资产支持证券具体代表所有权还是债权最终取决于资产离岸证券化的基本结构。在证券发行过程中，不论发行何种形式的证券化产品，都需要进行一系列的尽职调查，向主管机构申请上市并接受主管机构的审核，同时，投资银行都要与发行人、信用提高机构、信用评级机构一起策划、组织整个交易结构，以确保其符合法规、会计、税务等各方面的要求。

六、向发起人支付价款或者转交收益

证券发行完毕之后，优先向其聘请的各专业机构支付相关费用，然后根据证券化资产的取得方式采取不同的偿还方式向发起人支付对价。然后如果证券化资产是通过购买方式取得的，那么特殊目的载体（SPV）按事先约定的价格向发起人支付购买证券化资产的价款；如果证券化资产是通过信托方式取得的，那么根据信托法的相关规定，特殊目的载体（SPV）应该向发起人转交发行收益。无论采用何种方式，都应该注意支付价款或者转交收益过程中的税收问题。

七、资产管理和服务

一般情况下，发起人指定一个资产池管理公司或亲自对资产池进行管理，负责收取、记录所有证券化资产产生的现金收入，并将这些款项全部存入受托管理机构的收款专户。在资产支持证券发行中受托管理机构既是服务人和投资者的中介，也是信用提高机构和投资者的中介。受托管理机构的职责包括代表特殊目的载体（SPV）的利益从发起人处购买资产、向投资者发行证书。当债务人归还资产抵押的本金和利息时，服务人把收入存入特殊目的载体（SPV）的账户，由受托管理机构把它们转给投资者。若款项没有马上转给投资者，受托管理机构有责任对款项进行再投资。受托管理机构也要负责确定服务人提供给投资者的各种报告是否真实、公允，并把这些报告转给投资者。最后，当服务人取消或不能履行其职责时，受托管理机构应能取代服务人担当其职责。受托管理机构按约定建立积累金，交给特殊目的载体（SPV），以便到期对投资者还本付息。

八、证券偿付

证券偿付是整个资产证券化过程的最后环节，在规定的证券偿付日，由特殊目的载体（SPV）委托的银行机构将用资产池中相关资产取得的现金流向投资者偿付本息，完成这一环节之后，整个资产证券化的过程也随之完成。到了规定期限，受托管理机构将积累基金拨入付款账户，对投资者还本付息。待资产支持证券到期后，还要向各类聘用机构支付服务费。由资产池产生的收入在还本付息、支付各项费用之后，若有剩余，按协议规定在原始收益人与特殊目的载体（SPV）之间进行分配。至此，整个离岸资产证券化过程即告结束。

第二节　真实出售

规范资产离岸证券化的是非标准化的、灵活的交易准则和行为规则，境外市场导向的交易结构需要在全球范围内配置交易资源，其前提条件是资产的真实出售，即资产完全脱离原始权益人，不受原始权益人破产、抵押、出售等行为的影响，真正实现独立以资产自身价值交易结构设计融资。

一、真实出售的认定

美国是资产证券化运作最为成熟的国家之一，认定真实销售的标准是资产转移的形式和当事人内心的真实意思一致，完全由特殊目的载体（SPV）承载证券化的基础资产风险，同时基础资产的受益权完全移转于特殊目的载体（SPV），资产的移转不可撤销而且资产转让的价格合理。此外，真实出售还要综合考虑发起人的债权人和其他关系人是否收到资产出让的通知，发起人是否保留了与资产有关的法律文件，特殊目的载体（SPV）是否有权审查这些文件，以及如果将资产出售定性为抵押融资的情况下，是否会违背相关的实体法律，等等。根据国际惯例，真实出售的认定标准如表 4-1 所示。

表 4-1　真实出售的认定标准

产权权利束	考察内容	系统性隔离（真实出售）的认定标准	说明
追索权	受让方对转让方享有的求偿权	追索权若未高于以资产的历史记录为基础合理预期的资产违约率，就是适度的；而全额的追索权将导致交易被定性为担保贷款	实质是资产风险的分配问题
赎回权	转让人对所转让资产的赎回或者回购的权利	旨在降低剩余现金流的回收成本的赎回选择权不会影响到资产转让的性质；赎回权的安排明显高于一般标准，或者发起人试图在高于预先设定的百分比上行使赎回权，将影响真实销售的认定	实质是判断转让人是否对资产剩余收益存在索取或控制
剩余索取权	原始权益人获取剩余收入的权利	SPV 有权利在获得投资加收益之后还将剩余收入保留在自己的账户里	剩余索取权往往与所有权联系在一起，拥有剩余索取权利的人一般被认为是所有权人
定价控制权	平等谈判条件下确立的公平价格	交易活跃的市场中的市场报价是公平价格的最好参照物；浮动价格风险的分配情况和价格的追溯调整机制将影响真实销售的认定	价格是交易的核心要素，必须体现资产公平合理的价值
账户控制权	对资产账户的管理和控制	SPV 应当有权控制应收账款的收入，采取隔离存放的措施；发起人扮演服务人或者收款代理人的角色，避免资金混同	要考虑各参与方的利益均衡
权益部分转让的优先权	卖方将资产的未来收益在时间上进行分割，只出售部分收益，而保留其余的收益	权益部分转买方是否承担部分债权能否足额收回的风险	实质是对资产所产生的收益—现金流进行分割转让，在法律上表现为债权质的分割，即对部分债权赋予受偿优先权

二、政策障碍

　　原始权益人或称发起人，将资产转移给特别目的载体（SPV）而组建资产池是西方发达国家的通行做法，但在我国却存在若干政策限制。特殊目的载体没有注册资本的要求，没有固定的员工或者办公场所，其职能行使都是外包给专业机构，通常由慈善机构或无关联的机构承担，主要是规避当发生利益冲突时偏袒某一方。其资产和负债基本相等，剩余价值基本可以忽略不计。特殊目的载体既可以是一个法人实体，也可以是一个空壳公司，还可以是拥有国家信用的中介机构，其法律形态主要有公司、有限合伙和信托三种。

1. 真实出售给公司形式特殊目的载体的政策限制

在英美法系中，公司形式的特殊目的载体可以依法组建资产池，法律限制较少，但在我国却存在较大限制。一是国有独资企业。依照《公司法》，国有独资公司有发行公司债券的资格，虽然不存在法律障碍，但却存在政策不兼容等障碍。我国央企类资产管理公司主要有中国信达、长城、东方、华融四家资产管理公司，是国务院下属的国有独资金融企业。各省市也大力发展地方资产管理公司，盘活各类不良资产。但是，我国资产管理公司发行的证券是以其自身整体资产和信用做担保，这意味着无法实现 PPP 项目资产离岸证券化必需的破产隔离。资产管理公司是永续性企业，与特殊目的机构的存续期间相悖，更为关键的是资产管理公司成立的宗旨是处置不良资产，对 PPP 项目资产离岸证券化具有较多负面影响。二是股份有限公司。我国公司法对于设立股份有限公司的要求较高，有注册资本要求而且需要遵守公众公司信息披露等问题，不适合做特殊目的载体。除此之外，我国特殊目的机构采取公司形态会遇到以下障碍：一是公司设立条件。我国《公司法》规定，公司的设立有发起人人数和资本最低限额的限制，同时还必须有固定的经营场所和必要的经营条件。《公司法》对一人公司的规定较严格，只容许一人有限责任公司和国有独资公司的特殊形式存在。二是发行主体资格。我国对资本市场的监管比较严格，发行主体公开发行证券必须符合法律规定的条件和程序，并经过有关部门的审批和核准。《公司法》对公开发行股票、债券规定了严格的条件，而特殊目的载体的净资产一般很难达到我国《公司法》的要求。

2. 真实出售给有限合伙形式特殊目的载体存在政策障碍

有限合伙由一个以上的普通合伙人与一个以上的有限合伙人组成。普通合伙人承担无限连带责任，而有限合伙人不参与合伙事务的经营管理，只根据出资额享受利润、承担责任，即承担有限责任。评级机构一般要求特殊目的载体有限合伙满足以下条件：有限合伙至少有一个普通合伙人为破产隔离的实体，通常是特殊目的公司；在进行提交破产申请、解体、清算、合并、兼并、出售公司大量资产、修改有限合伙协议等活动时，必须得到破产隔离的普通合伙人的同意；如果普通合伙人不止一个，那么有限合伙协议应规定，只要有一个普通合伙人尚有清偿能力，有限合伙就会继续存在，而不会解体；一般要求特殊目的载体有限合伙不能被合并。《中华人民共和国合伙企业法》对合伙企业进行了相关规范，可以作为特殊目的载体的一种考虑方式。但限于我国立法滞后，资产证券化相关法律体系不完善，无法为相关利益人提供明确的法律保障。因此，由合伙企业承担特殊目的载体，在我国目前法律环境下存在一定障碍。

3. 真实出售给信托形式特殊目的载体缺乏物权保障

自 1998 年对信托业开展整顿以来，尤其是经过近两年整顿，保留下来的少量信托投资公司大多由地方财政控制，资本金充足，资金结构合理，资信比较高，特别是中国国际信托投资公司在国外发行过很多证券，在国际金融市场有一定的影响力。但是，在我国采取信托形式的特殊目的载体受大陆法系"一物一权"的影响，我国《信托法》不承认受托人对受托财产的法定所有权，无法达到资产证券化真实出售的目的。同时，中国人民银行颁布的《信托投资公司管理办法》(2002) 第 9 条规定"信托投资公司不得发行债券，也不得举借外债"。这就从经营范围中限制了信托公司发行资产支持证券。因此，采用信托方式作为特殊目的载体，对于采用离岸证券化方式，对于国际机构投资者来说，会有较大负面影响。综上所述，依据我国现行法律，特殊目的机构难以采取信托形式。

4. 真实出售给银行存在操作制约

从资产池组建及离岸证券化发行的角度来考虑，由商业银行或证券公司设立的特殊目的载体或者国家政策银行作为变通的特殊目的载体。第一，虽然商业银行设立特殊目的机构有很多优势，比如简化资产支持证券的定价、评级过程，简化出售审批程序等。但是，《中华人民共和国商业银行法》规定：商业银行在中华人民共和国境内不得投资于非自用不动产，不得向非银行金融机构和企业投资。《证券法》和《信托法》也规定"证券业和银行业、信托业、保险业分业经营、分业管理"。因此，商业银行及证券公司下属的资产管理公司不能成为以发行资产支持证券为主要业务的特殊目的载体的控股股东。第二，虽然进行离岸资产证券化符合国家政策银行的办行宗旨。国家开发银行的宗旨是通过组织和运用资金的市场化，支持基础设施、基础产业和支柱产业的项目建设，减轻国家财政、银行系统的压力。进出口银行的主要任务是执行国家产业政策和进出口政策，为扩大我国成套设备等资本性货物出口和高新技术产品出口提供政策性金融支持。其业务范围包括在境外发行金融债券和在境外发行有价证券（含股票）。国家开发银行、进出口银行有很强的政府背景，在国际上的信用级别相当于我国的主权级别，几乎不会破产，能充分起到破产隔离、信用增级的作用，可以迅速开展离岸资产证券化的实践，制度方面的阻力比较小。国家开发银行和进出口银行具有丰富的国际资本市场经验和广泛的业务关系，从理论上来讲，具有资产离岸证券化的天然优势。由国家政策银行承担变通特殊目的载体，将资产出售给银行，具有担保融资的嫌疑，影响资产真实出售的界定。银行基于自身利益，也有组合不良资产的动力，影响离岸证券化资产的可信性和操作的有效性，还会涉及证券发行地对特殊目的载体法律认定的问题，也会出现证券化时税收、会计制度、监管等诸多问题。国家政策性银行直接操作 PPP 项目资产离岸证券化，仍然不能解决外债问题，在当前资本项目管制，尤其是当期对外汇加强监管的情况下，PPP 项目资产离岸证券化无法大规模开展。

第三节　双 SPV 交易结构

一、SPV 交易机构设计

1. SPV 核心优势

SPV 组织形式与普通公司不同，股东、债权人和公共部门之间的关系与普通公司有很大区别。根据英国财政部基础设施局（IUK）统计，英国 PPP 项目中成立 SPV 的约占 43%，与一个公司或几个公司联合与政府签订项目合同相比，SPV 是更为复杂的一种经营模式。SPV 是特殊目的载体，其特殊性主要体现在：一是成立目的，是为实施某特定项目而组建的，项目实施结束 SPV 也就不复存在了。二是经营范围，SPV 经营严格限定于特定项目，而普通公司在经营范围内可以自由经营。三是 SPV 信誉存在不确定性，表现为目的和意图的不确定性，更多面临道德风险和逆向选择风险，缺乏抵押和担保资产，融资能力不确定。四是 SPV 债权人的管理权限远高于普通公司，SPV 期限较普通公司长，债务融资比重高，不确定风险大，因此，SPV 债权人被赋予更多权限，有权根据协议任命承包商，可以接管与其债权对应份额的权利和义务。五是破产处理，SPV 面临破产时，比普通公司有更长的宽限期，一旦破产，公共部门有义务对相关资产进行回购。SPV 在给债权人更多经验管理权限的同时，也牺牲了追索权。SPV 一旦破产，债权人只能对现金流有追索权，对 SPV 资产和股东出资额以外的资产没有或者只有部分追索权。

资产证券化业务之所以具有特殊吸引力是因为发起人可以突破自身主体信用的限制，以更低的成本发行更高级别的专项计划来开展融资。对于投资人来说，发起人将资产"真实出售"给特殊目的载体（SPV），实现破产隔离，资产支持证券具有较好的安全性，其收益几乎不受发起人信用等级下降的影响。同时，SPV 具有税收筹划作用，在国际资本市场，证券化业务是 SPV 的唯一业务，其基础资产的利息收入大部分都以证券利息的方式支付，所以 SPV 几乎不用纳税。在资产证券化的实践中，特殊目的载体的种类很多，包括特殊目的信托（SPT）、特殊目的公司（SPC）、其他类型的特殊目的载体（统称为 SPE）。这些载体具有不同的特点、不同的功能。选择何种载体开展证券化业务，一方面受到所发行的国际市场监管体制的限制，另一方面也需要根据具体的目的进行选择。

2. SPV 破产隔离效力

特殊目的信托（SPT）。信托公司作为特定目的信托和资产支持专项计划的受托人，从发起机构或原始权益人处获得基础资产。这种结构下，破产隔离的效力是《信托法》所赋予的,《信托法》第十五条规定："信托财产与委托人未设立信托的其他财产相区别"，第十六条规定："信托财产与属于受托人所有的财产相区别"。因此，以信托形式进行资产转让，可以实现破产隔离，具有较强的破产隔离效力。在资产证券化业务中，SPT 的破产隔离体现在两个方面：SPT 和受托人的破产隔离，SPT 和发起人的破产隔离。

特殊目的实体（SPE）。在国内，最常见的特殊目的实体是资产支持专项计划（以下简称专项计划），是证券公司或基金管理公司子公司为开展证券化业务专门设立的特殊目的载体。"专项计划资产独立于原始权益人、管理人、托管人及其他业务参与人的固有财产。原始权益人、管理人、托管人及其他业务参与人因依法解散、被依法撤销或者宣告破产等原因进行清算的，专项计划资产不属于其清算财产"。但是，根据目前执行的专项计划说明书，通常将其与证券持有人之间的关系定位为"一种委托理财的形式"，资产支持计划与原始权益人签订"资产买卖合同"来实现资产的转移。因此，资产支持专项计划和原始权益人的资产隔离关系依据"资产买卖合同"。《证券投资基金法》明确了证券投资基金具有与信托类似的破产隔离效力，但在该法律制定的时候，资产证券化业务尚未大规模开展，因此，专项计划也未被纳入其中。所以，专项计划基于《私募投资基金监督管理暂行办法》的破产隔离效力，存在一定的不确定性。对于专项计划和原始权益人的破产隔离，基于"资产买卖合同"，应当是具有较好的破产隔离效力的。但由于专项计划的基础资产，有的时候并不是一项确定的权利本身，如涉及特许经营权的时候，通常用收费权的收益权作为基础资产，这种资产买卖是否具有破产隔离效力，也存在一定的不确定性。

特殊目的公司（SPC）。特殊目的公司天然具有"有限责任"的特征，即公司的资产与发起公司的个人或机构的资产相互独立，因此，SPC 与管理人之间也具有较好的破产隔离效力。SPC 与原始权益人或资产的出让方的破产隔离效力，一般情况下也基于"资产买卖合同"。

3. SPV 税收影响

税收是资产证券化的核心驱动力之一。税收是否中性，是否有税务筹划空间，需要将所有参与机构作为整体来评估。如果开展证券化业务之后，整体的税收负担比开展证券化业务之前降低了，那么享受了更低税负的参与机构就有足够的动力推动业务的开展；反之，则会失去开展业务的动力。

SPT 的税收。在我国，SPT 大部分时候作为信贷资产支持证券的发行载体，受企业所得税的影响最大。在资产证券化业务开展之前，银行以利息收入为基准缴纳企业所得税；在资产证券化业务开展之后，受托机构对从其受托管理的信贷资产信托项目中取得的贷款利息收入，缴纳资本利得税。此外，受托机构报酬、贷款服务机构报酬、其他中介机构报酬均需缴纳企业所得税，证券投资人获得的证券利息收入，需要缴纳所得税。实际上，各机构报酬和证券投资人获得的利息收入之和，等于受托机构从信托项目中取得的贷款利息收入。因此，就现阶段的信贷资产证券化而言，与开展资产证券化业务之前相比，开展资产证券化业务之后，整体的税负是稍有升高的。

SPE 的税收。根据我国的实际情况，仍以专项计划为例说明 SPE 的税收情况。首先，SPE 也不是纳税主体。对于 SPE 的税收，在法律法规的层面并没有明确的规定。在实际操作过程中，SPE 的管理人和税务机关有一定的协商空间，具备一定的灵活性。在很多情况下，SPE 并不处理与税收有关的问题，而是由原始权益人和投资人自行处理。并且，鉴于目前通过 SPE 发行的证券所对应的基础资产总类众多，涉及的税种也有所不同，因此，很难像 SPT 那样进行比较。一般而言，由于对 SPE 的税收并没有明显的优惠政策，因此，开展证券化之后，整体税负并不会比开展业务之前更低。

SPC 的税收。由于 SPT 和 SPE 并不是合格的纳税主体，因此，当基础资产是固定资产时，由于折旧等产生的税收优惠并不能由 SPT 或 SPE 吸收，因此会产生较大的不经济性。此时，以 SPC 作为载体发行证券，就具有极大的优势。通过项目公司的形式，同时利用股权加债权的形式有利于税务筹划。但是，在我国现行法律体系下，以 SPC 作为载体发行证券存在多种障碍。目前，公司法中发行证券的资格和规模、治理结构和信息披露等方面的规定都是建立在传统公司运营理念之上的，而对于仅设立用于购买基础资产、收入仅来自基础资产现金流的载体型公司（SPC）则不适用。

4. 发行证券

现阶段，各种 SPV 能发行何种证券，主要受分业监管的限制。根据目前的实践，SPT 主要在银行间市场发行以信贷资产为基础资产的证券，SPE 主要在交易所发行以非金融企业的资产和非银监会管辖的金融企业的资产作为基础资产的证券。

SPT 的发行证券的流程主要依据《信贷资产证券化试点管理办法》《金融机构信贷资产证券化试点监督管理办法》《关于信贷资产证券化备案登记工作流程的通知》（银监办便函〔2014〕1092 号）以及《中国人民银行公告〔2015〕第 7 号》，上述文件的印发标志着信贷资产证券化进入常态化流程，也极大地缩短了业务流程，虽然第一次发行仍需较长的流程，但使跨市场发行成为可能。

SPE（专项计划）发行证券的流程和时间主要依据《证券公司及基金管理公司子公司资产证券化业务管理规定》，主要包括交易所事前审查、上报基金业协会备案、挂牌转让等环节。

资产证券化试点以来，尚未真正以 SPC 作为载体发行过资产支持证券。

二、"双 SPV" 交易结构

1. 信托计划和资产支持专项计划

在跨境资产证券化实际操作过程中，采用双 SPV 的交易结构更有利于融资操作，通常包括信托计划 + 资产支持专项计划或专项资产管理计划，PPP 项目方先将基础资产设立自益信托计划，获得信托受益权，并以该受益权作为新的基础资产，设立资产支持专项计划，通过证券公司或基金管理公司子公司的渠道发行。双SPV交易结构有利于解决资产支持专项计划的风险隔离不够彻底的问题，规避基础资产转让的限制，突破基础资产现金流的限制，实现"信托受益权"等非标资产标准化。

在第一层交易结构中，PPP项目方人将资产委托信托机构设立、发行信托计划，该信托计划资金用途为向原始权益人发放信托贷款或信托借款，以PPP项目资产收益支付信托费用。信托机构作为服务机构，负责对PPP项目方的情况进行审核，并负责贷款或借款管理和回收。保管银行为信托计划提供资金保管服务，信托计划在保管银行设立信托专户，PPP项目资产收益全部或部分归集到该信托专户，并通过该账户向信托受益人分配利益。在这一层交易中，通常会引入外部信用增级措施，为PPP项目的偿还义务进行保证或担保。资产证券化对资产规模有一定要求，一般在5000万美元以上，而且呈现出融资规模越来越大的趋势。基于离岸证券化的要求以及过度抵押的现实，我国资产离岸证券化的资产规模平均在50亿元人民币以上。因此，普通资产很难达到如此规模。离岸资产证券化要求资产现金流稳定、可靠，要求资产具有一定的地域分布或个体分布，要求单一资产违约不影响资产池现金流规模，一般需要引入第三方资金，将信托计划设立成集合信托计划。具有相同运用范围并被集合管理、运用、处分的信托资金，为一个集合信托计划。集合资金信托业务是指信托投资公司根据委托人意愿，将两个以上（含两个）委托人交付的资金集中管理、运用和处分的资金信托业务，信托投资公司办理集合资金信托业务时，应设立集合信托计划。信托投资公司应当依照信托资金运用范围的不同，为被集合管理、运用、处分的信托网资金分别设立集合信托计划，一份信托合同只能够接受一名委托人的委托。信托投资公司集合管理、运用、处分信托资金时，接受委托人的资金信托合同不得超过200份（含200份），每份合同金额不得低于人民币5万元（含5万元）。在实践中，需要对信托计划进行优先次级设计，实现内部信用增级，为了简化交易结构一般在第二层交易中进行产品的分层设计。

第二层交易结构，信托计划将受益权转让给资产支持专项计划或资产专项管理计划，专项计划代替信托计划获得信托收益。专项计划以受让的信用受益权为基础资产，将其所对应的现金流进行分割、结构化重组和信用增级，并以此为基础发行资产支持证券，证券在交易所市场公开发售，所募集资金作为信托受益权的对价支付给相关权益人。证券公司在该交易结构中承担主承销商、财务顾问、专项计划管理人的职责。

2. 金融租赁和资产支持专项计划的探索

在第一层交易结构中，金融租赁公司与 PPP 项目方签订融资租赁合同，拥有 PPP 项目资产所有权并支付价款，拥有 PPP 项目收益权或收取协议回报。金融租赁公司一般为银行下属公司，设立金融租赁公司银行负责融资和资金管理。金融租赁的实质是转移资产所有权有关的全部风险和报酬的一种融资方式，主要有直接租赁、杠杆租赁、回租租赁和转租赁四种融资方式。租赁期间，承租方按合同规定分期向出租方交付租金，而租赁物的所有权属于出租方，承租方在租期内享有出租物的使用权。金融租赁具有以下特征：金融租赁一般采用融通物的使用权的租赁方式，以达到融通资产的主要目的。对出租人来说，它是一种金融投资的新手段，对承租人来说，它是一种建设新设施的方式；金融租赁设施的使用限于企业经营、公共事务和其他事业，排除个人消费用途；租金是融通资金的代价，具有贷款本息的性质；租期内，租赁物的所有权归出租人，使用权归承租人。其认定条件为：在租赁期满时，金融租赁资产的所有权转让给承租方；融资租赁期为资产使用年限的 75% 或以上；融资租赁期内租赁最低付款额大于或基本等于租赁开始日资产的公允价值。融资租赁期间，资产所有权归金融租赁公司的实质内涵，有利于实现资产证券化的真实出售。金融租赁公司拥有资产所有权，有利于将金融租赁资产分拆、重组组建资产池，并将资产池分割成不同类别和价值的基础资产。因此，在目前国内法律条件下，金融租赁公司是适合操作 PPP 项目资产离岸证券化的机构之一。金融租赁的本质属性实现了资产证券化的真实出售，组建了具有一定规模的资产池、资产包，克服了我国 PPP 项目资产规模相对较小、地域相对集中、无法资产证券化的弊端，达到资产证券化对资产一般在 5000 万美元以上的条件。

第二层交易结构，发起人将 PPP 项目资产及其经营收费权通过直接租赁、杠杆租赁、回租租赁和转租赁等方式真实出售给金融租赁公司，实现真实出售。金融租赁公司将资产分拆、重组、包装组建一定规模的资产池。然后将资产池分割为不同价值的基础资产出售给设在境外的特殊目的载体（SPV）发行资产支持专项计划。专项计划以受让的资产以及资产受益权为基础资产，将其所对应的现金流进行分割、结构化重组和信用增级，并以此为基础发行资产支持证券，证券在交易所市场公开发售，所募集资金支付给金融租赁公司。需要说明的金融租赁真实出售，境内机构对外不构成负债，不受外债规模限制。

第四节　境外 SPV 组建

离岸特殊目的载体近乎一个空头公司，仅仅是一个法律上的实体，没有自己的员工和厂地设施，而所拥有的资产也是刚从融资者手中买的拟证券化的资产，但是其却是资产证券化三大特征中的两个——"破产隔离"和"表外融资"的核心所在，其组建和运营直接关系到跨国资产证券化的成败。

一、避税港模式

1. 避税港操作基本模式

在我国，发行人为谋求境外发行证券，通常采取借道避税港的方式，发行人在境外注册离岸控股公司，然后以离岸公司的身份，反向换股收购国内的经营实体。境外控股公司的注册地通常是在英属维尔京群岛、开曼群岛、百慕大群岛、中国香港等地。

一般的操作方式为：由发行人按照国内公司的出资比例，在英属维尔京群岛等免税港组建特殊目的公司，然后用特殊目的公司以股权、现金等方式收购国内项目的股权，国内项目变为境外特殊目的公司的全资子公司，即外商独资企业。只要境外特殊目的公司（收购方）和境内公司（被收购方）拥有完全一样的股东及持股比例，在收购后，国内项目的所有资产基本上完全转移到境外特殊目的公司。但这种境外特殊目的公司，股东与境内项目完全一致，经营业务主要在国内，一般被我国法律认定为居民企业，仍然要依法纳税，存在双重纳税的风险。

2. 避税港具体操作

按照《国际税收辞汇》规定，避税港的认定条件为：不征税或税率很低，特别是所得税和资本利得税；实行银行保密法，为当事人保密；外汇开放，资金来去自由；拒绝与外国税务当局进行合作；一般不定税收协定或只有很少的税收协定；具有便利的金融、交通和信息中心功能。

避税港大致可以划分为三类：一是无税避税港。不征个人所得税、公司所得税、资本利得税和财产税，如百慕大群岛、巴哈马、瓦努阿图、开曼群岛等。二是低税避税港。以低于一般国际水平的税率征收个人所得税、公司所得税、资本利得税、财产税等税种，如列支敦士登、英属维尔京群岛、荷属安的列斯群岛，中国香港、澳门等。三是特惠避税港。在国内税法的基础上采取特别的税收优惠措施，如爱尔兰的香农、菲律宾的巴丹、新加坡的裕廊等地区。我国的自贸区可以归入特惠避税港的类别。跨国纳税人常用的"避税管道"主要有：持股公司、受控保险公司、银行金融、转让定价、许可证贸易等。

英属维尔京群岛是离岸特殊目的机构（SPV）的理想注册地，注册要求低，监管力度小。设立注册资本在 5 万美元以下的公司，最低注册费仅为 300 美元，加上牌照费、手续费，当地政府总共收取 980 美元，此后每年只要交 600 美元的营业执照续费即可。

英属泽西群岛宽松的法律制度吸引了众多的欧洲金融机构，其隶属的诺曼底群岛注册有 225 家银行和 820 家投资基金。

百慕大群岛被视为处理保险及再保险业务的最佳地区之一。世界排名前 35 位的保险公司中，有 16 家注册于此。该岛也被认为是家族企业的最佳管理地点之一。

巴拿马，地处中美洲，拥有数百家银行和数千家注册公司。注册公司非常便利，拥有众多优惠法律措施，能免去企业主对其行为不符合国际法规的担心。

卢森堡，金融业发达，银行林立。首都卢森堡市系欧洲重要金融投资中心，在全球范围内居第八位，也是欧洲最大的基金管理中心，居世界第二位，仅次于美国。

瑙鲁实行银行保密制度，兑换活动不受监管，管理宽松。只需 2.5 万美元，就可在当地开一家银行。

巴哈马不征收个人入息税、资本增值税或遗产税。

英吉利海峡群岛和马恩岛并不对外国收入或收益征税。非本地居民不就当地收入征税。当地税率划一为 20.0%。

直布罗陀，公司只要不在当地进行任何商业行为，每年只需缴付划一税款 100 镑。

太平洋岛国瓦努阿图不会向任何外国政府或执法机关透露当地的会计资料。当地并不征收入息税、预扣税、资本增值税、遗产税，也不进行外汇管制。

另外，如圣马力诺、伯利兹、开曼群岛、塞舌尔、沙特阿拉伯、阿拉伯联合酋长国、列支敦士登、摩纳哥、安道尔、尼维斯、英属处女岛等国家和地区都是避税港。

3. 避税港操作的风险

在避税港注册特殊目的公司虽然可以有效避税，但也面临全球联合治理的压力和风险。2016 年 2 月在上海召开的 G20 财长和央行行长会议上，再次将国际税收合作作为一个重要议题，核准了关于全球落实税基侵蚀和利润转移项目的包容性框架。早在 2014 年初，G20 财长和央行行长会议正式审议通过"税基侵蚀和利润转移（BEPS）"项目，国际税收规则体系首次全面重塑，各国推进国内税务改革和加强国际间合作，全球打击避税行动。迫于国际压力，很多避税港开始与国际社会合作，改变避税港的相关规定。瑞士早在 2010 年就被迫做出让步，同意向美国等政府提供客户信息，曾被认为"牢不可破"的《银行保密法》开始出现松动，瑞士离岸金融中心地位进一步动摇。除了联合打击逃税行动外，国际社会还采用"黑、灰、白名单"的方式引导和规范避税港。经合组织公布拒绝履行国际通用税收标准的黑名单几天后，哥斯达黎加、马来西亚、菲律宾和乌拉圭 4 国承诺将遵守国际通用税收标准而晋级为灰名单，瑞士、卢森堡和危地马拉在内的 38 个国家和地区也先后晋级灰名单，即这些国家和地区承诺遵守国际通用税收标准，并在银行保密制度和税务信息交换方面作出努力。经合组织还将实质履行国际通用税收标准的 40 个国家和地区列入白名单，随后陆续有国家和地区因满足经合组织标准而晋级"白名单"，瑞士已成为该名单上的第 56 个成员。

除此之外，避税港因经济规模较小，还有可能面临主权债务危机，给主权范围内的金融系统带来一定风险。如瑙鲁，国土面积 21 平方千米的岛国，居民总数 1 万人，因采矿行业而繁荣，因避税港而闻名，曾是 20 世纪全球人均 GDP 最高的国家之一，其单只信托基金就超 10 亿澳元（约合 8.7 亿美元）。但是，当磷酸盐资源在 20 世纪 80 年代末期陷入干涸状态以后，这个岛国开始变得债务缠身，大多数的信托资产都被变卖，近 1/3 的适龄工作人口处于失业状态。2014 年 9 月，美国对冲基金 Firebird Global Master Fund 因瑙鲁欠其 3000 万澳元（约合 2600 万美元）的债务而将其起诉。随后，西太平洋银行（Westpac）冻结了瑙鲁的银行账户，可能导致瑙鲁政府无法正常运转，进而给瑙鲁金融系统带来风险。

二、香港模式

香港操作具有得天独厚的优势。香港的利得税和薪俸税税率都很低，而且不对港外赚取的收入（入息）或利润征税。同时，除香烟、酒、奢侈品等之外，香港不征收关税。因我国中央政府和香港特区政府的努力，香港没有被经合组织列入免税港黑名单。

1. 香港信托模式

（1）香港信托符合破产隔离本质要求。香港的信托法律规范有两种表现形式：一是由衡平法所积累的英国信托判例法；二是由香港立法局颁布的香港信托制定法。信托判例法起源于衡平法院的判例。它涉及信托的基本分类及相应规范、信托财产的法律地位，信托关系成立、变更、消灭的要件，信托参加人之间的权利义务关系等方面内容。由于判例法晦涩难懂，而且内容极其庞杂，因此香港立法局为了补充完善判例法，而仿效英国自行制定了一些信托制定法。其中，《香港政府证券受托人条例》《司法受托人规则》在内容上与英国的《受托人法》《司法受托人法》基本一致，《信托基金管理规则》是基于本地信托投资发展的需要制定的，《信托承认条例》则规定适用于信托的法律和信托的承认的《海牙公约》在香港适用。香港的信托法是从英国信托法继受而来，因此在实现信托的财产转移和管理功能时有着高度的灵活性；信托制的运作具有极大的弹性空间。香港的信托具有设立方式多样化、信托财产多元化、信托目的多元化和应用领域广泛化等特点。

英美法系下，信托一旦有效成立，委托人便与信托关系相脱离，一般情况下对信托财产和受托人不再享有任何权利，除非在信托文件中对某些权利做了保留。香港的信托法对信托财产所有权归属于受托人也是持明确的肯定态度。根据香港信托法，委托人将原属于自己的财产转移给受托人之后，信托关系即成立。信托财产所有权也随之转移给受托人，受托人可管理处分信托财产，第三人也可以以受托人为信托财产的权利主体和法律行为的当事人，而与其从事各种交易。按照香港信托制度，信托关系成立后，信托财产所有权归属于受托人，委托人不再享有任何权利，完全符合破产隔离的实质要求。

（2）香港信托法修订为特殊目的载体创造了条件。香港信托法修订降低了离岸信托特许投资门槛，打通了 PPP 项目资产离岸证券化特殊目的信托的通道。依据英美普通法系古老的反财产恒继原则和反收益过度累积规则，除非信托文书授权或在特定情况下获得授权，否则受托人不得收取酬金。因此，设立特殊目的载体，以前香港律师一般都会推荐英属维尔京群岛、开曼群岛、新加坡等地，大部分律师不推荐香港。但是，2013 年 12 月 1 日，香港全新的《信托法律》正式生效，新规对 1934 年和 1970 年的旧例作出了大刀阔斧的改革，包括赋予受托人更大的预设权力，涵盖投保、委任代理人、特许投资和收取酬金，废除两项普通法原则，引入反强制继承权规则，厘清了受托人、财产授予人和受益人各自的权利和义务，并辅以适当的制衡。新信托法明确规定，只要信托文书订明收费事宜，专业受托人可从信托基金中收取酬金。同时，新规赋予受托人委任代理人、代名人和保管人的权力，受托人还可以根据财产市值购买等额保险，取消对受托人投保金额的限制。在信托文书没有明文规定的情况下，信托人可把信托基金的任何款项投资于特准投资项目。

按照新信托法，受托人按照法定谨慎责任，利用保险、股票和基金投资来维持信托资产的稳定，财产授予人也可以根据不同时期的风险偏好更改投资组合，为在香港设立的信托提供了最大灵活性。

2. 香港公司操作模式

在香港注册公司相对容易，其程序为：香港公司名称查册，提交最满意名称，需要指出的是，香港直线查询需时 15 分钟；提交已详细填写好的委托书；交付定金，按照总费用的 50% 预付，并且全额支付 1‰的注册资本税金；签署法定文档，安排所有股东及董事签署全套文件；政府审批，一般 10~15 个工作日可以完成审批手续，现在香港公司注册处推出了电子注册服务，最快 1 个工作日完成注册；制作绿盒，绿盒内含有章程、股票本、记事册、印章以及经会计师审核的法定文件等。

为了节省时间以及工作顺畅，一般会由聘用的秘书公司来协助办理注册登记手续，包括会议记录公司法团成立表格，上面载有公司名字、注册地址、股东及股份详情、首任董事、首任秘书等，协助制定章程，向政府相关部门递交文件，办理登记注册，制备公司日常所需文件。

除了与中国内地相比，香港公司具有优势，与普通避税港公司也有一定的区别：香港公司每年要做年检报税工作，而普通避税港公司只交政府牌照费用；香港公司的资料是公开的，普通避税港公司的资料是保密的；香港公司支持当地的

表 4-2　中国香港和中国内地公司注册对比表

注册地	中国香港	中国内地
公司名称	取名自由，不受注册资本金限制，名称不误导他人是政府机构或与他人完全重名则可，可选用一些例如国际、集团等名字，也可加上喜欢的国家名称或地名	名称必须是区域 + 字号 + 行业 + 有限公司，字号基本不能与他人雷同，如需用实业、集团等名称，受公司规模限制
注册资本金	注册资本无最低资金要求，资金无须到位，也无须验资，无特殊要求，资本金也不会显示在公司的证照上，公司股本最低可为一股	行业不同，注册资本金要求的金额也不同，资本金必须全部到位，且必须出具会计师事务所出具的验资报告。商事登记改革试行地区实行认缴制
经营范围	基本无限制，企业可视需要决定是否将经营范围标示在商业登记证上	对有些行业是有限制的，特别是一些资源、教育等敏感行业，另外，在中国的证照上必须列示经营范围。商事登记改革试行地区，不再需要列明经营范围
经营地址	无须实际租赁办公地址，可挂靠其他写字楼，可使用香港虚拟办公室	必须实际租赁写字楼
外汇管制	外汇进出、存取自由	受管制，只有经过海关申报的货物才可外汇核销
税务	单一税种，一般公司只涉及利得税，税率低，相当于国内的企业所得税，税率为利润（收入-成本-费用）的 16.5%	税种多，税率高，一般公司会涉及增值税、营业税、企业所得税等，税率也高，中国公司的企业所得税税率为 25%
税务申报	每年只需申报一次税务，新设公司的第一次税务申报会计时间可长达 18 个月	每月必须申报，年终还需汇算清缴
工商年检	公司成立后翌年进行	每年的 6 月 30 日前对前一年成立的公司都需进行年检

实际经营，而普通避税港公司法律不鼓励在当地实际经营；香港公司的品牌效果比普通避税港公司好很多。综上所述，香港公司模式的特殊目的载体也符合资产证券化破产隔离的本质要求。

3. 香港基金模式

（1）香港基金市场现状。香港是个自由市场，有非常多的衍生品，人民币计价基金也越来越多，但不像国内有石油基金、基建基金、金融基金等详细分类。香港基金可以直接用股票账户购买。香港基金没有涨跌停板，其业绩变化较大，蕴含的风险也较大，取决于基金运作水平。香港基金管理业务范围广泛，涵盖了持牌法团、注册机构及保险公司的资产管理活动。按照基金类别来划分，香港资产管理及基金管理业务具体可以分为证监会认可的零售基金、强基金、机构性基金、退休基金、政府基金、私人客户基金和其他基金。

与新加坡、东京、纽约、伦敦四地的金融中心相比，香港基金业成功的独特之处是"中国元素"。经济的快速增长以及经济体的巨大规模，使我国成为世界的投资焦点之一。国际投资者为了分享我国的成长利益，需要通过了解内地与亚洲市场的投资人才去帮助他们争取这种投资机会，而这种人才一定是在香港，因而推动了国际金融机构及国际投资者更多地汇聚香港。很多国外的基金公司看重我国基金市场的机会，也有意识地在香港培养人才。香港不仅是国际金融机构进入我国市场的一个跳板和人才基地，同时也是我国企业进行海外投资的桥梁。香港正在积极申请加入亚洲基础设施投资银行，积极承担"一带一路"沿线国家和地区 PPP 项目的国际融资平台作用。

（2）香港基金适合 PPP 项目资产离岸证券化。香港基金是一个开放性平台。香港基金业迅猛发展的根本原因在于提供了一个适度监管原则之下的开放平台，吸引了全世界的基金和人才。香港之所以要引进境外注册的基金在港销售，既有其历史因素，也反映出香港市场本身的独特性。早期，不少基金的主要销售对象是在香港工作的外籍人士，那时香港本土市场的规模较小，如果专门针对本地市场推出基金，未必具备规模效应。而通过引进监管水平达到一定标准的海外注册基金，便能以一个具备高经济效益的方式，让香港投资者有更多机会选择海外投资。多年来，这种模式一直行之有效，为本地投资者带来不少投资机会。机构多、人才多，机会就越多，就会吸引更多资金。香港确立了经济及监管政策不应妨碍本地及海外资金自由进出的方针，并视为确保市场按照公平有序、效率卓著的方式蓬勃发展的基础。2006 年，香港特区政府彻底消除了财政政策上的阻碍，分别采取了为离岸基金提供豁免利得税的优惠及撤销遗产税的举措。

香港基金监管松紧适度。要配合国际化的发展，一个合适的法规框架是不可或缺的。一直以来，香港证监会在制定有关法规时，都能取得恰当的平衡，在推动本港基金市场的发展方面扮演着举足轻重的角色。香港的法规框架一方面能为投资者提供充分的保障，又能有足够的灵活度去兼容不同地域的要求。通过《认可司法管辖区计划》（Recognized Jurisdiction Schemes，RJS）及《认可监察制度》（Acceptable Inspection Regimes，AIR）等制度，香港证监会提供灵活的机制，让一些相当规范的市场所批准的基金公司或产品能有效地进入香港市场。为了确保产品能配合香港市场的独特性，香港证监会就信息披露等加入了一些额外要求，务求令香港投资者可获得全面的信息。最近几年的发展进一步凸显了此模式的优点，特别是能带动产品创新及推动市场多元化的发展。

香港基金高度国际化。香港证监会及基金业界不遗余力地致力于优化本港基金监管法规框架，进一步巩固香港作为基金管理中心的地位，协助业界过渡至可转让证券集体投资计划 Ⅲ（Undertakings for Collective Investment in Transferable Securities Ⅲ，UCITS Ⅲ）。UCITS Ⅲ 是欧盟就监管来自欧盟成员国的投资基金所推出的一套新规例。由于不少香港证监会认可的基金都是在卢森堡、爱尔兰等欧洲司法管辖区注册的，香港证监会一直就 UCITS Ⅲ 基金的过渡与基金业界紧密联系，务求基金行业能顺利过渡到新制。由于 UCITS Ⅲ 的落实，基金经理将有更大的灵活度去进行投资，为了确保投资者明白此转变对产品风险的影响，并获得相应的保障，香港证监会在风险监控方面有更高的要求。为了令基金经理清晰香港证监会风险管理要求，证监会于 2006 年推出指引，详细列明基金经理在管理基金时的"风险管理及管理程序要求"。香港证监会正密切注意欧洲方面的发展，以制定更长远的监管策略。

香港基金呈现多元化特征。开放性使香港地区基金业呈现一种最重要的特征，即多元化。中国香港基金业的多元化包括资金来源多元化、机构多元化、投资工具与产品多元化，以及销售渠道的多元化。仅香港基金种类，就高度多元化，由股票类到债券类，由房地产类到对冲基金一应俱全；而投资的地域、行业更广泛，由新兴市场到成熟市场，由专门投资于天然资源行业到投资于消闲行业。在非房地产基金管理业务的资产总值中，60%以上来自非香港投资者。香港集中了大量国际知名的金融机构，世界基金管理公司 50 强中有 75%以上都在香港地区设立了分部，有的还将香港地区设为亚洲区总部。多元化使香港基金业面对经济波动时具有更好的抗震性。香港基金业虽然经历过数次市场冲击，但一直表现稳定，多元化的产品和多元化的分销渠道是背后重要的推动力。香港基金的销售情况反映了分散投资的重要性，这种分散涉及两方面：地域及资产类别。通过基金，投资者可以有一个多元的组合，掌握不同市场的增长潜力，分散投资风险。而这几年的基金发展凸显了松紧适度的法规框架的重要性：如果限制基金投资的市场或类别，基金经理在产品创新及避险功能上将面对很大的制约。

（3）香港 REITs 发行。

1）香港房地产基金法规支持发行 REITs。香港首只房地产基金于 2005 年上市，随后香港房地产基金市场稳步发展。房地产基金——领汇房地产基金，全球最大宗之一的房地产基金已成功发售，全数投资于中国内地物业的房地产基金已成功推出。香港对 REITs 的规范不是体现在税法中的税收优惠杠杆，而是通过专项立法，对 REITs 的结构、投资目标、资产要求、收入分配等方面做了硬性规定。

香港 REITs 的主要法律是《房地产投资信托基金守则》（2003 年版和 2005 年修正版）。2003 年，香港证券和期货事务监察委员会颁布了《房地产投资信托基金守则》，对 REITs 的设立条件、组织结构、从业人员资格、投资范围、利润分配等方面作了明确规定。2005 年，香港证券和期货事务监察委员会颁发了《房地产投资信托基金守则》修订条款，修订主要体现在两方面：第一，撤销了香港房地产投资信托基金（REITs）投资海外房地产的限制，房地产基金可以投资于全球各地的房地产；第二，把 REITs 最高负债比例由 30%提升到 45%。

表 4-3　香港 REITs 主要条款的法律规定

主要调控	主要内容
相关法律	2003 年、2005 年《房地产投资信托基金守则》；证券和期货守则第 104、105 条
税收条例	必须缴纳地产税，收入分配上没有税收优惠
机构要求	①必须是信托形式；②必须有一个从职能上独立于 REITs 管理公司的受托人，并以信托单位持有人的利益为行为准则；③必须委托一家香港证监会所接受的公司为管理公司；④必须委托一个独立的地产评估人；⑤除非由信托持有人同意，否则持有的地产时间不得少于 2 年；⑥必须在香港交易所上市；⑦可通过全资拥有的特殊目的载体持有房地产；⑧必须每年对 REITs 进行评估；⑨如果 REITs 以某种地产命名，该 REITs 对所持有的地产的投资必须占其非现金资产的 70%以上
收入规则	①必须投资于可持续产生租金收入的房地产；②收入中的大部分来自房地产的租金；③所持有的不产生收入的资产不可超过 REITs 总净资产的 10%
资产规则	①可投资香港和海外可产生收入的房地产；②不可投资于闲置土地，不可从事地产开发活动（除非是旧房改造项目）；③可以通过 SPV 投资于酒店或娱乐公园；④不可提供信贷，不可为任何一人承担债务，不可在没有受托人事先同意的情况下将资产为其他债务提供担保；⑤不可购买任何有无限债务责任的资产；⑥没有现金持有的限制
分配原则	每年必须将至少 90%的净利润以红利形式分配给信托单位持有人
外国投资	可以投资

2）香港拥有成熟的 REITs 市场。香港 REITs 参与人主要包括 REITs 持有人、信托管理人、管理公司、物业估值师等。

持有人是 REITs 的收益人，通过 REITs 持有人大会参与基金的运作和管理，对基金运作过程中的一些重大事项进行决议，如对基金契约或章程的修改；对基金计划终止、合并等方面的更改；更换 REITs 托管人、管理人；REITs 托管人、管理人报酬标准更改等。

管理人的职责是为持有人管理 REITs 的资产和负债，通过提高所持有房地产的租金、策略性增持物业、降低成本提高持有人回报，管理人通过提供 REITs 管理服务获取管理费。管理人的主要职责是：按照 REITs 契约的规定投资资产、管理资产、获取物业租金收入及有效地管理与该计划有关的风险；厘定该计划的借款限额；策划租户的组合及物色潜在租户，制定及落实租务策略，执行租约条件；进行租金评估、制定租约条款、拟定租约、收取租金及入账；追收欠租及收回物业；及时、足额向持有人支付收益；保存 REITs 财务会计账册，及时编制和公告 REITs 财务报告，并向证监会和交易所提供该报告。

托管人负有受信责任以信托形式为持有人的利益而持有有关计划的资产，及监察管理人的活动是否符合该计划的有关组成文件及适用于该计划的监管规定。此责任包括确保管理人的所有投资活动均符合有关计划的投资项目和政策及其组成文件的规定，且符合持有人的利益。可见，托管人存在的目的在于最大限度地为 REITs 持有人提供利益保证。托管人的具体职责主要包括：安全保管 REITs 全部资产；负责办理 REITs 的资金往来；执行管理公司的投资指示，但有关指示与销售文件、组成文件、本守则或一般法律的规定有所冲突的除外；监督 REITs 管理人的投资运作，采取一切合理审慎的措施，确保由该计划或替该计划进行的所有交易都是以公平的方式进行，同时关联交易都是按关联交易有关监管规定进行的；不时委任符合有关资格规定的总估值师，替该计划的房地产项目估值，并且替该计划的房地产项目编制报告；定期复核、审查管理人计算和提供的 REITs 资产净值和基金价格；保存 REITs 财务会计账册；出具 REITs 业绩报告，提供 REITs 托管报告，向证监会报告。

物业估值师。每个获得认可的 REITs 计划必须委托独立的物业估值师。估值师必须每年一次，就发行新单位的目的，通过实地视察有关房地产项目所在地及巡视当地所矗立的建筑物及设施，全面评估该计划持有的所有房地产项目的价值。若计划将会购入或者出售房地产项目，或计划发售新单位或任何守则指明的任何其他情况，估值师也需要就此编制一份估值报告。估值师必须是符合下列条件的公司：定期提供物业估值服务；从事替香港房地产项目进行估值的业务；其主要人员为香港测量师学会的资深会员或会员，并且符合资格进行物业估值；可动用足够的财政资源，以便有效地处理业务及应付负债；具备稳健的内部监控及制衡机制，以确保估值报告内容完整齐备，且该等报告是依据最佳的国际标准妥善及专业地准备的；拥有足够的专业保险以涵盖一般的风险。

综上所述，基于香港基金市场制度、法规，设立 PPP 项目资产基金，购买基础资产并发行基金融资，符合资产离岸证券化特殊目的载体要求，也符合资产证券化破产隔离的本质要求。

第五节　信用增级

资产证券化的定价与发行的基础是 PPP 项目资产包的正确评估，否则就无法对证券进行正确定价，证券也无法发行。综合考虑违约等情况后，才能对资产包评估定价。因此，尽管资产包评估方法很多，如现金流贴现估价法、相对估价法和期权估价法等，但历史信用是违约概率评估的起点，所有的评估都依赖于基础资产原始信用记录。具有稳定的信用记录本身就是信用高的表现。PPP 项目资产在离岸证券化过程中，一般由境外机构对资产进行评级，同时需要境外机构对资产进行信用增级，在信用评级和增级的过程中需要资产有较稳定的信用记录。

一般的国内资产证券化由于仅仅在国内融资，其信用不一定需要境外基础，但是，对于 PPP 项目资产离岸证券化，涉及境外的评级机构和境外的投资者，所以需要有境外的信用基础。一般来说，境外信用基础从两个方面作用于 PPP 项目资产离岸证券化的过程：一方面，对于基础资产的信用评级和增级，如果有境外信用的基础，国际上的信用评级机构对基础资产的情况比较了解，针对国际金融的娴熟运作方式和国内经济的持续发展，便于基础资产的增级；另一方面，对于投资者，有境外的信用基础，有利于提高对境外投资者的吸引力。

更为重要的是，资产具有境外的信用基础，可以使资产离岸证券化的参与主体之间更加紧密地开展合作，从而使每个环节都分布在其运行成本最低的国家和地区。PPP 项目资产离岸证券化需要符合非标准化的、灵活的交易准则和行为规范，需要组织者在全球范围内配置交易资源，如法律、税收、中介机构、机构投资者等，完成交易过程。跨国非标准化、市场导向的交易结构则需要参与者持续地创新，其风险难以预测，谈判和实施的费用较高。在这种情况下，具有境外信用基础的资产进行离岸资产证券化比没有境外信用基础的资产具有明显的低成本优势。

资产证券化信用增级是资产证券化的一个非常重要的创新特征，除资产池能产生预期现金流之外，还为资产支持证券本息的偿付提供信用支持，减少违约风险，保护资产支持证券投资者的利益。Claire A.Hill（1996）认为，资产证券化将降低信息成本和监管成本，并增加企业未来的现金流。许多中小型公司，或者刚刚成立还未建立起较高的信用等级；或者正处于财务困难时期；或者经营的是风险较大的行业，潜伏着不确定的风险；或者其行业管理法规还模糊不清；等等，评估这些公司的成本非常高，也存在很多操作上的困难等问题。潜在的投资者因为无法获得这些公司的信息，担心那些未披露信息的风险，所以不愿意向这些公司投资、购买他们的证券，而要消除这些投资者的怀疑是非常困难的。这就导致这类公司的融资成本非常高，甚至无法通过资本市场融资。Christopher M. James 和 Demiroglu Cem（2012）的研究表明，资产证券化产品中即使由发起人保留的资产证券化剩余权益占 3%，资产证券化产品的损失率与发起人不设定风险自留的产品的损失率没有显著差异，信用增级就是为了减少这种信息不对称性。资产证券化信用增级建立在资产证券化的破产隔离制度设计之上，是资产支持证券区别于其他类型债券的一个显著特点。经过不断地探索实践，已经创造出了各具特色的多种资产证券化信用增级手段，而且新型的信用增级手段还在不断地被创造出来。代表性研究成果包括：Andrew Lipton、Shiv Rao 对各种信用增级手段的优劣进行了比较分析；资产证券化信用增级可划分为外部信用增级和内部信用增级。在资产证券化发展的早期，通过外部给资产证券化提供信用增级比较普遍，随着资产证券化的深入发展，资产证券化的信用增级逐步侧重于通过资产证券化交易结构的设计来实现，避免具体的资产支持证券信用评级过度依赖于外部信用增级的提供者。

PPP 项目资产如果希望通过离岸方式发行债券融资，其债券必须达到投资级别的信用级别，才被允许在国际资本市场上发行。资产证券化信用增级方式可以划分为两大类：内部信用增级（Internal Credit Enhancement）和外部信用增级（External Credit Enhancement）。内部信用增级方式的操作与发行机构自身有很强的相关性，而我国 PPP 项目资产的价值是建立在我国经济良好发展和我国政府的信用基础之上的，因此，内部信用增级对我国 PPP 项目资产在国际资本市场上的信用增级效果不明显。所以，我国 PPP 项目资产离岸证券化市场普遍应用的信用增级就是外部信用增级，类似于国际资本市场上的金融担保。在信用增级工具的具体设计过程中，宜将外部信用增级与内部信用增级结合起来，创造出多种信用增级工具，供各类离岸资产证券化项目根据具体情况有针对性地选用。

一、内部信用增级

1. 高级/次级机构

高级/次级结构（Senior/Subordinated Structure）就是将拟发行的资产支持证券分为两部分：高级证券和次级证券。其中，高级证券一般只有一个类别，如 A 类证券；次级证券一般有一个或多个类别，如 B、C、D 等。高级证券对抵押品的现金流享有优先受偿权；次级证券拥有落后于高级证券的次级受偿权，即只有当高级证券持有人被完全偿付的情况下，次级证券持有人才可能被偿付。所以，次级证券就成为高级证券的保护层，资产池中资产发生的违约损失都被次级证券所吸收。只有违约损失超过次级证券的发行额时，高级证券才有可能受到非足额偿付的影响。

由于次级证券承担了更多的风险，因此在次级证券取得较低信用等级的同时，保证了高级证券能够获得较高的信用等级。在资产担保类证券的发行中，高级/次级结构中的高级证券一般具有 AAA 级。这种信用增级的优点就是使信用增级的成本分布于整个偿付期内。

2. 超额担保

超额担保（Overcollateralization）是最简单的一种信用增级形式。在这种信用增级形式中，作为支持证券担保品的资产的面值超过证券本身的面值。由于该种信用增级形式的成本高并且在资本利用上缺乏效率，一般作为其他信用增级方式的补充，但对某些类型的资产证券化品种也起着重要作用，特别是在发行人处于无信用等级或信用等级很低时常常被采用。

超额担保这种信用增级形式可以合理地将发行人从运行风险中分离出来，但这种信用增级形式仍存在着相关风险，即如果证券化资产池中某品种质量发生恶化，划分的信用质量同样也会出现恶化。

3. 利息率差

利息率差（Yield Spread）指的是资产池中基础资产的利息率与资产支持证

券的利息率之间的差额。如果发生损失，发行人所获得的利息差额将被首先用来偿付证券持有人的债务，构成了避免发生损失的第一道防护墙。因此，该利率差越大，对资产担保类证券的信用提高程度就越大，但是依靠这种信用增级形式，信用支持的程度较低。

4. 储备基金

储备基金（Reservenmend）是发行人设立的、补偿违约损失的独立基金，一般与其他信用增级形式结合在一起使用。在扣除支付给证券持有人本金和利息以及已经发生的费用后，就是发行人的收益净额。发行人可用当月的收益净额来弥补当月的损失，或者加入到特设的储备基金中。

二、外部信用增级

与内部信用增级不同，外部信用增级通常不带有相关风险，因为一般来讲，外部第三方的信用质量与被增级的资产信用质量无关，但投资者仍然比较难估计其信用风险。

1. 保险公司担保合约

保险公司担保和约（Surely Bond）是由经评级的保险公司提供的补偿资产支持证券发生的任何损失的保险单。通常由保险公司作为保证人，采取保险合约形式，当资产支持证券的发行人未能履行偿付义务时，则由保证人负责履行偿付义务。保险公司一般仅对 AAA/AA/A/BBB 投资级的证券提供担保。被保险的资产支持证券的信用等级相当于承担担保义务的保险公司的信用等级。因为保险公司担保资产支持证券的本金和利息的按期偿付，所以属于第三方完全信用增级形式。

2. 第三方担保

第三方担保（Third-party Guarantee）是指由第三方（经评级的保险公司或发行人的母公司）提供的对违约损失补偿的保证。该种形式的担保一般只保证偿付约定的最大损失额，在必要的时候也垫付本金和利息，并购回违约资产（贷款），属于第三方部分信用增级形式。

3. 信用证

信用证（Letter of Credit，LOC）是由金融机构（如银行等）发行的、提供对额定的违约损失补偿的保证书，当然作为一种金融商品，银行会收取一定的费用。由于银行可以对抵押品作部分担保，因此银行可以根据风险资产的部分价值而不是全部价值进行收费。

4. 现金担保账户

现金担保账户（Cash Collateral Account，CCA）是指在利用现金担保账户进行信用增级的情况下，发行人从商业银行借入信用增级所需的资金额，然后将资金投资于高等级的短期商业票据，由于它会产生实际的现金流，是一种现金担保品，所以现金担保账户提供者的信用等级下降不会导致资产担保类证券的信用等级下降。

5. 投资担保

投资担保（Collateral Invest Account，CIA）类似于高级/次级结构中的次级证券，即由一个信用增级机构购买，然后在私募市场将其证券化，出售给另外的投资者。信用增级机构购买的证券的偿付落后于其他普通投资者购买的证券的偿付，因此普通投资者购买的证券能够取得高信用等级。

投资担保不同于高级/次级结构的地方在于，后者属于内部信用增级形式，采用构造不同类别证券的方式，保证高级证券的高级信用级别。而前者在发行资产担保类证券时，就将一部分证券出售给一个机构，已经实现了这部分证券的成功发行，其余的由普通投资者购买的证券，就很容易取得高信用等级。因此该机构就成为信用增级机构。

三、信用增级功能实现

PPP 项目资产通过信用增级，一般能够使资产支持证券顺利获得所需的投资级别，这也是离岸资产证券化信用增级技术产生与发展的重要动力之一。

1. 实现发行所需求的信用等级

信用增级后的 PPP 项目资产支持证券的信用等级反映的不仅是发行人或信用增级者的信用，也是评级机构根据被提供的信用增级的数量和信用增级所使用的形式对整个信用增级结构所作的全面评价。

发行人提供的信用增级等级如果受到影响，发行人信誉提供给投资者的信用保护分离的程度对信用增级的等级就也会受影响。在过度抵押方式中，一方面，由于担保人提供的保护意味着将担保义务正常地从发行人的信誉中分离出来，因此增级后的信用等级不能超过发行人的信用等级，但过度抵押并不总能从发行人的信用质量恶化中分离出来，如发行人的资产恶化，那么过度担保就可能被替代或直接被剔除。另一方面，第三方信用增级完全将投资者的信用保护从发行人的信誉中分离出来，由于这种形式的信用增级支持的证券是在没有考虑发行人的等级条件下定级的，因此债券的等级取决于第三方信用增级后的信用增级。

2. 改善资产负债状况

发行人通常会通过资产证券化改变其资产负债状况。公司采用资产证券化来提高资产的流动性是否能成功主要取决于资产证券化中信用增级所采用的形式，如可接受的资产中大多数资产或被直接追索权或由第三者信用增级证券化，那么委托担保对流动性等级产生效果提供较少的利益。因此，资产证券化的流动性对发行人的资产负债状况有一定的冲击。每一种由于会计目的或非会计目的的被出售的资产，其信用增级对发行人的杠杆作用的效果都十分明显。如果不考虑信用增级的数量，在大多数使用第三方信用增级的交易中都可看到这种效果。

3. 降低资产支持证券信用评估费用

资产支持证券信用等级能够帮助投资者克服信息不对称矛盾，作出有效的投资决策。由于信用评级需要耗费成本，所耗费成本的大小随着评级的难易程度而变化。资产证券化信用增级简化了信用等级评估过程，能够有效降低资产支持证券的信用评级成本。特别是存在外部的第三方信用担保时，资信评估机构可以将关注的重点转移到信用担保机构上来，从而使资产支持证券信用等级的评估成本在此过程中能够得到有效降低。另外，为资产证券化提供信用增级的机构，绝大部分都经过了信用等级评定并获得了相当高的信用等级，为资产证券化过程中的资信评级积累了比较翔实、规范的资信评估材料，因此能够进一步减少资产证券化过程中所涉及的信用评级耗费。

4. 降低资金的融资成本

投资者都是风险厌恶型的，国际资本市场投资者承担高风险必须要求高收益率予以补偿。经过信用增级处理以后，资产支持证券的信用等级得到提高，相应的风险水平降低，投资者要求的风险补偿减少，融资的利息成本因此得以降低。当然，这只是资产证券化信用增级所产生的积极效应，与此同时，资产证券化信用增级是需要成本的，只有因信用增级所降低的融资利息成本高于信用增级过程中的有关成本耗费，资产证券化信用增级才能达到最终降低资产证券化综合融资成本的目的。资产证券化信用增级具体决策就在降低融资利息成本与支付信用增级有关成本之间权衡，实现资产证券化效益最大化。

5. 降级保护

当一种证券被显著降级，发行人的愿望就有可能由于二级市场流动性的降低而不能实现。由信用增级者提供的降级保护程度主要取决于证券是由部分信用增级支持还是由完全信用增级支持的。部分信用增级支持的证券出现降级可能是不充分的信用损失保险总额潜在的降级风险，或者由于其他交易因素恶化导致的信用风险。

如果信用增级者被降级，那么由其完全担保的证券也可能被降级。因此，无论是投资者，还是发行人，必须不断考察信用增级者的实力。在估计信用提高实力时，应考虑信用担保者资本的充足性、周期风险或无保证业务的危险界限、杠杆作用、所有者结构、承受的重大事件的风险等。

第五章
PPP 项目资产支持证券离岸发行

证券发行和现金流管理是资产证券化运作的核心内容。资产证券化发行与现金流的管理主要有两个关键的阶段：第一个阶段是资产分割阶段，无数拟证券化的资产汇集到资产池中，形成一个规模浩大、风险隔离、信用增强、结构重新整合的大资产，并根据期限结构、资产构成、优劣搭配、瑕疵弥补等要素分割重组为不同价值的资产包；第二个阶段是现金流汇聚阶段，即根据资产池资产分割出的几大块资产，分别发行具有不同息票、不同期限、不同性质、不同信用等级、不同资产规模的证券，在证券市场上公开发行给众多的购买者，证券发行收到的现金流汇聚到一起，然后支付给发起人。因此，资产证券化发行及现金流管理的过程，实际上就是由多个资产持有者到一个资产持有者再到多个资产持有者的转移过程以及一个反向的现金流转移过程。

第一节　PPP 项目资产支持的人民币债券发行

按照国际惯例，债券市场是资产支持证券化最大市场。基于我国自贸区政策创新及香港人民币离岸金融中心的发展，以及规避汇率风险，本书主要研究人民币债券发行。人民币债券是指境内银行、保险等金融机构以及企业依法在香港特别行政区内发行的、以人民币计价、期限在 1 年以上（含 1 年）按约定还本付息的有价证券。

香港市场债券发行人以企业为主，且公开发行的债券发行人通常需取得国际评级机构的评级。根据评级，发行人分为投资级与非投资级，而这与发行人的融资成本以及投资者认可度有着极大的关系。标准普尔公司评级 BBB 以下即为非投资级。我国内地企业在香港发行债券的主体主要是红筹公司和 H 股公司。红筹公司指的是注册在境外，但由中资企业直接控制或持有三成半以上股权的上市公司。H 股公司是指在我国内地注册成立并获得我国证券监督管理委员会批准来香港上市的公司。香港相对宽松的利率环境及充裕的流动资金，吸引内地企业纷纷前往融资，不少企业采取赴港发行人民币债券的融资方式。

一、PPP 项目资产支持债券香港发行

1. 发行对象

香港与内地不同，没有银行间市场，所有债券交易皆在场外交易市场（OTC）进行。场外交易是金融业，特别是银行等金融机构十分发达的国家及地区流行的一种交易方式。场外交易市场和交易所市场完全不同，场外交易市场没有固定的场所，没有规定的成员资格，没有严格可控的规则制度，没有规定的交易产品和限制，主要是交易对手通过私下协商进行的一对一的交易。

香港债券投资的参与者也没有内地那样的严格规定，只要是经认可的专业投资者（Professional Investor），包括个人，均可以参与债券投资。是否被认定为专业投资者是在开立证券账户时，由开户的证券公司以香港证券及期货监察委员会的相关标准，以及公司的内部规则来自行确定的。

PPP 项目资产投资规模大、投资周期长，通过"双 SPV"交易结构设计，获得了"真实出售"属性，通过香港特殊目的载体的破产隔离，以资产自身的价值为基础资产，可以获得香港基金投资者的信任和青睐，因此，PPP 项目资产支持人民币债券在香港市场发行，可以广泛吸引投资者，主要包括商业银行、固定收益基金、保险基金、养老和共同基金、企业投资基金、对冲基金、主权基金、私人银行等。

2. 发行方式

香港市场发行方式主要分为公开发行和私募两种形式，其中公开发行的信息披露要求较高，有利于提高发行人的公信力和债券的持续发行；私募发行的信息披露要求较低，相对而言，程序也较简便，发行规模也较小。

基于 PPP 项目资产规模庞大、融资额度高、期限长等特点，以公募发行为主，其发行过程为：发行人选择发行的主承销商；召开项目启动会议；主承销商

起草发债说明书、设计条款和承销协议等；主承销商组建承销团；宣布交易并发布发债说明书；发行人、承销团成员和部分投资者召开交流会，进行路演；定价及分配；交割及发行。由于香港市场发行外币债券不需要任何监管部门的审批，4~6周的发行时间也远远快于国内企业债及公司债数月的速度。

3. 定价及分配

PPP项目资产不仅形态、价值千差万别，而且与当地经济社会息息相关，基本上不容易搬迁。因此，其定价不仅需要根据当时市场状况及近期同类型案例初步制定利率区间，然后还要与承销团进行反复沟通和讨论，并且要做尽职调查，根据投资者反馈的信息参照市场状况修正利率区间，确定发行利率。

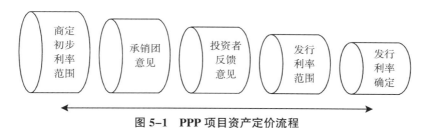

图 5-1　PPP 项目资产定价流程

主承销商通过前期工作及簿记建档将每一个价位上的累计申购金额录入电子系统，形成价格需求曲线，最终与发行人确定发行价格。再根据之前得到的订单进行配额及结算，当定价及配售程序完成后发行人与投资者签署购买协议并向联交所递交公告。

在定价和分配环节以及后续管理中，各种专业中介机构发挥着重要作用。

（1）主承销商。其主要职责是协调其他各中介机构配合发行工作，并根据发行人条件设计发行条款，协调各个中介机构尽职调查与审定销售备忘录；为发行人编制路演推介材料，在中期进行簿记建档与定价工作，最终向投资者配售债券并在售后为发行人进行市场支持。

（2）承销团律师。为联合主承销商提供法律顾问，主要责任为起草交易文件及完成文件，包括票据描述（DON）；负责起草尽职调查问题；进行文件尽职调查，以发表法律意见；评估发行通函并提供修改意见。

（3）律师。提供法律顾问并代表发行人，负责起草发行通函，文件尽职调查，发表法律意见，评估法律文件包括票据描述（"DON"）、认购协议、托管协议及财务支付代理协议等在内的交易文件。

（4）审计师。负责对企业进行尽职调查，并对风险进行预先披露，通过实施尽职调查来补救买卖双方在信息获知上的不平衡。主要负责审定销售备忘录中的财务数据并出具安慰函及审计意见书。

（5）托管人。确保发行人遵守债权契约，以保护债券持有者，代表债券持有人在发行人违约时采取相应的行动，保护债券持有人的利益；如发行人在违约事件中未清偿债务，受托人有权将受托的发行人股份质押权益、发行人子公司的担保权益等转移给债券持有人，有权执行债券的契约条款。

（6）登记及财务支付代理。负责支付与此次拟议发行相关的资金，如票息及本金支付；协助与 Euroclear、Clearstream 及 CMU 协调；通常委托人和财务支付代理由同一家银行担任。

（7）上市代理。与交易所联络，并负责确保此次票据有效上市；就票据在交易所上市与上市机构联络。

二、工作进度控制

工作进度控制，主要是制定甘特图，按实施时间管理。文件准备阶段，一般控制在三周内完成。第四周开始，重点从事路演和销售工作，包括准备路演宣传材料、交易前确定性尽职调查、宣布债券发行、向联交所递交交易公告、路演和簿记建档、定价和分配、向联交所递交定价并完成交易公告。交割基本集中在第五周，包括印刷发行通函、确定交割备忘录、交割前确定性尽职调查、出具安慰函及法律意见书、签署交叉收据、交割并付款。

法律文件分散在不同的阶段，尽量提前准备好，主要包括：一是发行通函。票据描述及担保，风险评估及分析，公司概述及财务信息（三年既往记录，加有限的中期业绩评估），管理层讨论与分析（MD&A），业务及行业概述，发行计划，转让限制/税项。二是路演材料。公司管理层在路演期间用的最主要的促销文件。三是认购协议。承销商与发行人之间针对购买票据达成的协议。四是托管协议。披露债券条款以及和托管人关系的法律文件。五是付款行协议。包含给付款行关于登记、付息及其他分类指令。六是承销协议。反映承销商与发行人之间就债券承销达成一致条款，此协议在簿记建档及同发行人就发行量和价格达成共识后签署。七是财务支付代理协议。发行人与代表债券持有人的财务支付代理/受托人之间达成的协议。应包括 CMU、Clearstream 及 Euroclear 等结算行。八是

表 5-1　PPP 项目资产支持债券香港发行进度控制表

类别	主要事项	第一周 一	二	三	四	五	第二周 一	二	三	四	五	第三周 一	二	三	四	五	第四周 一	二	三	四	五	第五周 一	二	三	四	五
文件准备	任命主承销商，选择法律顾问		■	■																						
	启动会议					■																				
	准备发行协议（条款、协议）														■	■										
	准备发行文件（安慰函、条款书）														■	■										
	准备发行通函														■	■										
	尽职调查											■	■													
	准备债券发行公告																■									
	印刷 E-REDS											■	■													
	准备路演宣传材料									■	■															
路演和销售	交易前确定性尽职调查																				■					
	宣布债券发行																				■					
	向联交所递交交易公告																					■				
	路演、簿记建档																					■	■			
	定价和分配																						■			
	签署购买协议																							■		
	联交所递交所完成交易公告																								■	
交割	印刷发行通函																					■	■			
	确定发行备忘录																								■	
	交割前确定性尽职调查																									■
	出具安慰函及法律意见书																									■
	签署交义收据																									■
	交割并付款																									■

CMU 代表函。发行人及发行人法律顾问提交 CMU 代表函，使该票据有资格在 CMU 结算。九是 CMU 资格问卷。结算代理将利用其 CMU 账户并提交一份资格问卷，以使该票据有资格在 CMU 结算。十是法律意见。关于一些协议和文件的合法性及法律效应的意见，如果运用 144A 销售，美国律师的非正式意见。十一是安慰函。由审计师发出的文件，详细记录了在最近的财务报表后进行的程序并保证销售备忘录中的财务资料是完全准备好的。十二是管理人士及秘书证明。来自发行人遵照签署及结算备忘录的各种完成证明。

三、交收结算

香港债券市场的交收结算与内地不同，其依附在 CMU 系统上。CMU 是由香港银行同业结算公司开发并维护，由金管局负责管理，为港币债券提供统一托管和低风险结算服务的计算机处理系统，其使用者主要是 CMU 会员和金管局的认可交易商。该系统提供即时及日终券款对付服务、抵押管理服务、市场庄家制度及债券借贷计划、跨境结算等服务。它与香港即时支付系统（包括港币即时支付系统、美元即时支付系统、欧元支付系统）实现对接，并均能完成券款对付结算。

香港债券市场实施保密制度，债券持有人的信息是保密的，在债券发行时，簿记行拥有初始认购投资者的名单；但债券进入二级市场后，很难再查到债券持有人的名单。债券持有人的信息记载在交收系统中，但该系统的信息不是公开的。托管人/付款代理人可以进入交收系统查到相关信息，但也不会对外披露。因此，通常发行人都无从得知债券持有人的资料。只有通过托管人征得债券持有人同意披露其身份后，相关信息才能披露。

四、发展趋势

1. 中国内地的相关规定及变动趋势

2007 年 6 月，中国人民银行和国家发改委共同发布了《境内金融机构赴香港特别行政区发行人民币债券管理暂行办法》，允许符合条件的境内金融机构赴香港发行人民币债券。该办法就境内金融机构在港发行人民币债券的有关事项作了规定。

（1）银行类。商业银行赴香港特别行政区发行人民币债券应具备以下条件：具有良好的公司治理机制；核心资本充足率不低于 4%；最近 3 年连续盈利；贷款损失准备计提充足；风险监管指标符合监管机构的有关规定；最近3年没有重大违法、违规行为；中国人民银行规定的其他条件。

政策性银行在香港特别行政区发行人民币债券比照商业银行条件办理。

发行流程：境内金融机构赴香港特别行政区发行人民币债券应向中国人民银行递交申请材料，并抄报国家发展和改革委员会。中国人民银行会同国家发展和改革委员会依法对境内金融机构赴香港特别行政区发行人民币债券的资格和规模进行审核，并报国务院。境内金融机构应在中国人民银行核准其债券发行之日起60个工作日内开始在香港特别行政区发行人民币债券，并在规定期限内完成发行。境内金融机构未能在规定期限内完成发行的，其发行人民币债券的核准文件自动失效，且不得继续发行本期债券；如仍需发行的，应另行申请。规定期限内完成发行的标准按照香港金融市场管理有关规定执行。

境内金融机构应当在人民币债券发行工作结束后10个工作日内，将人民币债券发行情况书面报告中国人民银行、国家发展和改革委员会和国家外汇管理局，并按有关规定向所在地国家外汇管理局分局申请办理债券资金登记。

境内金融机构应在发行人民币债券所筹集资金到位的30个工作日内，将扣除相关发行费用后的资金调回境内，资金应严格按照募集说明书所披露的用途使用。

中国人民银行会同国家发展和改革委员会在《中华人民共和国行政许可法》规定的期限内对境内金融机构发行人民币债券的申请做出核准或不核准的决定。同意发行的，国家发展和改革委员会同时批复其外债规模。

金融机构发行人民币债券的申请材料应当包括：发行人民币债券的申请报告；董事会同意发行人民币债券的决议或具有相同法律效力的文件；拟发债规模及期限；人民币债券募集说明书（附发行方案）；经注册会计师审计的境内金融机构近3个会计年度的财务报告及审计意见全文；律师出具的法律意见书；《企业法人营业执照》（副本）复印件，《金融许可证》（副本）复印件；中国人民银行要求提供的其他文件。

（2）非银行类机构。2012年，国家发展改革委发布《关于境内非金融机构赴香港特别行政区发行人民币债券有关事项的通知》，对非金融机构赴港发债进行了规定。

发行条件：具有良好的公司治理机制；资信情况良好；具有较强的盈利能

力；募集资金投向应主要用于固定资产投资项目，并符合国家宏观调控政策、产业政策、利用外资和境外投资政策以及固定资产投资管理规定，相关手续齐全；已发行的企业债券或者其他债务未违约或者延迟支付本息；最近三年无重大违法违规行为。

申请材料：发行人民币债券的申请报告；董事会同意发行人民币债券的决议或具有相同法律效力的文件；拟发债规模、期限及募集资金用途；人民币债券发行方案；发行人最近三年的财务报告和审计报告；法律意见书；《企业法人营业执照》（副本）复印件；要求提供的其他文件或材料。

发行程序：境内非金融机构赴香港特别行政区发行人民币债券，要按照本通知规定的程序，报发改委核准；中央管理企业可直接向发改委提出申请；地方企业向注册所在地省级发展改革委提出申请，经省级发展改革委审核后报国家发改委；发改委受理境内非金融机构申请后，征求有关方面意见，自受理之日起 60 个工作日内作出核准或者不予核准的决定；境内非金融机构自核准之日起 60 个工作日内须开始启动实质性发债工作。核准文件有效期 1 年，有效期内须完成债券发行；境内非金融机构应当在人民币债券发行工作结束后 10 个工作日内，将人民币债券发行情况书面报告发改委。

2. 香港地区的发展趋势

2010 年，香港金融管理局发布了《香港人民币业务的监管原则及操作安排的诠释》，就人民币证券化进行了规定：一是监管原则，明确人民币资金进出内地的跨境流动须符合内地有关法规和要求，香港参加行按香港业务规则进行操作；人民币流进香港以后，只要不涉及资金回流内地，香港参加行可以按照本地的法规、监管要求及市场因素发展人民币业务。二是具体操作，规定在人民币债券的发行主体、发行规模及方式、投资者主体等方面，均可按照香港的法规和市场因素来决定。但内地发行主体，还须遵守内地有关法规和要求。

香港金融管理局宣布放宽在香港发行人民币债券的限制，允许香港及海外企业、金融机构在港发行人民币债券。香港将容许非内地的各类企业在港发行人民币债券，同时所筹集的资金可以自由投资，甚至可以做借贷资金，发债的企业可以在港开立专项人民币账户。

五、交通资产支持债券香港发行启示

合和公路基建有限公司为合和实业有限公司的附属公司，是一家在珠江三角洲地区居于领导地位的基建公司，主要业务是建设、经营收费高速公路项目。合和公路基建是以人民币收入为主的公司，在珠江三角洲地区的收费高速公路开展运营以获得稳定的人民币收入。合和公路基建公司参与的双向三车道收费公路项目包括：贯通广州、东莞、深圳和香港的主要高速公路，即广州—深圳高速公路、连接广州和顺德的珠江三角洲西岸干道第一期、连接西线一期终端的顺德和中山的珠江三角洲西岸干道第二期。

2010 年，合和公路基建在香港向机构投资者发行 13.8 亿元人民币的企业债券，该批债券发行期限为 2 年，共 13 家机构投资者投标，总申购金额达 21.9 亿元人民币，超出计划发行额 10 亿元人民币的 2.19 倍。为此，发行人决定将发行金额增至 13.8 亿元人民币。该批债券融资用于珠江三角洲西岸干道第Ⅲ期项目建设。中国银行（香港）有限公司（中银香港）是此次发债的独家簿记管理行和牵头行。合和公路基建成功地在香港发行首笔人民币债券，不但为香港人民币债券市场增加了一个新类别的发债体，而且为在内地投资的香港企业开辟了一个新的融资渠道。

自 2007 年 6 月中国人民银行允许内地金融机构在港发行人民币债券以来，发债主体也由最初的内地金融机构，范围扩大至 2009 年的财政部及香港银行在内地的附属公司，随后进一步扩大到普通企业及国际金融机构。截至目前，除财政部外，已在香港发行或推出人民币债券的发债体包括国家开发银行、中国进出口银行、中国银行、交通银行、中国建设银行、汇丰银行（中国）、东亚银行（中国）、麦当劳、亚洲开发银行、世界银行及世行旗下的国际金融公司、中国重汽、华润电力、招商局集团（香港）、中电国际、台湾永丰余开曼群岛公司、首创置业、香港中华煤气、中电新能源等。

在香港发行人民币债券的过程中，出现大量未评级人民币债券。但按债券发行国别来看，人民币债券未评级的比例接近香港其他离岸债券市场，略低于日本，但远高于韩国、新加坡和澳大利亚。信用评级并非香港人民币债券发行必备的条件：一是香港人民币资金池较为充裕，在人民币债券供给不足的情况下，投资人对于是否评级并不敏感；二是发行主体信用级别较高，投资者较为认同。例如，2011 年，中粮（香港）有限公司发行的 3 年期 30 亿元离岸人民币债券，创下当年无评级离岸人民币债券发行项目之最。

六、PPP 项目资产人民币债券发行新形式

截至 2017 年 3 月末，香港人民币存款余额为 5280 亿元。2016 年香港人民币存款 5467.07 亿元，当年 12 月，香港与跨境贸易结算有关的人民币汇款总额为 2876.28 亿元。①

1. "点心债"

"点心债"指的是类同港式点心的颇受茶客青睐的香港离岸人民币债券。自从 2007 年国家开发银行首发这种以人民币定价、人民币结算的债券以来，所有的点心债都获超额认购，被一抢而空。几乎所有的"点心债"都没有评级，但这并不妨碍其受到追捧。跟股票不同，点心债主要是通过 OTC 市场交易。机构投资者倾向于投资"点心债"，并且一般持有债券直至到期，因此二级市场的成交并不活跃。由于机构吃进的量大，往往在路演阶段便足以吞下所有的债券发行规模，真正"流入民间"的份额极低，因此称为"点心债"。

"点心债"的息率一般较低，如中国春天百货等机构推出的点心债票面息率达到 5%，但大部分点心债息率仅在 2%~3%。而且大多数发债主体的信用评级并不优良，这种息率与海外类似的债券相比，并无明显优势。点心债之所以受欢迎，人民币升值预期是主要推动力。海外投资者普遍认为人民币被严重低估，人民币债券是升值资产。各大国际投行的研究报告都认为，人民币会持续升值 5% 左右。在升值之外，再加约 3% 的息率，投资者的整体回报为 8% 左右。PPP 项目资产证券化是以公共产品资产为支撑的，基于中国内地经济发展活力、政府信用，其升值保值的特殊属性适合在香港发展离岸债券融资，也将成为"点心债"而顺利发行。

2. 内保外债

所谓"内保外债"，是指在香港有子公司的企业，以内地母公司担保，子公司进行境外发债，将发债募集资金直接投到海外，绕开内地对发债资金回流的监管。

---

① http：//www.pbc.gov.cn/2017.02.05.

2013 年 12 月，瑞安房地产发行了首只合成式人民币债券。之后"领衔主演"的几乎都是房地产企业，其债券票面息率也高于纯粹的"点心债"。但与内地高达 20% 的融资成本相比，低于 10% 的票面息率很受欢迎。

2014 年 9 月，珠海华发集团在香港成功发行为期 3 年、票利率 4.25% 的 8.5 亿元境外人民币债券，共获得香港、新加坡等 44 个国家和地区 38 亿元人民币、4.5 倍的超额认购，参与认购的国际投资人账户数量、总申购金额或超额认购倍数，均创同类交易之最。华发集团发行的债券采用由境内银行提供担保赴港发行债券，即"境内银行对外开立备用信用证+境外企业在香港发行债券"模式，由农行珠海分行发起、农行广东省分行提供备用信用证为企业增信并推荐其到境外发行人民币债券。

2015 年 3 月，由中合中小企业融资担保股份有限公司提供担保增信的境外人民币债在香港成功发行。此只债券的发行由金紫荆投资控股有限公司发行，中国金融投资管理有限公司提供反担保，期限 3 年、金额为 3 亿元，承销商为摩根大通，是亚太市场第一次采用第三方担保机构担保的模式，是一种全新的债券担保交易架构。

我国 PPP 项目资产不仅具有内保外债的基本条件，更便利采用风险管控减小风险。针对违约风险，PPP 项目资产可以承担备用信用证的赔付风险，从而明确备用信用证担保金额；针对汇率风险，依据市场情况估算备用信用证存续期汇率波，并利用融资租赁优势减少相关风险。

第二节　PPP 项目资产支持理财产品香港发行

一、人民币理财产品发行

香港机构投资者和自然人可以自由投资资本市场，也可以自由购买各类银行理财产品和保险产品。央行与中银香港签署修订《香港银行人民币业务的清算协议》后，香港人民币产品的投资机会越来越多了，各金融机构积极部署，相继推出人民币存款等各项业务。根据新修订的《清算协议》，香港银行可以为金融机构开设人民币账户提供各类服务，将不再有任何限制，而个人和企业相互之间也可以通过银行自由进行人民币资金的支付和转账，这将为市场造就很多机会，尤其是对那些视人民币为长线投资的投资者来说更是如此。在香港，除了银行，中资证券公司及基金公司也可以通过发行人民币产品募集人民币资金。

过去，中银香港（控股）有限公司是香港唯一的人民币清算行，其他香港银行只能处理存款、汇款和贸易结算等简单的人民币交易。但是，《清算协议》修订后，香港本地银行获准办理人民币计价的保险、证券以及基金业务。比如，渣打香港推出了与人民币挂钩的结构性理财产品，与相关指数表现挂钩，包括利率、外汇、商品或股票指数等，产品利息将以人民币支付。

基于修订后的《清算协议》，内地基础 PPP 项目资产支持理财产品可以在香港发行，尤其是与人民币挂钩的结构性理财产品，将会形成一种新的发行潮流。

二、人民币理财产品发行启示

2010 年 9 月，国家开发银行在香港发行了 1 亿元人民币存款证，这是内地银行首次在香港发行人民币存款证。该存款证期限为一年，票面利率为 1.95%，每半年付息一次，主要面向机构投资者。此次国开行发行的存款证主要面向机构投资者，个人投资者尚无机会进行认购。由于香港金融市场对人民币产品需求量较大，而各大机构人民币产品的供给量不充足，一旦有人民币产品推出，都会在短时间内抢购一空。汇丰银行于 2010 年 7 月推出的首批"人民币外汇挂钩存款"市场反应强烈，在推出的 8 个小时内即获得足额认购。而该银行 8 月推出的人民币存款证，则在短短一小时内被抢购一空。恒生银行同一时期推出的人民币存款证，也仅两日就告售罄，加推后也于当天获得全数认购，两天内认购的客户数超过 2000 名，其中零售客户占绝大部分。

自《香港人民币业务的清算协议》签订后，汇丰、渣打、交行香港分行等银行相继推出了不同的以人民币计价的投资产品，包括挂钩货币、利率、股票的投资产品，无本金远期交割外汇合约（NDF）、存款证、基金和人民币储蓄保险等。其中，人民币存款证产品尤其受到投资者的青睐。

第三节　PPP项目资产支持基金发行

2017年春节以来，内地通过港股通净流入香港股市的资金短短7个交易日就达到156亿港元①，港股市场多个板块轮番上涨，保险股、汽车股率先集体爆发，券商和银行股也一齐发力，随后地产股在大投行看好报告推动下大幅上涨，带动了港股特别是恒生H股指数的大幅上涨。从产品类型来看，香港的基金分为股票型基金、债权型基金、多元化基金、货币市场基金、基金的基金、指数基金、保本基金、对冲基金和其他特别基金，管理资产总规模超过1万亿美元。其中，股票基金和债券基金的数量和管理资产规模最大。这些基金包括在中国香港注册的本地基金和可在香港地区销售的离岸基金两种，而离岸基金占到了约70%。

一、香港基金市场适合PPP项目资产离岸证券化

基于法律体系和操作惯例的不同，香港是连接内地和国际资本市场的枢纽，也是国际投资者首选的基金市场投资平台。香港基金市场与国际市场高度接轨，监管制度高度透明，拥有完善的金融机构网络和专业人才，聚集了众多专业服务公司，可以向投资者提供一系列具有竞争力的基金产品。中国香港证监会认可的基金中约有25%左右是在香港注册的，其他的都是证监会许可的可在香港地区零售的离岸基金，大多数是在卢森堡注册的。据卢森堡基金产业协会统计，欧洲可转让证券投资机构基金（UCITS）在中国香港的许可基金中所占的比例约为70%。香港基金总资产中，香港和内地的资产占54%。这些基金的投资区域广泛、市场细分充分，基本涵盖了全球市场的各个角落。有灵活配置全球市场的环球基金，如邓普顿环球均衡增长、贝莱德全球等；也有投资某个区域的基金，如富达新兴市场等；还有单一国家基金，如恒生中国股票等。在投资品种上，除了普通的股票型、债券型、货币型基金，香港市场上还有可投资于杠杆式金融工具的认股权证或衍生工具基金，基本涉及了资本市场上绝大部分的投资品种。

---

① http://finance.ifeng.com/a/20170216/15200457_0.shtml.

正因为投资范围多元化，导致香港基金业绩分化非常明显，如中国股票，纳入统计的此类基金共有 51 只，平均收益 4.42%，表现最好的铭基亚洲基金——中国小型企业基金上涨 24.87%，而巴克莱——国企升幅跃进基金下跌超过 10%。货币型基金较弱，非货币型基金发达。在内地，货币型基金受到保守投资者的欢迎，由于多个国家宽松的货币政策，长期维持低利率使海外货币型基金收益较低，因此香港市场上的货币型基金表现普遍弱于内地的货币基金。不同币种之间的汇率波动也会影响收益情况，富达基金 II——澳元货币、富达基金 II——英镑货币、景顺特选退休基金——美元货币等不少货币市场型基金甚至出现亏损，其中富达基金 II——澳元货币基金亏损达到 7.42%。相比之下，香港的货币市场型基金在安全性和收益率方面都差于内地。

香港基金适合长线投资。从费率情况看，投资香港基金需要支付的费用主要分为两类：首次认购费和管理年费。扣取方式和内地基金一致。通常，只有不收取认购费的基金才会收取赎回费。从收费标准来看，香港基金的管理年费和内地基金差不多，但香港基金的认购费率明显偏高，以股票型基金为例，费率为 5%~6%，而内地的股票型基金通常只收取 1.5% 的申购费，债券基金、认股权证的首次认购费率也达到 3%~5%、5%~7%。因此，频繁申赎在香港基金的投资上显然是不合适的，建议投资者长期投资。

香港的大部分基金公司都没有自己的直接销售渠道，而是依靠银行、保险公司等来销售自己的基金产品。香港 80%~90% 的基金销售额都是通过银行来完成的。在香港，银行的积极参与在推动基金普及化方面发挥了很大的积极作用，同时也为业界带来了挑战：一是如何确保前线的银行销售人员能充分掌握基金的特质，为客户提供合适的产品去匹配其风险承受能力及财务状况；二是如何同时开展其他销售渠道，让投资者可以通过更多渠道参与基金投资。

从香港基金的国际化平台属性、投资区域集中在内地和香港、业绩分化明显但资产支持债券较好、非货币型基金发达、适合长线投资等特点来看，更适合开展 PPP 项目资产离岸证券化操作。

二、PPP 项目资产基金操作启示

1. 香港房产基金（REITs）收入与支出

香港 REITs 只能投资产生收入的房地产项目，主要为住宅、写字楼、商业用房（包括商场、商铺、停车场等），主要收入是租金收入、物业管理费收入和出售资产收入。

REITs 的成本主要是收购房地产的购买款、修缮和装修物业的费用、持有物业期间的保险费等。REITs 的费用包括管理人的管理费、受托人的托管费、开办费用或与上市有关的费用。香港《房地产投资信托基金守则》规定，原则上 REITs 上市产生的全部费用和开支都须在其销售文件中披露。如果收费或费用难以预先确定，则须披露计算收费或费用的基准或预计的收费幅度。

管理 REITs 收取的管理费由两部分组成：一部分是基本管理费，以所管理的房地产价值为基数，收取一定比例的管理费；另一部分是业绩管理费，这部分管理费和 REITs 的业绩挂钩，将管理人的利益与持有人的利益兼容，以更好地提高 REITs 的资产净值和价格。业绩管理费计算的基础是 REITs 的交易价格。依据香港《房地产投资信托基金守则》，业绩管理费每年最多只可征收一次，并且只有该 REITs 的每单位资产净值超过上一次计算及支付业绩管理费时的每单位资产净值时，才允许征收。

2. 香港房产基金（REITs）物业购置

依据香港《房地产投资信托基金守则》，REITs 计划可以购入空置及没有产生收入或正在进行大规模开发、重建或修缮的建筑物。但是，这些房地产项目的累计合约价值不能超过该 REITs 计划在进行有关购买时总资产净值的 10%。REITs 必须拥有每项物业的 50% 以上拥有权和控制权。

当 REITs 需要举债融资用于收购物业、修缮物业或用于营运时，融资额不得超过资产净值的 45%，同时 REITs 可以将资产抵押作为借款的抵押品。REITs 必须在销售文件内披露其借款政策，包括最高借款额以及计算有关限额的基础。当该限额被超越时，持有人和证监会必须获知有关违反该限额的程度及原因，以及建议的补救办法。若有关资产出售会损害到持有人权益，则未必需要出售资产偿还债款。否则，REITs 管理人不会获准进一步借款，同时必须尽量减少过度借款，向持有人和证监会定期报告有关补救工作进展。在计算借款限额时，REITs 持有的特殊目的载体（SPV）的借款也必须合并计算在内。

3. 通过特殊目的载体收购

在特殊目的载体（SPV）为 REITs 计划合法地及实益地拥有，并且是拥有大多数拥有权及控制权时，REITs 可以通过特殊目的载体（SPV）持有房地产项目，其中，酒店、游乐场和服务式公寓的投资只能通过特殊目的载体（SPV）持有。REITs 直接或者间接通过其控制的特殊目的载体（SPV）持有物业时，可以与 1 个以上的第三者共同持有，但该 REITs 必须拥有大多数的权益和控制权，并且该计划有权自由处置其相关权益。

4. 禁止条款

REITs 不能投资空置土地，不能从事或参与物业开发活动，但可以从事物业的修缮、加装和装修活动。不可购买任何有无限债务责任的资产，不可提供信贷，不可为任何机构及个人承担债务，不可在受托人事先没有同意的情况下为其他债务提供担保。香港 REITs 持有每项房地产项目至少两年，除非有充分的持有期终止之前出售房地产项目的理由和依据，并且已清楚告知持有人，同时持有人也已经通过持有人大会特别决议而同意出售。

第四节　PPP 项目资产港交所证券发行

一、港交所上市融资

近年来，我国交通、市政等项目蓬勃发展，许多海内外的工程公司都希望分享这一庞大的市场份额，而在香港上市是筹措资金、开拓区域市场的最佳选择，因此，很多基金公司纷纷向香港联交所提出了上市申请。

中国交通建设股份有限公司成立于 2006 年 10 月 8 日，是经国务院批准，由中国交通建设集团有限公司整体重组改制并独家发起设立的股份有限公司，拥有 36 家全资、控股子公司，业务遍及中国所有省、市、自治区及港澳特区和世界 80 多个国家和地区。公司主要从事交通基建建设、基建设计、疏浚及装备制造业务，是目前我国最大的港口设计及建设企业，领先的公路、桥梁设计及建设企业，领先的铁路建设企业，世界第一大的疏浚企业（以耙吸船总舱容量和绞吸船总装机功率计算）。该公司于 2006 年 12 月 15 日在香港联合交易所主板挂牌上市（1800.HK），是中国首家实现整体海外资本市场上市的特大型国有基建企业。2010 年中交股份名列世界 500 强第 224 位，较 2009 年排名提升 117 位。

中国基建投资有限公司前身为大华国际集团有限公司，投资组合包括住宅及商场项目，其中最大额投资是持有位于沈阳浑南新区泛华广场城市综合体项目的70%权益。集团于2009年完成公司业务的重新定位，将资源集中投放于中国内地的基础设施建设项目。于1993年在香港联合交易所有限公司主板挂牌上市（0600.HK）。

路劲基建是一家专注于中国内地基础设施建设的公司，其房地产项目分布于中国内地9个省及直辖市（北京市、上海市、天津市、广东省、江苏省、河北省、山东省、河南省及湖北省），总建筑面积超500万平方米；其路桥项目分布于中国内地七个省市，共16个收费公路和桥梁项目，公路总里程超过八百公里。路劲年利润达6亿多元，每年现金流达十几亿元，且路桥收益稳定，13年未出现利润下降，资产负债率仅为30%，于1996年在香港联合交易所上市（1098.HK）。

《联交所证券上市规则》中的第8.05（2）条规则明文规定，联交所允许一些新成立的基建工程公司申请上市，并且允许其申请豁免提交三年的业绩记录。但是，申请上市的基建工程公司必须符合：公司本身必须有权兴建工程或营运，联交所不会接受那些只出资但不承担工程发展、建设公司的申请；上市后三年内，公司不能从事基建工程以外的业务，也不可以改变其业务性质；在对工程的要求方面，必须是在香港特区政府的长期特许及授权下进行，并且具备相关规模。在一般情况下，上市期间每一特许工程至少必须有15年的剩余期限，而申请上市的公司在工程的总资本承担必须最少是10亿港元；大部分集资所得的款项不能用来偿还债务或购置其他工程以外的资产；联交所对于基建工程公司的管理层及上市文件等要求也有明确的规定。世界各地的基建工程公司只要符合联交所的要求，都可以在香港申请上市。

香港联交所认定的基建工程是指基本有形架构或基础设施工程。基建工程由政府以公共设施或公用事业的形式进行，如兴建道路、桥梁、隧道、铁路、大型公共交通系统、发电厂、电讯网络、港口及机场等，均含有以政府信用融资建设的本质属性。改革开放以来，我国经济社会发展较快，作为经济社会发展基础的交通、市政等PPP资产具有良好的增值空间和潜力。从基建公司在香港联交所上市融资的制度、操作方式来看，我国基建公司承建的PPP项目工程一般都有政府信用背书，具有香港上市融资便利。

二、公募基金发行

港交所基金基本以公募为主,研究个案对其操作流程、运作模式可以更直观呈现。现以香港房产基金(REITs)为例,研究基础设施资产港交所公募基金发行方式。

香港 REITs 可以在所在国家或者所在国家之外的交易所上市,从而从非公开发行的私募 REITs 转变成公开发行上市的 REITs。香港证监会规定,REITs 计划的管理人必须确保其有足够的资源和专业知识,以应付联交所的要求及遵守其《上市规则》。管理人必须确保首次公开发行过程以公平、恰当及有秩序的方式进行。管理人须委任获证监会接纳的代理人,而该代理人须负责为该计划以新申请人身份进行上市申请的准备工作、向联交所递交申请上市的正式申请表格以及就申请上市所产生的一切事宜与联交所交涉。由此可见,香港 REITs 在香港上市的条件就是符合联交所公开上市的规则和程序即可。当然,香港的 REITs 也可以在新加坡、美国和日本等地上市交易。

表 5-2 香港 REITs 上市条件及其国际比较

国家和地区	上市条件和规定
美国(NYSE)	对 3 年以下经营历史的 REITs,要求股东权益不低于 6000 万美元
新加坡(SGX)	须经 MAS 批准的 REITs; 无专门针对 REITs 上市的规定
日本(TSE)	房地产占总管理资产比例不得低于 75%; 每手交易的股份所含净资产不得低于 5 万日元; 净资产不得低于 20 亿日元; 流通股不得低于 4000 股
中国香港(HKSE)	须经香港证监会批准的 REITs; 符合主板上市准则中对集体投资计划的上市规定(《上市规则》第 22 章)

2010 年,海通(香港)在香港推出境外首只人民币公募基金——"海通环球人民币收益基金",该基金预留了小 QFII 的投资渠道,并有信心在小 QFII 放行后,可以成为首批取得小 QFII 额度的基金。小 QFII 指的是允许境外人民币资金回流投资内地资本市场,包括 A 股市场。但是,"海通环球人民币收益基金"投资的范围限制为债券及人民币存款,因此,即使小 QFII 放行,也不能投资于内地 A 股市场。

2010 年 7 月，大成基金旗下全资子公司大成国际资产管理有限公司发行的大成中国消费 ETF 是国内基金管理公司的香港子公司在香港发行的首只公募产品。

2014 年 2 月，大成国际推出香港市场上首批 RQFII 平衡型股债混合公募基金——大成中国灵活配置基金，是大成国际旗下第二只人民币合格境外机构投资者（RQFII）公募基金，也是 RQFII 新法规颁布后香港市场上第一批股债混合型公募基金。

需要指出的是，该基金与受严格限制的第一批以债券投资配置为主的 RQFII 基金不同，大成中国灵活配置基金在投资上并没有"必须将不少于 80% 的基金资产净值投资于债券及不能将多于 20% 的基金资产净值投资于 A 股股票"的限制。这有利于基金按照市场情况自由选择内地股票或债券作为投资标的，根据宏观经济形势、市场变化以及组合类投资标的的具体情况作出灵活配置，为投资人更好地争取收益。

大成中国灵活配置基金也和目前在香港上市的 RQFII 交易所基金不同，后者受法规所限，必须追踪某一确定的基准指数，例如沪深 300 指数，不论该指数表现如何。大成中国灵活配置基金不设任何基准指数，基金可根据具体的市场形势自由调配大盘、创业板及中小板的投资比例。

根据市场公开信息，大成国际的一大优势是拥有在香港发行和管理公募基金的经验及完善的投资与运作能力。大成国际属全牌照资产管理公司，在港开展业务的 4 年多时间里，已发行并管理了 4 只公募基金及 3 只主动投资的私募基金。结合大成国际与其母公司大成基金在境内外资产管理行业积累的丰富经验，大成中国灵活配置基金或为投资者带来新的投资机遇，同时为境外人民币资金提供回流内地进行证券投资的有效渠道。

除了基金外，其他金融机构也积极布局香港公募基金市场，中国人民保险集团在香港设立了资产管理公司，拥有了基金牌照在香港发行公募基金。

第五节　资金跨境流通

2010 年，中国人民银行与香港金管局签署修订《香港银行人民币业务的清算协议》，新协议容许符合条件的企业开设人民币账户，允许银行、证券及基金公司开发和销售人民币产品。《香港银行人民币业务的清算协议》的签署，极大地推动了香港包括债券在内的人民币产品发展。2011 年，中国人民银行发布《境外直接投资人民币结算试点管理办法》，允许境内非金融类企业利用人民币通过设立、并购、参股等方式进行境外投资。

截至 2014 年 7 月，跨境人民币业务实行了 5 年，首批开展跨境贸易人民币结算试点的有上海、广州、深圳、珠海和东莞 5 个城市。广州是我国跨境人民币业务的首批试点地区之一。截至 2014 年 6 月底，广州办理了跨境人民币结算业务的银行网点有 609 个，服务企业 6771 家，结算金额累计 7787.24 亿元，约占全省结算量的 15.4%，位居第二位。截至 2014 年 6 月底，珠海提供跨境人民币结算服务的银行达 23 家，已开办业务的网点达 127 个，参与企业 2184 家，涉及境外交易地区和国家 126 个，结算累计业务量突破 2125 亿元，其中货物贸易进出口 1183 亿元，服务贸易及其他经常项目收付款 304 亿元。2016 年，跨境贸易人民币结算业务发生 5.23 万亿元。跨境人民币贸易结算为我国 PPP 项目资产证券化现金流管理创造了条件。

一、外汇管理

2015 年 8 月 11 日，我国央行宣布调整人民币对美元汇率中间价报价机制，做市商参考上日银行间外汇市场收盘汇率，向中国外汇交易中心提供中间价报价。该调整使得人民币兑美元汇率中间价机制进一步市场化，能更加真实地反映当期外汇市场的供求关系。"8·11 汇改"后，双向浮动弹性明显增强，不再单边升值，不再紧盯美元而是逐步转向参考"一篮子"货币，人民币中间价形成的规则性、透明度和市场化水平显著提升，跨境资金流出压力逐步缓解。但仍未很好地解决人民币外汇市场难以出清的问题，即外汇市场交易量相对低迷，量价不相匹配，人民币贬值压力持续存在，表现为每个交易日收盘价大都高于当日中间价。同时，由于"一篮子"货币的汇率变化与美元走势大体一致，这事实上是在收盘价的基础上进一步提升了人民币中间价的波动幅度。随着"8·11 汇改"深入实施，人民币汇率的双锚机制逐渐确立和完善，人民币汇率运行呈现出三方面的新特征：一是高估压力释放，汇率重返功能本位；二是离岸、在岸人民币汇率价差大幅缩小，人民币汇率运行企稳；三是以"8·11 汇改"为分水岭，人民币汇率彻底告别单边升值模式，有弹性的双向浮动成为新的态势，人民币与美元的隐性纽带被剪断并独立于美元履行储备货币职能，进而打开了人民币国际化和中国金融开放的新局面。

2016 年 12 月底，国家外汇管理局强化个人外汇信息申报管理，进一步细化个人外汇信息申报内容，明晰个人购付汇应遵循的规则和相应的法律责任，个人办理购汇业务时应认真阅读并如实、完整申报，作出承担相应法律责任的承诺。强化银行真实性、合规性的审核责任。要求银行加强合规性管理，认真落实展业原则，完善客户身份识别。按照《金融机构大额交易和可疑交易报告管理办法》（中国人民银行令〔2016〕3 号）报告大额及可疑交易。对于存在误导个人购付汇、真实性审核不严、协助个人违规购付汇、未按规定报告大额和可疑交易等行为，监管部门将依法予以处理。对个人申报进行事中事后抽查并加大惩处力度。虚假申报、骗汇、欺诈、违规使用和非法转移外汇资金等违法违规行为，将被列入"关注名单"，在未来一定时期内限制或者禁止购汇，依法纳入个人信用记录、予以行政处罚、进行反洗钱调查、移送司法机关处理等。强化了个人外汇管理，外汇不得用于境外买房、证券投资、购买人寿保险和投资性返还分红类保险等尚未开放的资本项目，但不涉及个人外汇管理政策调整，个人年度购汇便利化额度没有变化。

随后，2017 年 7 月 1 日实施新修订的《金融机构大额交易和可疑交易报告管理办法》以及《非居民金融账户涉税信息尽职调查管理办法》，规范机构外汇购买和支付行为：一是将大额现金交易的人民币报告标准由"20 万元"调整为"5 万元"，调整了金融机构大额转账交易统计方式，并将可疑交易报告时限由 10 个工作日缩短为 5 个工作日。二是以人民币计价的大额跨境交易报告标准为"人民币 20 万元"。在机构适用范围中新增了"保险专业代理公司""保险经纪公司""消费金融公司"和"贷款公司"。三是明确以"合理怀疑"为基础的可疑交易报告要求，新增建立和完善交易监测标准、交易分析与识别等要求，同时删除原规章中已不符合形势发展需要的银行业、证券期货业、保险业可疑交易报告标准。四是对交易报告要素内容进行调整，增加"收付款方匹配号""非柜台交易方式的设备代码"等要素，删除"报告日期""填报人"和"金融机构名称"等要素，设计了要素更加精简的《通用可疑交易报告要素》。同时，中国外汇交易中心规定中间价报价银行需要在其报价中纳入"逆周期调节因子"，以适度对冲市场情绪的顺周期波动。该政策只规范机构外汇管理，不涉及个人外汇管理，个人真实合规的外汇不受任何影响。

二、资金跨境流通模式

1. 传统模式

金融机构资金回流不存在法律障碍。2011 年中国人民银行批准中国银行可以把在香港发行人民币债券所筹集到的约 105 亿元人民币回流至内地，并投资于内地债市。2007 年中国人民银行和国家发改委发布的《境内金融机构赴香港特别行政区发行人民币债券管理暂行办法》明确规定："境内金融机构应在发行人民币债券所筹集资金到位的 30 个工作日内，将扣除相关发行费用后的资金调回境内，资金应严格按照募集说明书所披露的用途使用。"只要按募集说明书披露的用途使用，就不存在法律障碍。

红筹企业个案审批。包括合和基建、中国重汽、中国远洋地产等红筹企业发行人，其现金回流需要按个案批准的方式进行。如合和公路基建是在发债前已获得外汇管理局批准，资金回流主要用于母公司合和实业在内地的基础设施建设项目。

民营企业发合成式人民币债券绕道流通。合成式人民币债券等创新型产品可以解决在香港发行债券资金回流手续复杂等问题。合成式人民币债券指的是以人民币计价，但以美元等外币结算的合成式人民币债券。发行合成式人民币债券可享受香港较低的票面息率，降低人民币融资成本。同时，由于合成式人民币债券以美元结算，发行人可利用现有的政策规范和流程，将发行美元债券融得的美元资金汇回内地。合成式人民币债券等创新型产品既可以获得人民币债券融资成本较低的优势，又可合法规避人民币债券融资汇回内地个案审批等烦琐手续。需要指出的是，合成式人民币债都是高息债券，票面息率比纯人民币债券高出 2~4 个百分点。不过即便如此，在内地融资成本普遍偏高的情况下，更多民企特别是房地产企业还是趋之若鹜。

H股公司采用股东贷款等方式实现资金回流。H股公司如拟将其在境外募集的资金汇入境内用于其境内子公司的业务，通常可采用股东贷款或货币出资的方式。人民币股东贷款，即由H股公司将其所募集的外汇资金以股东贷款的方式提供给其境内子公司。根据中国目前的相关法律法规，境外公司向其境内子公司提供的股东贷款只能为外汇资金，不允许境外公司向其境内子公司提供人民币资金形式的股东贷款，但可以通过个案审批的方式向中国人民银行提出申请。人民币出资，即由H股公司以其所募集的人民币资金设立境内子公司或增加其境内子公司的注册资本。根据《中华人民共和国中外合资经营企业法实施条例》《中华人民共和国外资企业法实施细则》《对外贸易经济合作部关于外商以人民币投资有关问题的通知》（〔1998〕外经贸资综函字第492号）和《国家外汇管理局关于外商以人民币再投资外汇管理有关问题的复函》（汇复〔2000〕129号）的规定，外国投资者以人民币出资的情况仅限于特定情形，即外国投资者经过审批机关批准以其从内地开办的其他外商投资企业获得的人民币利润出资。因此在目前的法律制度下，H股公司以其所募集的人民币资金设立境内子公司或增加其境内子公司注册资本的方案也存在法律上的障碍。但2011年，福建省闽侯县辖内外商投资企业——福州旺成食品开发有限公司外方股东以境外汇入3500万元人民币作为投资款的业务获得国家外汇管理局核准。

2. 贸易项下跨境人民币流通

跨境人民币结算是指将人民币直接使用于国际交易，进出口均以人民币计价和结算，居民可向非居民支付人民币，允许非居民持有人民币存款账户。跨境贸易人民币结算通常有两种操作模式：一种是代理模式，中资行委托外资行为海外代理行，境外企业在我国企业委托行开设人民币账户的模式；另一种是清算模式，中资行境内行和境外分支行联合开展业务，境外企业在中资行境外分行开设人民币账户。2009年，跨境人民币试点只允许在贸易项下，即贸易项目下凭贸易真实交易材料可以直接办理人民币跨境，实质是CNH和CNY转换。2009年，中国人民银行等六部委联合发布《跨境贸易人民币结算试点管理办法》，在上海、广东（广州、深圳、珠海、东莞）率先开展跨境贸易人民币结算试点，人民币国际化征程正式启动。2010年，《关于扩大跨境贸易人民币结算试点有关问题的通知》将试点扩大至北京、天津等 20 个省、自治区、直辖市，不再限制境外地域范围。随后，2011 年《关于扩大跨境贸易人民币结算地区的通知》将跨境贸易人民币结算境内区域范围扩展至全国，业务范围涵盖货物贸易、服务贸易和其他经常项目。2012 年，中国人民银行等六部委明确参与出口货物贸易人民币结算的主体不再限于列入试点名单的企业，所有具有进出口经营资质的企业均可开展出口货物贸易人民币结算业务。同年 6 月起，境内所有从事货物贸易、服务贸易及其他经常项目的企业均可选择以人民币进行计价结算。2013 年，中国人民银行发布《关于调整人民币购售业务管理的通知》，将人民币购售业务由额度管理调整为宏观审慎管理。2015 年，中国人民银行发布《关于拓宽人民币购售业务范围的通知》，进一步拓宽人民币购售业务范围，境内代理行或境外清算行与境外参加行可为直接投资项下的跨境人民币结算需求办理人民币购售业务。为进一步支持扩大人民币跨境使用范围，建立人民币跨境支付系统 CIPS，构建覆盖主要时区、安全高效的人民币跨境支付和清算体系。

3. 人民币跨境担保

《国家外汇管理局综合司关于规范跨境人民币资本项目业务操作有关问题的通知》要求境内机构（含金融机构）提供人民币对外担保，原则上按现行对外担保管理规定操作。《中国人民银行关于明确跨境人民币业务相关问题的通知》规定银行对与跨境贸易人民币结算相关的远期信用证、海外代付、协议付款、预收延付，为客户出具境外工程承包、境外项目建设和跨境融资等人民币保函等业务不实行额度管理。随后，中国人民银行又与国家外汇管理局联合印发《关于跨境人民币业务管理职责分工的通知》和《中国人民银行货政二司关于明确人民币融资性担保是否占用融资性对外担保余额指标的通知》，明确规定银行开立人民币融资性对外保函不占用银行年度融资性对外担保余额指标。2014 年外管局推出跨境担保新规《跨境担保外汇管理规定》，大幅度放松跨境担保，将审核制改为事后备案制，同时允许个人在内保外贷和外保内贷中担任担保人。最新的外币跨境担保也已取消额度控制和事前审批。

4. 全口径跨境融资

其前身是"跨境人民币贷款""跨境人民币借款""境外融资"等，即通过债权方式从境外获得融资，并在额度、用途等方面加以限制。2016 年 4 月，央行发布《关于在全国范围内实施全口径跨境融资宏观审慎管理的通知》，将原来在四个自贸区试点的跨境融资推广到全国。"全口径跨境融资"统一了人民币与外币的外债管理，同时也将短期外债与中长期外债（发改委特批的中长债除外）一并管理，标志着全国范围内的跨境融资宏观审慎管理的开始。

5. 银行间市场进一步对境外资金开放

2009年为配合跨境人民币试点，对境外清算行如中银香港、工行新加坡规定可以在其存款8%的范围内投资银行间市场，2010年《关于境外人民币清算行等三类机构运用人民币投资银行间债券市场试点有关事宜的通知》允许境外参加行在央行审批的额度内投资银行间债券市场。QFII、RQFII进入银行间的市场步骤：一是获得证监会资格审查，获取RQFII、QFII资质；二是向外管局申请投资额度（外管局实行双额度，即先给一个地区总额度，比如香港地区2700亿元，然后对该区域的金融机构逐个批复额度）；三是向银行申请银行间开户许可，再去中债登和上清所开户。每个步骤都是严格准入管理，随后，央行进一步拓展境外机构参与银行间交易的品种至回购，境外央行、主权基金及多边开发机构金融银行间债券市场，无须资格审查和额度审批，只要备案即可。境外机构范围进一步扩大，从原来的境外央行，香港、澳门地区人民币业务清算行，境外参加银行，国际金融组织，主权财富基金，QFII和RQFII扩大到绝大部分境外金融机构。流程进一步简化，境外央行或主权基金备案后可以自己决定投资规模，这是对以往资本项目证券投资（包括股票和债券）管理方式的重大创新。交易类型进一步放松，各类境外机构投资者现阶段均可在银行间债券市场开展现券交易，并可基于套期保值需求开展债券借贷、债券远期、远期利率协议及利率互换等交易，但要求相关境外机构投资者应作为长期投资者。中国人民银行一直鼓励相关境外机构投资者到境内银行间市场投资。《通知》中提到的"对等性原则"并不意味着我行对境外央行类机构投资我银行间债券市场预设条件。从国际经验看，央行、国际金融组织、主权财富基金在各国金融市场进行投资也都符合对等性原则和宏观审慎管理的要求。银行间债券市场仅存的丙类户结算模式，即境外金融机构仍然作为丙类户开户，需要通过甲类户进行结算交易，目前银行间债券市场的其他类型客户如信托、理财、企业都已改为乙类户，其中企业选择北金所或柜台债券（非直接开户）进行债券交易。但QFII、RQFII的总体投资额度和资格审批不在央行，而是首先需要证监会进行资格审批，再获得外管局的额度审批。所以，QFII、RQFII应该只是在外管局总体额度范围内投资境内银行间债券市场不再设置额外审批和限制。

2016 年 5 月，上海清算所发布《关于发布〈中国（上海）自由贸易试验区跨境债券业务登记托管、清算结算实施细则〉、〈上海自贸区跨境债券业务登记托管、清算结算业务指南〉的通知》，这可以看成是中国债券市场对外全面开放的开端。对投资方来说，上海清算所与国际托管机构建立互联的安排，国际投资人可"一点接入"参与全球多个市场，而无须单独在各市场开户、结算；没有投资额度限制；交易既可以在集中电子平台进行，也可以通过自贸区商业银行柜台进行。对融资方来说，境内外机构可面向海外发行人民币债券。2016 年 5 月，央行上海总部发布《境外机构投资者投资银行间债券市场备案管理实施细则》，规定新的合格境外机构投资者进入银行间债券市场需向央行上海总部备案。同月，外管局发布《关于境外机构投资者投资银行间债券市场有关外汇管理问题的通知》，对境外机构投资者实行登记管理，境外机构投资者应通过结算代理人办理外汇登记；不设单家机构限额或总限额，境外机构投资者可凭相关登记信息到银行直接办理资金汇出入和结汇或购汇手续，不需要到外汇局进行核准或审批；要求资金汇出入币种基本一致。投资者汇出资金中本外币比例应与汇入时的本外币比例基本保持一致，上下波动不超过 10%；首笔汇出可不按上述比例，但汇出外汇或人民币金额不得超过累计汇入外汇或人民币金额的 110%。同月，中债登联合同业拆借中心、上清所发布《关于发布〈境外机构投资者进入银行间市场联网和开户操作指引〉的通知》明确境外机构投资者在银行间债券市场联网和开户流程，境外机构投资者进入银行间债券市场可由结算代理人分别向同业拆借中心、中债登和上清所书面提出联网或开户申请。

6. 双向资金池业务

跨国公司在境内外都有股权关联公司或子公司，可以选择一家关联公司在境内银行开立一个人民币专用账户用于人民币资金的归集，所有关联企业资金流向该"专用账户"称为"上存"，所有从该资金池借款被称为"下划"；可以实现境外人民币合法合规地流向境内，或者反向流动。前提条件是境外子公司的资金来源必须是其经营现金流，不可以是从海外银行借入的人民币。但实践中境内银行也难以取证境外资金来源，一般根据其业务规模，根据审慎三原则合理判断。

跨境双向人民币资金池业务发源于自贸区，即 2014 年 2 月，中国人民银行上海总部印发《关于支持中国（上海）自由贸易试验区扩大人民币跨境使用的通

表5-3 跨境双向人民币资金池政策变化分析表

对比项目	2014年全国版	2015年全国版	2015年全国版与2014年全国版的具体对比内容	上海自贸区版
法规依据	《关于跨国企业集团开展跨境人民币资金集中运营业务有关事宜的通知》（银发〔2014〕324号）	《中国人民银行关于进一步便利跨国企业集团开展跨境双向人民币资金池业务的通知》（银发〔2015〕279号）		《关于支持中国（上海）自由贸易试验区扩大人民币跨境使用的通知》（银总部发〔2014〕22号）
境内成员企业定义	指经营时间3年以上，且不属于地方政府融资平台、房地产行业，且未被列入出口货物贸易人民币结算企业重点监管名单的跨国企业集团成员企业	指在中华人民共和国境内依法注册成立，经营时间1年以上，未被列入出口货物贸易人民币结算企业重点监管名单的跨国企业集团非金融企业成员	1. 经营时间由3年以上改为1年以上。2. 删除了"且不属于地方融资平台、房地产行业"的限制。3. 跨国企业可以按照279号文相关政策分别设立跨境双向人民币资金池，同一境内成员企业只能参加一个资金池	集团指包括区内企业（含财务公司）在内的，以资本关系为主要联结纽带，由母公司、子公司、参股公司等存在投资性关系成员共同组成的跨国集团公司
境外成员企业定义	指在境外（含香港、澳门和台湾地区）经营时间为3年以上的跨国企业集团成员企业	指在境外（含香港、澳门和台湾地区）依法注册成立，经营时间1年以上的跨国企业集团非金融企业成员	经营时间由3年以上改为1年以上	
放松成员条件	1. 境内成员企业上一年度营业收入合计金额不低于50亿元人民币 2. 境外成员企业上一年度营业收入合计金额不低于10亿元人民币	1. 境内成员企业上一年度营业收入合计金额不低于10亿元人民币 2. 境外成员企业上一年度营业收入合计金额不低于2亿元人民币	境内成员企业：上一年度营业收入合计金额由不低于50亿元人民币调整为不低于10亿元人民币 境外成员企业：上一年度营业收入合计金额由不低于10亿元人民币调整为不低于2亿元人民币	无约束性规定，只需要在央行上海跨境办小进行备案
跨境双向人民币资金池账户资金用途	账户内资金按存款利率执行，不得投资有价证券、金融衍生品以及非自用房地产，不得用于购买理财产品和向非成员企业发放委托贷款	境内主办企业账户内资金按存款利率执行，不得投资有价证券、金融衍生品以及非自用房地产，不得用于购买理财产品和向非成员企业发放委托贷款	资金用途限制不变	跨境双向人民币资金池业务指集团内成员企业之间的双向资金归集业务，属于企业集团内部的经营性融资活动

续表

对比项目	2014 年全国版	2015 年全国版	2015 年全国版与 2014 年全国版的具体对比内容	上海自贸区版
资金来源要求	须保证归集的现金流来自生产经营活动和实业投资活动		删除了"须保证归集的现金流来自生产经营活动和实业投资活动"的表述	参与上存与下划归集的人民币资金应为企业产生自生产经营活动和实业投资活动产生的现金流,融资活动产生的现金流暂不得参与归集
主办企业(2015 全国版新增境外)	跨国企业集团母公司可以指定在中华人民共和国境内依法注册成立并实际经营或投资、具有独立法人资格的成员企业作为资金池业务主办企业(含财务公司),作为开展跨境双向人民币资金池业务的主办企业	跨国企业集团母公司在境外的,也可以指定境内依法注册成立并实际经营或投资的成员企业,即境外主办企业	1. 开立境外机构人民币结算账户 NRA 2. 账户内资金按单位存款利率执行 3. 境外主办企业未在本存款行开立人民币结算账户的,该人民币结算账户纳入基本存款账户管理	集团总部指定一家区内注册成立并实际经营或投资的成员企业(包括财务公司),选择一家银行开立一个人民币专用存款账户
跨境双向人民币资金池业务结算银行的选择范围扩大	只能在其注册地选择一家具备国际结算业务能力的银行作为跨境双向人民币业务结算银行	可以选择 1~3 家	1. 结算银行家数由 1 家调整为 1~3 家 2. 删除了必须在主办企业注册所在地选择结算银行的要求 3. 结算银行可以为跨境双向人民币资金池专用人民币结算账户办理日间及隔夜透支	未提及
宏观审慎系数	跨境人民币资金净流入额上限=资金池应计所有者权益×宏观审慎政策系数;宏观审慎政策系数初始值为 0.1	跨境人民币资金净流入额上限=资金池应计所有者权益×宏观审慎系数;宏观审慎政策系数为 0.5	1. 宏观审慎系数由 0.1 调整为 0.5 2. 删除了"对于境内成员企业在前海、昆山、苏州工业园区和天津生态城等试点区域内,且从境外已借入人民币资金的,根据其借款额对净流入额上限作相应扣减"	目前没有额度限制,也不受 FT 账户体系约束;实际上自贸区版人民币资金池出台是在 FT 账户之前,不受 FT 账户约束;也是比较大的优势之一

知》，然后推广到昆山地区（仅针对台湾地区银行）。2014 年 6 月，将其进一步拓展至全国。由于缺乏实施细则，跨国企业开户实际操作并不多，直到 2014 年 11 月，央行发布《关于跨国企业集团开展跨境人民币资金集中运营业务有关事宜的通知》，正式出台实施细则，法规层面障碍初步清楚，跨境双向人民币资金池业务逐步展开。2015 年 9 月，央行印发《中国人民银行关于进一步便利跨国企业集团开展跨境双向人民币资金池业务的通知》，进一步便利跨国企业集团开展跨境双向人民币资金池业务。

7. 香港相关规定

跨境贸易人民币结算业务自 2009 年 7 月开展以来，业务稳步发展，客户对人民币金融服务的需求也相应逐渐增加。《香港银行人民币业务的清算协议》规定，人民币贸易结算及其他业务的监管安排，应遵循以下两项原则：人民币资金进出内地的跨境流动须符合内地有关法规和要求，香港参加行按香港银行业务的常用规则来进行人民币业务，内地企业办理相关业务是否符合内地有关法规和要求，由内地监管当局和银行负责审核。人民币流进香港以后，只要不涉及资金回流内地，参加行可以按照本地的法规、监管要求及市场因素发展人民币业务。

（1）存款。参加行可以按照香港现行的常用规则（包括反洗钱要求）为企业客户开立与贸易结算有关的人民币存款账户。个人、指定商户开立人民币存款账户，按照《清算协议》的有关要求办理。只要不涉及进出内地的跨境资金流动，参加行和客户可以自行决定如何运用其人民币资金。

（2）兑换。参加行应按照现有的相关规定办理人民币兑换业务。

（3）汇款。进出内地的人民币汇款应符合现有的相关规定。内地企业办理相关业务是否符合内地有关法规和要求，由内地监管当局和银行负责审核。但参加行仍然需要保持警觉，包括在有需要时向客户作出查询，以防范洗钱活动或其他违反本地或外地法规的交易。

（4）贷款。参加行为企业客户提供人民币融资或贷款时，应遵守审慎信贷原则，妥善管理人民币流动性风险。

（5）人民币债券。在发债体范围、发行规模及方式、投资者主体等方面，均可按照香港的法规和市场因素来决定。参加行也可按照香港现行的常用规则为客户提供开户、买卖、托管和融资等服务。内地主体到香港发行人民币债券，还须遵守内地有关法规和要求。支票及信用卡服务：参加行可以按照香港现行的常用规则向企业客户提供该等服务。如果涉及进出内地的跨境支付，需要符合内地相关规定。

三、跨境流通机制

1. 沪港通及深港通机制

沪港通机制。沪港通由中国证监会在 2014 年 4 月 10 日正式批复开展互联互通机制试点。沪港通包括沪股通和港股通两部分：沪股通，是指投资者委托香港经纪商，经由香港联合交易所设立的证券交易服务公司，向上海证券交易所进行申报（买卖盘传递），买卖规定范围内的上海证券交易所上市的股票。港股通，是指投资者委托内地证券公司，经由上海证券交易所设立的证券交易服务公司，向香港联合交易所进行申报（买卖盘传递），买卖规定范围内的香港联合交易所上市的股票。香港证监会要求参与港股通的境内投资者仅限于机构投资者，以及证券账户及资金账户余额合计不低于 50 万元的个人投资者。联合公告对沪港两市每日沪港通交易分别设定了 130 亿元及 105 亿元的上限。该"上限"并非指每日流入总额上限，而是每日买卖之差不能超过的上限，这意味着每个交易日能够进入沪港市场的资金额度远远高于市场预期。日交易额度应指的是类似"轧差"后的额度，即每日买卖之差不能超过联合公告指出的上限，以保证人民币的流入、流出量基本平衡。允许两地投资者通过当地证券公司（或经纪商）买卖规定范围内的对方交易所上市的股票。

深港通机制。2016 年 12 月 5 日，内地和香港两地投资者期待已久的深港通正式开通。深港通的主要制度安排参照沪港通，遵循两地市场现行的交易结算法律法规和运行模式，主要有以下五方面要点：一是交易结算活动遵守交易结算发生地市场的规定及业务规则。上市公司继续受上市地上市规则及其他规定的监管。二是内地结算和香港结算采取直连的跨境结算方式，相互成为对方的结算参与人。三是投资范围限于两地监管机构和交易所协商确定的股票。四是对跨境投资实行每日额度管理，并进行实时监控。两地监管机构可根据市场情况对投资额度进行调整。五是港股通投资者仅限于机构投资者及证券账户、资金账户余额合计不低于 50 万元的个人投资者。深港通有利于投资者更好地共享两地经济发展成果，将进一步扩大内地与香港股票市场互联互通的投资标的范围和额度，满足投资者多样化的跨境投资以及风险管理需求。有利于促进内地资本市场的开放和改革，进一步学习借鉴香港比较成熟的发展经验。可吸引更多境外长期资金进入A股市场，改善A股市场的投资者结构，促进经济转型升级。有利于深化内地与香港的金融合作。将进一步发挥深港区位优势，促进内地与香港经济、金融的有序发展。有利于巩固和提升香港作为国际金融中心的地位，有利于推动人民币国际化。

沪港通、深港通对PPP项目资产离岸证券化的作用。严格的资本管制隔绝了我国的金融市场，我国对外证券投资（内地对境外证券的投资）仅相当于我国国内生产总值（GDP）的3%，而美国的这一比例为49%。对比更鲜明的是，我国境外对内投资（境外对内地证券的投资）仅相当于GDP的4%，而美国的这一比例为86%。沪港通是缩小上述差距的至关重要的一步。

2. 基金互认机制

相关规则。2015年5月开始，中港两地敞开公募基金市场大门，根据安排，双方通过对等设置互认条件，促使互认基金在两地市场互利发展和资金流出入基本均衡。内地基金如果申请香港证监会的认可，必须是根据内地的法律法规及其组成文件而成立、管理及运作；基金是中国证监会根据《中华人民共和国证券投资基金法》注册的公开募集证券投资基金；基金必须已成立1年以上；基金的资产规模不得低于2亿元人民币或等值外币；基金不得以香港市场为主要投资方向以及在香港的销售规模占基金总资产的比例不得高于50%。同时，香港基金如果申请内地证监会的认可，必须本身是公募基金，基金管理人已获得香港证监会9号牌照，在成立时间、基金规模、投资方向、销售比例均与上述规定一致。基金互认采取的是整个市场总体额度控制的方式，区别于现有的QFII、RQFII每个公司、具体产品需要分别申请资格和额度的操作方式。

基金互认对促进两地基金市场发展具有重要影响：一是可以为两地的居民提供便利化投资渠道。香港成熟的基金经过香港证监会的批准到内地来销售，以及内地的基金到香港去销售，对于居民的投资，特别是对于理财提供了便利渠道。二是进一步强化了香港基金市场竞争力。内地基金要销往欧美日等发达国家，通过香港更便利。全球的基金产品要销售到内地，通过香港也便利。因此，香港基金产品的国际进出口平台功能会进一步强化。三是提高两地世界话语权。基金互认有利于内地基金转型升级，也有利于香港基金市场繁荣，有利于两地提高核心竞争力，在世界基金监管的标准方面能够获得更多话语权。

基金互认制度将吸引更多欧美资产管理公司进驻香港，设计与欧美资产相关的基金产品，通过香港销售给内地投资者，以此作为进入中国内地市场的桥梁。目前多家外资机构都在积极在港注册基金，例如，贝莱德推出了一系列香港注册基金，德盛安联、富兰克林邓普顿等众多机构也在筹备。

基金互认对资金回流的影响。中国香港投资基金公会最近的一项调查显示，香港投资者十分有兴趣投资内地。调查显示，香港投资者最有兴趣投资的市场为内地，其次是香港地区及美国；投资者对人民币产品需求强烈；投资者最有可能投资的人民币产品为定期存款、债券及基金，基金是除股票以外最受投资者欢迎的投资工具，定期存款及外汇投资分别居第三及第四位，随后是债券、结构性产品及衍生工具；在各类中国内地离岸基金中，香港的投资者最有兴趣投资内地离岸股票基金及离岸债券基金。

第六章

PPP 项目资产离岸证券化风险管理

Benveniste 和 Berger（1986）认为，通过资产证券化使风险从风险回避型投资者向风险中立型投资者转移，能够实现帕累托改善。即通过将相对安全的资产证券化，将风险大的资产保留在资产负债表上，能够获得帕累托改善的效果。James（1989）指出，从"投资不足"（underinvestment）的角度也得出同样的结果。需要将安全资产置于表外，将风险高的资产置于表内。向投资于资产负债表的投资者（存款者）支付的利率是固定利率，若将安全资产置于表内，就会导致与固定利率的利息支付不均衡的结果。证券化商品被认为是一种为了缓和存在于投资者和银行之间的这种情况而被设计的。当外部融资成本高时，银行的风险就高，但通过将安全资产进行证券化，就能够以相对低的成本融资。

Christopher W. Frost 认为，资产证券化的风险隔离机制的主要贡献在于隔离了破产和重整的风险，从而避免了破产和重整程序的无效率。假设担保制度是有效率的，那么在某种程度上，资产证券化所达成的效果与担保制度极为相似，都是把债权人受偿的可能性与特定财产相联系，从以企业整体财产为基础的融资转向以特定资产为基础的融资（Asset-based Financing），但这种相似性是建立在债权实现无成本的基础上的，而现实情况却恰恰相反，债权的实现需要成本，有时这种成本还很大。尽管担保制度赋予担保权人对担保财产享有优先受偿权，但是在企业破产或者重整时，这种权利的行使必须受到破产法的约束，而这种约束常常造成了担保权人的损失，特别是那些担保财产的价值低于债权数额的人无法从破产和重整计划造成的拖延中获得足够补偿。破产和重整程度的无效率不仅仅体现为破产和重整程序的人为拖延以及债权的非足额补偿，而且还表现为债务人的"过度投资"倾向使债权人承担了也许并不应该承担的风险。

第一节　PPP 项目资产离岸证券化风险的主要类型

作为固定收入证券的一种，资产证券化与一般债券的风险具有相似之处。但是，资产离岸证券化风险与一般的债券等金融产品相比，主要风险类型有以下几个方面：

一、资产风险

PPP 项目投资大、参与主体多、建设周期长，政府和社会部门合作存在较多不确定性，风险点较多。项目建设开发风险是指在 PPP 项目正式开工后，大量资金投入购买工程原材料、购买工程设备、支付施工费用等方面，随着资金的不断投入，项目风险也随之增加，在项目建设完工时项目的风险达到最大值，主要表现形式为项目建设延期、项目建设成本超支、项目层层分包达不到"设计"规定的技术经济指标、在极端情况下项目完全停工放弃。完工风险是 PPP 项目资产离岸证券化融资的主要核心风险之一。项目如不能按照预定计划建设和投产，资产证券化所依赖的基础资产价值就会大打折扣，其综合性负面影响是成本增加，项目贷款利息负担增加，项目现金流量不能按计划获得，最终导致投资人所持有的资产支持证券的权益无法收回。

PPP 项目资产风险还体现为资产证券化的项目现金流明显与预期不符的风险。如在对某一区域的高速公路建设进行资产证券化后，在现金回收期间，又建设了一条与其平行的交通干道，分流了其较大一部分车流量，就会导致该项目的现金流锐减以至于无法对投资者进行支付，平行建设的行为在资产证券化之初是无法预期到的。

证券化产品的收益支付归根结底来自基础资产的收益，因此，在实际的 PPP 项目资产离岸证券化操作中，必须保证资产或资产池能在未来产生可预测的、稳定的现金流，要求至少有持续一定时期的低违约率、低损失率的历史记录等。

二、交易结构风险

PPP 项目资产离岸证券化是一种结构融资方式，其融资的成功与否及其效率大小，与其交易结构有着密切的关系。真实出售和破产隔离等机制是交易结构设计的关键环节，而风控机制是风险防范的核心。不同的法律体系及立法方式导致各主权国家对资产出售有着不同的法律和会计规定，使 PPP 项目资产离岸证券化面临结构风险。证券发行地法律认定发起人的资产出售作为"真实销售"，证券化资产则从发起人的资产负债表中剥离出去，发起人的其他债权人对这些资产没有追索权，即使发起人破产，其被证券化的资产也不会作为清算对象，证券化资产的未来现金流量仍通过发行人转给债券的投资者。证券化地法律认定发起人的资产出售是负债表内融资，如资产担保融资，则当发起人破产时，其他债权人对证券化资产享有追索权，这些资产的现金流量将会转给发起人的其他债权人，资产支持证券的投资者将面临本息损失的风险。结合我国实际，采用双 SPV 交易结构，在第一层交易结构中实现真实出售，同时在第二层交易结构中真正实现破产隔离，充分发挥境内、境外市场优势，在国际资本市场融资。

三、违约风险

各方如严格履行合约，PPP 项目资产离岸证券化结构将是一种完善的、风险分担的融资方式，但是，资产证券化这种融资方式的信用链结构存在违约风险，表现为证券化资产所产生的现金流有可能出现不能支持本金和利息的情况，不能及时支付融资对价。当债务人所购 PPP 项目资产及其衍生的权益资产所产生的现金流大幅度减少导致资产支持证券未支付的部分金额高于 PPP 项目资产价值时，可能会出现违约。对于非抵押资产证券化，投资者可能面临参与者不按合约进行交易的风险。在 PPP 项目资产离岸证券化的整个交易过程中，投资者最依赖的两方是资产支持证券的承销商（投资银行）和代表投资者管理和控制交易的受托人，由于每一方的作用都很关键，在合约到期之前，每一方放弃合约规定的职责都会给投资者带来风险。一是承销商风险。承销商直接以其支付行为影响有关潜在资产合约的执行，承销过程的中断不仅可能导致对投资者的延期支付，而且可能引起整个交易结构信用质量的下降。因此，当资产支持证券被结构化以后，承销商在招募说明书中，应根据历史经验，对拖欠、违约及追偿做出相应的说明。

二是受托人风险。虽然受托人的经营状况不直接影响由应收款组合所带来的现金流，但它在很大程度上决定了该资金到账后的安全性以及该资金转给投资者的及时性。所以大多数交易对此有严格的规定，为投资者提供实质性保护。但是它们并没有消除管理不当的可能性，而这正成为造成风险的潜在因素。

四、提前偿还风险

资产支持证券一般都有提前偿还条款，其结果使投资者在现金流动的时间安排上面临不确定性。一般用存续期（Duration）这一指标来衡量提前偿还。存续期是以各支付期的支付现值为权数对支付期加权。平均存续期缩短，表示发生了提前偿还。发行人需要提前还款的权利，当市场利率低于发行债券的息票利率时，发行人可以收回这种债券并按较低利率发行新债券以获得更多融资。但对于投资者来说，提前偿付具有较大负面影响：一是使债券的现金流流量难以确定；二是投资者面临再投资的风险；三是债券的资本增值潜力减少。基于市场机制，可提前偿付的债券的价格不可能上涨到高于发行人所支付的价格，因此，当利率下降时债券价格便相对上涨，但债券的提前偿还抵消了这种上涨的空间。

五、汇率风险

在国际资本市场开展资产支持专项计划需要在全球范围内布局交易资源，汇率风险是这种国际运作模式的主要风险之一。PPP 项目资产离岸证券化是以资产未来的现金流收入作为对投资者的回报的，而投资者一般是以非资产证券化项目所在国的货币进行支付的。如果现金流的货币升值，则使投资者的回报超过预期，如果现金流的货币贬值，则使投资者的回报低于预期。PPP 项目资产离岸证券化的未来现金流周期较长，必然面临投资者所支付的货币和现金流所表现的货币之间的汇率上下波动的风险。

六、利率风险

利率风险是资产支持证券价格对市场利率变化的敏感度反应的风险。对计划持有某种资产支持证券直至到期的投资者来说，所持有的证券到期前价格变化对证券价值没有影响。但是，对于到期日前准备出售资产支持证券的投资者来说，在持有资产支持证券后利率的上升意味着资本损失或是机会成本上升。

七、政治风险

PPP项目资产离岸证券化的投资大、周期长，全球布局交易资源，必然面临不同国家和地区的政治变动、外交关系等风险。同时，不同主权国家的法律都可能在债券期限内发生变化，而且这种变化是无法预测的，其带来的损失或收益的大小也无法估计。同时，法律本身也可能存在模糊性，可能导致投资者所依赖的法律在司法实践中与投资者理解相异而导致风险。但相对而言，政治风险发生的概率较小。

八、信息风险

Margaret Poper认为，由于文化的差异，资产证券化过程表达的信息含义是不一样的，在美国是正面的信息含义，而在欧洲有可能是负面的信息含义。PPP项目资产离岸证券化的信息披露主要包括三个方面：一是发行人定期向投资者发布项目运行报告；二是信用评级机构根据资产证券发行人的结构、标的资产，行业和整体经济情况等，发布资产证券化产品的信用评级报告；三是不同国家，由于文化背景和思维习惯的不同，对相关信息会出现不同的解读。这三种方式贯穿于资产证券化产品的发行和交易阶段。Jacob Gyntelberg和Eli M.Remolona（2006）针对亚太地区的证券化发展时指出，亚太地区证券化过程中，长期隐含国家直接或者间接的担保，而忽视了更好会计准则和信息披露制度的发展，对于资产证券化产品的信息披露不够充分。由于存在信息披露不及时、不准确、不完整、不真实或者做出虚假陈述、恶意误导等行为，而投资者基本上是依据公开信息进行投资选择的，在无法保证信息的及时、真实、完整、准确的情况下所做出的投资决定存在较大风险。

九、失效及等级下降风险

失效是由法律意见书指明并通常由陈述书、保证书及赔偿书支持的一种法律风险。如果PPP项目资产离岸证券被宣布失效，那么发行人就不再对证券持有人有进行支付的义务。如果一份重要的交易文件被宣布无效，那么交易机制就停止运作，而且发行人也不必拥有对它发行的证券进行清偿所必需的资金。PPP项目资产离岸证券化特别容易受到等级下降的损害，因为资产证券化交易与构成交易的基础包含许多复杂的因素，如果这些因素中的任一因素恶化，整个发行的等级就会下降，显然，交易越复杂，该资产证券化中等级下降的潜在因素越多。

第二节　资产风险控制

一、PPP 资产风险控制

风险分担机制。按照国际惯例，PPP 项目资产风险来源于哪一方，哪一方有能力控制风险，也承担该风险，如政策风险、规划调整风险、环境保护风险、社会风险一般由地方政府分担，而建设施工、经营管理、融资等风险一般由私人机构分担。PPP 项目资产离岸证券化的每个关键合同中都应明确各方责任。对于交易结构的风险要由各方合理分担，项目各方要加强配合、紧密协作、合理分担交易结构风险，并尽可能优化 PPP 项目资产离岸证券化的设计、筹资和实施方案。高风险必然要求高回报，风险承担方要获取一定的风险回报，所获回报应与所承担的风险成本相匹配。

PPP 项目经营管理风险控制。PPP 项目管理水平直接关系到工程进度、质量和投资效果，做好总体控制和动态控制，可以促进工程实施，避免失误，节约投资，从而规避完工风险。总体控制必须细致、可行，体现在调研、分析、施工现场考察三个阶段。调研阶段应该对 PPP 项目总体进行全面、细致和充分的调研，对方案进行认真比较，并且对建设项目必需配套工程进行认真比较，分析其资产离岸证券化的可行性。分析阶段要做好三个层次的分析：一是对 PPP 项目资产离岸证券化过程与所在区域发展关系的分析，分析是否符合规划、是否符合地质勘测、是否符合环境保护等；二是 PPP 项目施工过程是否存在过度分包、工程质量管理等；三是施工环节，不同施工环节之间、专业工程之间是否匹配，是否存在影响整个工程进度的关键薄弱环节。施工阶段是 PPP 项目发挥经济效益的关键阶段，因此，做好施工现场考察也是基础设施资产风险管控的重要环节之一。主要考察项目负责人把握施工周期的能力，考察是否从战略高度对整个工程做出细致安排，考察是否能避开不利因素，抓住有利时机，考察相关工作制度。

二、PPP 项目资产风险管控

在 PPP 项目资产离岸证券化交易中，大部分资产质量风险可以通过复杂的统计和分析技术来有效地识别和控制。对于交易结构风险，则通过系统风险控制法降低系统风险。对于其他风险，则给投资者提供"一揽子"方案，如陈述书、保证书、听证调查、法律意见书、无保留意见书、信用提高以及其他类似的文件，以保证投资者利益。

对于开发建设风险，在进行交易结构设计时就要求发起人提供超额抵押、开具现金保障账户、直接进行金融担保即开具信用证等，避免费用超支，同时要求承包商对工程质量及完工时间进行必要的担保。对于 PPP 项目经营风险，交易合同可以要求发起人与 PPP 项目资产使用者签订一个最低限度的支付合同，与项目资源供给者签订一个最低限度的供给合同等。

第三节　优化交易结构

一、特殊目的载体的组织形态

结合 PPP 项目资产离岸证券化交易结构的整体安排来选择不同的组织形态。采取信托的形式其系统性隔离的效果相对较好。在属于英美法系的香港，信托法律体系完善，承认信托资产的所有权归信托机构所有，完全符合特殊目的载体的本质属性。信托模式适合于大规模、循环性 PPP 项目资产池。采用由独立的第三方组建特殊目的载体，如以公司或合伙的方式来系统性隔离特殊目的载体与发起人的联系，也符合 PPP 项目资产离岸证券化的要求。公司或合伙模式适合规模较小、一次性的 PPP 项目资产池。

二、建立双层结构

基于双层结构原理，原始权益人首先向合格特殊目的载体转让 PPP 项目资产构成了破产隔离式真实销售，然后再把 PPP 项目资产以非破产隔离出售方式转让给另一个向投资者发行证券的特殊目的载体，通常是独立于原始权益人的非关联实体，但并非一定是合格的特殊目的载体。如果特殊目的载体（SPV）属于同一个纳税体，则没有应税交易。

根据财政部"合并财务报表"系列文件规定，任何主体（如母公司）必须把其控制的所有主体（如子公司）纳入合并报表的编报范围。据此，第一次转让中的 PPP 项目资产不需要与原始权益人合并会计报表。第二次转让，不管 PPP 项目资产向香港特殊目的信托或者香港特殊目的的公司转让资产，都不需要纳入原始权益人的会计报表，实现了表外证券化，同时规避了否定真实销售的相关规定。

如果 PPP 项目资产证券化交易结构存在问题，二级特殊目的载体被认定为"名义注资"（Nominally Capitalized），资产原始权益人仍然承担与转移资产相关的实际信用风险，二级特殊目的载体（SPV）的资产负债表与原始权益人负债表合并。但是，如果二级特殊目的载体（SPV）成为众多原始权益人服务的特殊目的载体（SPV），二级特殊目的载体（SPV）可以向多家卖方购买资产。由于这种二级特殊目的载体（SPV）拥有多个原始权益人出售的资产，因此不会被要求将资产负债合并到某个原始权益人的资产负债表中，实现了表外证券化，同时避免了对真实销售的间接否定。

三、发行多类多档证券

使特殊目的载体获得破产隔离效果的另一技术性措施是发行不同类别的普通股。例如，特殊目的载体发行 A 类和 B 类普通股，其中 B 类普通股持有人一般是独立的第三方或证券化发起人，其无权获取红利，但享有破产决定的投票权，相当于"金股"。特殊目的载体也可以发行两类股票，规定这两类股票的持有人都同意时才能提出自愿破产申请，而其中一类股票被质押（或以其他方式）给资产支持证券持有人，从而该类股票的投票控制权掌握在资产支持证券持有人手中，以此阻止特殊目的载体的自愿破产行为。

四、优化交易结构整体性能

优化结构设计可强化系统性隔离的效果。为了确保按资产的公平市场价格进行交易，对于以一定折扣销售资产或提供"超额抵押"的交易结构、循环支付结构，要注意采取利差账户、服务人替换条款等形式化解风险，引入某些金融衍生产品的结构来有效规避风险等。但是，单靠某一种结构，是难以强化系统性隔离的，因此，在进行基础设施资产离岸证券化交易结构设计时，要注重灵活运用多种结构方式，进行有机组合，充分优化其整体功能，从而有效规避各种风险。

第四节　规范权利关系

一、彻底转移控制权

特殊目的载体的资产所有权与其他权益应当与发起人保持分离，因此，将发起人对证券化资产的控制权转移给特殊目的载体是资产离岸证券化风险控制的措施之一。除了必须确保证券化资产的转让是真实销售外，特殊目的载体的章程还需明确规定发起人和特殊目的载体各自负责其经营过程中发生的各种债务，并确保特殊目的载体有支付到期债务的资金来源。特殊目的载体应当避免由发起人对所受让的资产提供担保，否则存在被认定为担保贷款的风险。

二、权利束的实质性审查

认真审查其控制程度和控制方式，防止出现其他公司特别是发起人对现金流的控制程度过高，或者在控制上权力、责任与风险不对等的现象。通过"刺开公司面纱"、透过种种表象洞察本质的方法，使隐性权利和隐性关系显性化，防止出现"暗箱操作"和"桌底交易"。

三、全面考察权利的条件性

对一些权利发生效力的前提条件进行全面审查，考察其前提条件的真实性。如果资产支持证券持有人因抵押或其他方式获得了特殊目的载体某一类投票权，那么就有可能产生这样一个问题，即这些证券持有人是否会因为对特殊目的载体享有"控制权"而对债务人的请求权负有义务。尽管可以通过某种方法来避免这种风险的发生，如把该类股票的投票权只限制在破产申请决策方面，但这种方法本身也是有争议的，要防止出现以下情况：权利的效力建立在不可能或不确定性很大、风险很大的前提条件之上；该项权利的效力与其前提条件所隐含的权利相冲突；该项权利的前提条件与其他权利相冲突；该项权利的前提条件与交易的整体结构存在冲突；等等。

四、确认权利关系的时效性

有些权利关系发生的效力具有时效性，要全面考察该权利关系发生效力的起止时间。特别是对于那些在设立特殊目的载体之初尚未发生效力，而在资产证券化运作过程中才发生效力的，甚至是到了资产证券化运作快要完毕时才发生效力的权利关系，更要引起高度重视。

五、加强信息披露

风险隔离中隐性关系的存在，容易使发起人与证券投资者之间出现因信息不对称而导致的风险。按照信息经济学的观点，要促进证券化运作的公平、公正、公开，增强透明性，既要防范隐蔽信息，又要防范隐蔽行动。特别是发起人通过第三方甚至第四方对特殊目的载体（SPV）的"曲线控制"以及通过人员控制对特殊目的载体（SPV）施加的"影子控制"，对发起人与特殊目的载体（SPV）之间的关联交易、混合委托等，必须进行强制性的信息披露。

保证信息披露的及时性、真实性、充分性和有效性。以法律形式明确规定可能对资产证券化产生重大影响的行为和事件必须披露；特殊目的载体应对已知的和资产证券化运作相关的消息、谣传进行及时有效澄清；尽可能缩短相关信息申报与生效并得以披露的时间，提高其时效性；加强对公司及会计、审计事务所等社会中介机构的监管，提高各类报表的质量，保证信息的完整性、真实性，防止串联制造虚假信息。如果采用后续涉入法的会计处理方法，由于后续涉入法将与后续涉入有关的那部分资产不区分各自的性质在报表中按账面价值列示，不利于报表使用者分析资产证券化业务潜在的风险和收益，尤其要重视规范报表附注的揭示。无论资产转让如何确认，在附注中都应该描述基础资产的情况，包括产生原因、计量基础、账面价值和收到的现金；资产证券化过程中的重要条款，包括后续涉入的种类和金额；特殊目的载体（SPV）的性质，与发起人的关系，特殊目的载体（SPV）所发行证券的类别；资产证券化会计处理的会计政策等。如果资产转让作为销售确认，还应披露损益确认的方法和金额，包括分配账面价值的基础等。如果作为融资确认，应披露未被终止确认那部分资产的组成和分类，以及确认的担保负债。另外，发起人还应在现金流量表中反映资产证券化对企业当期现金流量的影响金额。

第五节　其他风险控制措施

一、陈述书、保证书和赔偿协议

一般的资产支持证券交易依赖于许多陈述书、保证书和赔偿协议等文件。这些文件是为了对必需的、根本的信息的准确性和可靠性所做出的必要保证。为评价这些方法为投资者提供的保护程度，下面的因素必须予以考虑：

对特别的陈述书、保证书和赔偿协议出具者可进行追踪的程度。尽管该条款的保护范围是广泛的，但不履约所造成的损害可能仅限于一定的金额或特定的资产，或者该追索权在一定期限过后失效。

陈述书、保证书或赔偿协议的出具者的资信状况。通常 AAA 级的证券发行时，所依赖的关键保证书是由低于 AAA 级甚至低于投资级别的经济实体所出具的。出具的陈述书、保证书基于"尽量了解"的程度。这一事项将未知的和不确定性的风险置于证券持有人。

二、尽职调查

通常资产支持交易的不同主体要进行尽职调查，通过调查来确认证券化和资产质量风险。尽管这种尽职调查是一种标准的程序，投资者仍然希望能确定：①有多少时间用于这样的调查；②调查的范围；③执行该调查的投资银行家和律师的经验。

三、法律意见

资产离岸证券化所需的主要法律保证，习惯上是按独立的律师所提出的法律意见书来进行评价的。这些意见书会列明诸如真实出售、破产隔离、有效证券利益、有效义务和税收处理等重要事项。

虽然法律意见书试图使投资者消除对各种离岸证券化风险的顾虑，但投资者应该明白法律界的俗语："法律意见书毕竟只是一个意见。"法律意见书对投资者的作用取决于以下一系列因素：①提出法律意见书律师的能力，并需要确认该律师是否独立，是否具有良好的声誉；②法律意见书自身的质量，需要调查该法律意见书是否是其他法律事务所也愿意提供的；③法律意见书的责任范围，需要弄清该法律意见书提及的不是特定风险的一部分，而是特定风险的所有方面；④作为法律意见书基础事实的假设，这些事实假设的全理性和精确性，不论是作为参考还是作为一般依据，都必须进行评估；⑤法律意见书是否是一个"清楚"的法律意见书，即表明了一个结论性的法律观点；或是否是一个"合理"的意见书，即表明了一个合理的、有保留的法律观点，但可质疑。

四、会计师的无保留意见书和证书

资产离岸证券化的某些融资特点以注册会计师出具的无保留意见书和证书来表示。然而，时间和成本往往约束会计师实际上所实行的审计范围。在某些情况下，投资者会质疑由这些文件提供的"无保留"意见的合理程度，因为会计师的观点需要依赖于发行人所提供的财务和其他的信息。

五、加强监管

加强外部监管始终是防范风险的重要措施之一。特别是当公司内部高级管理人员存在集体作案的可能，内部监管失去效力的时候，更需要加强外部监管，要充分发挥政府部门的行政监管作用。

此外，还要充分发挥中介机构的专业监督作用和充分发挥新闻舆论的社会监督作用。同时，也要加强对中介机构的行业监管，防止其与资产证券化发起人或特殊目的载体合谋制造虚假信息以欺骗公众，谋取私利。

在监管操作方面，可以采取"五项审查"的方法来定期或不定期地进行风险检查，发布风险预警，提高防范风险的能力。五项审查，即独立性审查、结构性审查、权利性审查、公开性审查和监管性审查。

表 6-1　五项审查表

审查项目	审查目的	审查内容
独立性审查	完善公司治理	SPV 的合格性、独立性；自动导航机制的完善程度
结构性审查	建立交易结构的风险分配与风险免疫机制	交易的整体结构，特别是 SPY 的组织形态、分科或双层结构、证券的多样性、衍生工具的引进等
权利性审查	权利束的系统性隔离	隐性权利与隐性关系；显性权利与显性关系的控制程度与控制方式
公开性审查	消除信息的不对称	信息披露的及时性、真实性、充分性和有效性
监管性审查	消除道德风险，维护社会公正、公平、公开	行政监管、中介机构的专业监督、新闻舆论的社会监督

第七章
结论与展望

第一节　主要结论

　　基于双 SPV 交易结构设计，将分散的 PPP 项目基础资产集合为资产池，分割重组为资产包，消除单个资产的异质性风险，降低证券价值的信息敏感度以及信息优势方拥有的信息价值，提高 PPP 项目资产的流动性，第一层交易结构和第二层交易结构功能叠加，实现 PPP 项目资产的真实出售和破产隔离，在香港国际资本市场发行资产支持证券，而且对填补我国城镇化巨额资金缺口，缓解地方政府债务压力，降低大型国企债务违约率也有借鉴价值和参考意义。

　　本书通过对我国 PPP 项目资产离岸证券化的理论和实践问题的系统研究，得到了以下基本结论：

　　（1）文献和业界实操案例都证明了 PPP 项目资产证券化是可行的，诞生于美国的资产证券化表面上是以资产为支持，但实际上却是以资产所产生的现金流为基础的。PPP 项目属于公共产品供给项目，与当地社会经济具有紧密联系，具有地方政府信用背书，项目收益稳定、规模庞大，适合采用资产证券化方式融资。我国于 2017 年探索推出 PPP 项目资产证券化，但基于我国金融系统风险管理，以及囿于国内资产证券化条件和政策制约，大规模 PPP 项目资产证券化短期内难以实现。PPP 项目资产离岸证券化不仅是必要补充，更是投资大、周期长的项目资产证券化的较优路径之一。

　　（2）在国际资本市场上，我国资产证券化普遍存在资产池组建不充分，资产包分割重组不合理等问题，有的资产包全部由优质资产组建，有的资产包不良资产过多，特殊目的载体受政策限制较多导致功能不完备，资产无法实现真正出表，资产质量和信誉受到较大影响从而融资率较低。我国上万个 PPP 项目涵盖 19 大领域，但前 5 大领域占比为 50%，相对集中度较高，容易组建高质量资产池和资产包。

（3）香港特殊目的载体具有税收、资讯、操作便利等优势。香港信托、香港公司、香港基金都适合做资产离岸证券化特殊目的载体。

（4）PPP 项目资产香港证券化，有债券发行、银行理财产品发行、基金发行、港交所上市产品发行等多种途径，有点心债、内保外债、人民币挂钩结构化产品、各类基金、港交所上市、港交所公募等多元化产品，适合多元投资主体的 PPP 项目资产证券化需求。香港是著名国际金融市场之一，也是人民币离岸金融中心，可以为 PPP 项目资产证券化提供充足的资金来源。

（5）中央和香港特区政府达成的制度安排和政策，沪港通、深港通和基金互认机制为 PPP 项目资产离岸人民币证券化提供便利，全口径跨境融资、双向资金池等各类创新将进一步推进人民币的跨国流通。资产证券化不仅需要加强基础资产经营管理风险控制，而且需要采用系统风险隔离、法律文件管理等措施，进一步降低风险。

（6）本书探索通过双 SPV 交易结构设计，把规模庞大 PPP 项目资产证券化融资的迫切需求，与香港人民币离岸金融中心的发展，基于自贸区制度和政策创新，通过资产证券化交易结构设计构建 PPP 项目资产离岸证券化融资体系。

第二节　研究展望

设计双 SPV 交易结构，实现 PPP 项目真实出售、破产隔离，在香港债券市场、银行理财产品市场、基金市场和港交所发行资产支持证券产品，需要系统研究，但相关文献较少。我国 PPP 项目资产证券化 2017 年起步，资产证券化操作仍处于尝试发行阶段，探索研究难度较大，同时受限于笔者研究水平、能力、条件和时间等因素，本书的研究仅仅是一个探索性的模式研究，许多问题仍需更进一步的深入探索和仔细研究。

（1）PPP项目资产离岸证券化研究是一个集成研究，需要PPP项目、建筑与土木工程、资产证券化、离岸金融等多方面专业知识，需要组建一个人员结构科学的研究团队才能更好地开展理论研究和实践探索。

（2）基于自贸区发展和香港人民币离岸金融中心建设，研究资产离岸证券化模式，需要在全世界布局交易结构资源，以降低融资成本，分享低税负利益。放眼全球资源研究PPP项目资产证券化，需要研究世界各国的政治、经济和法律制度，需要研究WTO规则、"一带一路"倡议等，提高我国PPP项目资产证券化分享世界资本市场的份额。

（3）基于国际金融市场的PPP项目资产离岸证券化的实现，需要专门研究我国内地和香港地区不同的制度、法律，需要进一步研究PPP项目资产离岸证券化操作中涉及的税收制度、会计制度、法律法规、交易时间等问题，需要各专业团队紧密合作，才能更深入地研究，更好地指导业界实践。

PPP 项目立项文件

一、工程准备阶段文件

（一）立项文件

1. 项目建议书

2. 项目建议书审批意见及前期工作通知书

3. 可行性研究报告及附件

4. 可行性研究报告审批意见

5. 关于立项有关的会议记录、领导讲话

6. 专家建议文件

7. 调查资料及项目评估研究资料

（二）建设用地、征地、拆迁文件

1. 选址申请及选址规划意见通知书

2. 用地申请报告及县级以上人民政府城乡建设用地批准书

3. 拆迁安置意见、协议、方案

4. 建设用地规划许可证及其附件

5. 划拨建设用地文件

6. 国有土地使用证

（三）勘察、测绘、设计文件

1. 工程地质勘察报告

2. 水文地质勘察报告、自然条件、地震调查

3. 建设用地钉桩通知单

4. 地形测量和拨地测量成果报告

5. 申报的规划设计条件和规划设计条件通知书

6. 审定设计方案通知书及审查意见

7. 有关行政部门（人防、环保、消防、交通、园林、市政、文物、通信、保密、教育、卫生等）批准文件或取得的有关协议

8. 政府有关部门对施工图设计文件的审批意见

（四）招投标文件及合同

1. 勘察、设计招投标文件

2. 勘察、设计承包合同

3. 施工招投标文件

4. 施工承包合同

5. 工程监理招投标文件

6. 监理委托合同

（五）开工审批文件

1. 建设项目列入年度计划的社保文件

2. 建设项目列入年度计划的批复文件或年度计划项目表

3. 建设项目规划许可证及其附件

4. 建设项目工程许可证

5. 投资许可证、审计证明、缴纳绿化建设费等证明

6. 工程质量监督手续

（六）建设、施工、监理机构及负责人

1. 工程项目管理机构（项目经理部）及负责人名单

2. 工程项目监理机构（项目监理部）及负责人名单

3. 工程项目施工管理机构（施工项目经理部）及负责人名单

二、监理文件

（一）监理规划

1. 监理规划

2. 监理实施细则

（二）监理月报中的有关质量问题

（三）监理会议纪要中的有关质量问题

（四）进度控制

1. 工程开工/复工审批表

2. 工程开工/复工暂停令

（五）质量控制

1. 不合格项目通知

2. 质量事故报告及处理意见

（六）造价控制

工程竣工决算审核意见书

（七）分包资质

1. 分包单位资质材料

2. 供货单位资质材料

3. 试验等单位资质材料

（八）合同与其他事项管理

1. 合同延期报告及审批

2. 合同争议、违约报告及处理意见

3. 合同变更材料

（九）监理工作总结

1. 工程竣工总结

2. 质量评价意见报告

三、建设安装工程施工文件

（一）土建（建筑与结构）工程

1. 施工技术准备阶段

（1）施工组织设计；

（2）技术交流；

（3）图纸会审记录。

2. 施工现场准备

（1）控制网设置资料；

（2）工程定位测量资料；

（3）基槽开挖线测量资料。

3. 地基处理记录

（1）地基钎探记录和钎探平面布点图；

（2）验槽记录和地基处理记录；

（3）桩基施工记录；

（4）试桩记录。

4. 工程图纸变更记录

（1）设计会议会审记录；

（2）设计变更记录；

（3）工程洽商记录。

5. 施工材料预测构件质量证明文件及复试试验报告

（1）砂、石、砖、水泥、钢筋、防水材料、隔热保温、防腐材料、轻集料试验汇总表；

（2）砂、石、砖、水泥、钢筋、防水材料、隔热保温、防腐材料、轻集料出厂证明文件；

（3）砂、石、砖、水泥、钢筋、防水材料、轻集料、焊条、沥青复试试验报告；

（4）预制构件（钢、混凝土）出厂合格证、试验记录。

6. 施工实验记录

（1）土壤（素土、灰土）干密度试验报告；

（2）土壤（素土、灰土）击实试验报告；

（3）砂浆（试块）抗压强度试验报告；

（4）混凝土（试块）抗压强度试验报告；

（5）混凝土抗渗实验报告；

（6）商品混凝土出厂合格证、复试报告；

（7）钢筋接头（焊接）试验报告；

（8）土壤、砂浆、混凝土、钢筋连接、混凝土抗渗试验报告汇总表。

7. 隐蔽工程检查记录

（1）基础和主体结构钢筋工程；

（2）钢结构工程；

（3）防水工程；

（4）高程控制。

8. 施工记录

（1）工程定位测量检查记录；

（2）沉降观测记录；

（3）现场施工预应力记录；

（4）工程竣工测量；

（5）新型建筑材料；

（6）施工新技术。

9. 工程质量事故处理记录

10. 工程质量检验记录

（1）基础、主体工程验收记录；

（2）幕墙工程验收记录；

（3）分部（子分部）分项工程质量验收报告。

（二）电气、给排水、消防、采暖、通风、空调、燃气、建筑智能化、电梯工程

1. 图纸会审

2. 设计变更

3. 工程洽谈

4. 设备、产品质量合格证、质量保证书

5. 设备安装记录

6. 设备试运行记录

7. 设备明细表

8. 隐蔽工程检查记录

9. 电气接地电阻、绝缘电阻、综合布线、有线电视末端等测试记录

10. 楼宇自控、监视、安装、视听、电话等系统调控记录

11. 变配电设备安装、检查、通电、满负荷测试记录

12. 给排水、消防、采暖、通风、空调、燃气等管道强度、严密性、灌水、通水、吹洗、漏风、试压、通球、阀门等试验记录

13. 电气照明、动力、给排水、消防、采暖、通风、空调、燃气等系统调试、试运行记录

14. 电梯接地电阻、绝缘电阻测试记录；空载、半载、满载、超载试运行记录；平衡、运速、噪声调整试验报告

15. 质量事故处理记录

16. 分部（子分部）工程质量验收记录

（三）室外工程

1. 室外安装（给水、雨水、污水、热力、燃气、电讯、电力、照明、电视、消防等）施工文件

2. 室外建筑环境（建筑小品、水景、道路园林绿化等）施工文件

四、市政基础设施工程

1. 图纸会审记录

2. 工程定位测量资料

3. 工程定位测量复核记录

4. 导线点、水准点测量复核记录

5. 工程轴线、定位桩、高程测量复核记录

6. 设计变更通知单

7. 洽商记录

8. 砂、石、砌块、水泥、钢筋（材）、石灰、沥青、涂料、混凝土外加剂、防水材料、粘接材料、防腐保温材料、焊接材料等试验汇总表、质量合格证书和出厂检验报告及现场复试报告

9. 水泥、石灰、粉煤灰混合料；沥青混合料、商品混凝土等试验汇总表、出厂合格证和试验报告、现场复试报告

10. 混凝土预制构件、管材、管件、钢结构构件等试验汇总表，出厂合格证书和相应的施工技术资料

11. 厂站工程的成套设备、预应力混凝土张拉设备、各类地下管线井室设施、产品等汇总表，出厂合格证书及安装使用说明

12. 砂浆、混凝土试块强度、钢筋（材）焊连接、填土、路基强度试验等汇总表

13. 回填土、路床压实试验及土质的最大干密度和最佳含水量试验报告

14. 石灰类、水泥类、二灰类无机混合料基层的标准击实度试验报告

15. 道路基层混合料强度试验报告

16. 道路面层压实度实验记录

17. 混凝土试块强度试验报告

18. 混凝土试块抗渗、抗冻试验报告

19. 混凝土强度试块统计、评定记录

20. 砂浆试块强度试验报告

21. 砂浆试块强度统计评定记录

22. 钢筋（材）焊、连接试验报告

23. 桩基础试（检）验报告

24. 地基钎测记录及钎测位置图

25. 地基与基槽验收记录

26. 地基处理记录与示意图

27. 桩基位置平面示意图

28. 打桩记录

29. 钻孔桩钻进记录及成孔质量检查记录

30. 钻孔（挖孔）桩混凝土浇灌记录

31. 厂（场）、站工程大型设备安装调试记录

32. 预应力张拉记录表

33. 预应力张拉孔道压浆记录

34. 孔位示意图

35. 沉井工程下沉观测记录

36. 管道、箱涵等工程项目推进记录

37. 构筑物沉降观测记录

38. 预制安装水泥壁板缠绕钢丝应力测定记录

39. 隐蔽工程检查（验收）记录

40. 分部工程质量评定记录

41. 道路工程的弯沉试验记录

42. 桥梁工程的动、静载试验记录

43. 无压力管道的严密性试验记录

44. 压力管道的强度试验、严密性试验、通球试验等记录

45. 水池满水试验

46. 消化池气密性试验

47. 电气绝缘电阻、接地电阻测试记录

48. 电气照明、燃气管网等网试运行记录

49. 供热管网、燃气管网等网试运行记录

50. 燃气储罐总体试验记录

51. 电讯、宽带网等管网试运行记录

52. 工程质量事故报告及处理记录

53. 建筑物、构筑物竣工测量记录及测量示意图

54. 地下管线工程竣工测量记录

五、建筑安装工程竣工图

(一) 综合竣工图

1. 综合图

(1) 总平面布置图 (包括建筑、建筑小品、水景、照明、道路、绿化等);

(2) 竖向布置图;

(3) 室外给水、排水、热力、燃气等管网综合图;

(4) 电气 (包括热力、电讯、电视系统等) 综合图;

(5) 设计总说明书。

2. 室外专业图

(1) 室外给水;

(2) 室外雨水;

(3) 室外污水;

(4) 室外热力;

(5) 室外燃气;

(6) 室外电讯;

(7) 室外电力;

(8) 室外电视;

(9) 室外建筑小品;

(10) 室外消防;

(11) 室外照明；

(12) 室外水景；

(13) 室外道路；

(14) 室外绿化。

（二）专业竣工图

1. 建筑竣工图

2. 结构竣工图

3. 装饰（装修）工程竣工图

4. 电气工程（智能化工程）竣工图

5. 给排水工程（消防工程）竣工图

6. 采暖通风空调工程竣工图

7. 燃气工程竣工图

六、市政基础设施工程竣工图

1. 道路工程

2. 桥梁工程

3. 广场工程

4. 隧道工程

5. 铁路、公路、航空、水运等公交工程

6. 地下铁道等轨道交通工程；

7. 地下人防工程

8. 水利防灾工程

9. 排水工程

10. 供水、供热、供气、电力、电讯等地下管线工程

11. 高压架空输电线工程

12. 污水处理、垃圾处理处置工程

13. 场、厂、站工程

七、竣工验收文件

1. 工程概括表

2. 工程竣工图

3. 单位（子单位）工程质量验收记录

4. 竣工验收证明

5. 竣工验收报告

6. 竣工验收备案表（包括各专项验收认可文件）

7. 工程质量保修书

8. 单位工程质量评定表及报验单

9. 决算文件

10. 交付使用财产总表和财产明细表

11. 工程有关照片，录音、录像材料、缩微品，光盘、磁盘

相 关 法 规

国家发展改革委办公厅关于印发《政府和社会资本合作 (PPP) 项目专项债券发行指引》的通知

〔发改办财金〔2017〕730 号〕

各省、自治区、直辖市及计划单列市、新疆生产建设兵团发展改革委:

为贯彻落实《中共中央　国务院关于深化投融资体制改革的意见》(中发〔2016〕18 号)、《国务院关于创新重点领域投融资机制鼓励社会投资的指导意见》(国发〔2014〕60 号)、《国务院办公厅转发财政部发展改革委人民银行关于在公共服务领域推广政府和社会资本合作模式指导意见的通知》(国办发〔2015〕42号) 等文件精神, 创新融资机制, 拓宽政府和社会资本合作 (PPP) 项目融资渠道, 引导社会资本投资于 PPP 项目建设, 扩大公共产品和服务供给, 积极发挥企业债券融资对 PPP 项目建设的支持作用, 现将我委制定的《政府和社会资本合作 (PPP) 项目专项债券发行指引》印发你们, 请认真贯彻执行。

附件: 政府和社会资本合作 (PPP) 项目专项债券发行指引

国家发展改革委办公厅

2017 年 4 月 25 日

政府和社会资本合作 (PPP) 项目专项债券发行指引

为贯彻落实《中共中央　国务院关于深化投融资体制改革的意见》《国务院关

于创新重点领域投融资机制鼓励社会投资的指导意见》《国务院办公厅转发财政部发展改革委人民银行关于在公共服务领域推广政府和社会资本合作模式指导意见的通知》等文件精神，创新投融资机制，拓宽政府和社会资本合作（PPP）项目融资渠道，扩大公共产品和服务供给，根据《公司法》《证券法》《企业债券管理条例》，制定本指引。

一、适用范围和支持重点

政府和社会资本合作（PPP）项目专项债券（以下简称"PPP 项目专项债券"），是指由 PPP 项目公司或社会资本方发行，募集资金主要用于以特许经营、购买服务等 PPP 形式开展项目建设、运营的企业债券。现阶段支持重点为：能源、交通运输、水利、环境保护、农业、林业、科技、保障性安居工程、医疗、卫生、养老、教育、文化等传统基础设施和公共服务领域的项目。

二、发行条件

（一）发行 PPP 项目专项债券募集的资金，可用于 PPP 项目建设、运营，或偿还已直接用于项目建设的银行贷款。

（二）PPP 项目专项债券应符合《公司法》《证券法》《企业债券管理条例》和我委相关规范性文件的要求。其中，以项目收益债券形式发行 PPP 项目专项债券，原则上应符合我委印发的《项目收益债券管理暂行办法》的要求。

（三）PPP 项目运作应规范、透明，已履行审批、核准、备案手续和实施方案审查程序。鼓励聘请具有相应行业甲级资质的中介机构为项目编制可行性研究报告。

（四）应建立以 PPP 项目合同为核心的合同体系，相关合同文件应合法、规范、有效，包含股东持股比例、项目运营收益来源和标准（包括但不限于项目运营收入、运营成本、财政补贴、税收优惠、提前终止补偿等）、项目风险分担模式等内容。

（五）PPP 项目应能够产生持续稳定的收入和现金流，项目收益优先用于偿还债券本息。来源于政府付费和财政补贴的项目收益应按规定纳入中期财政规划和年度财政预算。

（六）传统基础设施领域的 PPP 项目应纳入传统基础设施领域政府和社会资

本合作（PPP）项目库。

三、审核要求

（一）在相关手续齐备、偿债措施完善的基础上，PPP 项目专项债券比照我委"加快和简化审核类"债券审核程序，提高审核效率。

（二）在偿债保障措施完善的情况下，允许企业使用不超过 50% 的债券募集资金用于补充营运资金（以项目收益债券形式发行 PPP 项目专项债券除外）。

（三）主体信用等级达到 AA+ 及以上且运营情况较好的发行主体申请发行 PPP 项目专项债券，可适当调整企业债券现行审核政策要求：

1. 核定发债规模时不考察非金融企业债务融资工具的规模。

2. 发行人可根据实际情况自主选择是否设置市场化增信方式。

3. 以项目收益债券形式申请发行 PPP 项目专项债券，可不设置差额补偿机制，但应明确项目建设期利息偿付资金来源，并提供相应法律文件。

（四）鼓励上市公司及其子公司发行 PPP 项目专项债券。

（五）PPP 项目专项债券发行人可根据项目资金回流的具体情况科学设计债券发行方案，支持合理灵活设置债券期限、选择权及还本付息方式，债券存续期不得超过 PPP 项目合作期限。

（六）PPP 项目专项债券批复文件有效期不超过 2 年。债券发行时发行人自身条件和 PPP 项目基本情况应当未发生可能影响偿债能力的重大不利变化。

四、信息披露和投资者保护

（一）PPP 项目专项债券信息披露要求

1. 发行人和主承销商应在债券发行前，按要求对项目实施方案、PPP 项目合同、项目入库情况、建设运营情况及本期债券可能存在的风险等事项进行充分披露。

2. 发行人和主承销商应在债券存续期内，定期（原则上每个计息年度不少于两次）在中国债券信息网等相关媒体上公告或向投资者通报项目建设进度、项目合同履约情况、运营服务绩效评价结果等信息。

3. 债券存续期内，项目建设、运营情况发生重大变化或发行人发生对投资者有重大影响的事项，应按照规定或约定履行程序，并及时公告或通报。

(二) 完善 PPP 项目专项债券投资者保护机制

1. 发行人应在募集说明书中约定投资者保护机制（例如交叉违约条款、事先约束条款等），明确发行人或 PPP 项目本身发生重大事项时的应对措施。

2. 发行人应在募集说明书中约定加速到期条款，出现严重违约、不可抗力或 PPP 项目提前终止等可能损害投资者权益的重大不利情形时，经债券持有人大会讨论通过后，可提前清偿部分或全部债券本金。

附件3

金砖国家政府和社会资本合作良好实践

一、背景

金砖国家是新兴市场国家和发展中国家的"领头羊"。据国际货币基金组织（IMF）估算，过去10年金砖国家对世界经济增长的贡献率超过50%。与此同时，随着经济社会发展，金砖国家对满足城市发展和基础设施更新所需的巨大融资缺口面临挑战。

在财政空间有限的情况下，仅靠政府资金难以满足基础设施发展的投资需求。众所周知，社会资本能够在提供高效率和高质量公共产品和服务方面发挥重要作用。因此，政府和社会资本合作（PPP）作为解决基础设施建设资金缺口的创新模式，可促进公共产品和服务提质增效，实现以人为本的理念并促进可持续发展。目前，全球主要多边合作机制（G20、APEC等）和多边机构（世界银行集团、亚洲开发银行、泛美开发银行、非洲开发银行和联合国等）都在大力推广PPP模式。

金砖国家通过建立监管和制度框架、开展示范项目、提供融资支持等方式，成功推广运用PPP模式，完善PPP市场环境，取得了良好的成果和宝贵的经验。

巴西政府于2014年修订了《PPP法案》，规定各级政府应将其净财政收入的5%用于投资PPP项目。为发展基础设施，巴西采取了一系列积极措施鼓励投资。2016年，巴西增设联邦级专职政府部门完善国内PPP模式。

俄罗斯于2005年和2015年颁布了《特许权法案》和《公私合作法》，在PPP项目准备、协议起草和签署、风险分担、争端解决以及吸引外国投资等方面打下坚实基础。

印度为实施公共事业和基础设施建设领域的重点项目，系统性地推出了PPP

计划，推动实施 1300 多个处于不同阶段的 PPP 项目，规模居全球前列。2015 年经济学人智库发布的《2014 年度亚太地区 PPP 环境评估》报告显示，印度在营造理想的 PPP 市场环境方面总体排名第五，其中在 PPP 项目"运营成熟度"方面排名首位，在"地方层面 PPP 活跃度"方面排名第三。

中国政府认为 PPP 模式不仅仅是一种融资手段，更是一项体制机制改革，是公共服务供给侧结构性改革的重大创新。中国自 2014 年起推动新一轮 PPP 改革，并在全国迅速发展。根据全国 PPP 综合信息平台（中国财政部建立的 PPP 项目信息库）数据显示，截至 2016 年 12 月末，全国入库项目达 11260 个，计划总投资额 13.5 万亿元。

南非通过设立 PPP 中心制定 PPP 相关政策和监管框架，并准备针对监管要求出台操作指南和手册。南非在 PPP 领域制定了一系列制度框架，包括《公共财政管理法案》《财政监管第 16 号令》和《市政融资管理法案》。南非已成功实施 26 个 PPP 项目，并且有 50 个处于不同阶段的 PPP 项目正在推进。南非在推动 PPP 发展过程中面临的关键挑战之一是确保成功签约的 PPP 项目可以按照协议条款顺利实施。

二、重要意义

PPP 模式在金砖各国已取得显著进展，但国家间缺乏合作机制和有效交流机制。金砖国家领导人第九次会晤的主题为"深化金砖伙伴关系，开辟更加光明未来"，并为满足各国大量基础设施和公共服务投资需求，金砖各国就 PPP 项目合作达成共识，并同意设立临时工作组。工作组将就各种合作方式进行技术层面讨论，包括利用多边开发银行（MDB）国别经验方面的资源，探讨设立 PPP 项目准备基金以及其他提供基础设施和公共服务的方案，从而支持金砖国家经济可持续发展，实现联合国《2030 年可持续发展议程》。

三、搭建以金砖国家 PPP 良好实践为基础的合作平台

为加强金砖各国间 PPP 实践和经验交流，基于金砖各国 PPP 实践和多双边国际组织的成功经验，金砖各国围绕政府支持、制度框架、机构建设、激励措施和项目管理五方面，共同发起"金砖国家 PPP 良好实践"。"金砖国家 PPP 良好实践"作为开放、非强制、参考性质的经验总结，供金砖国家、其他发展中国家和

新兴经济体借鉴。"金砖国家 PPP 良好实践"作为一份动态文件，金砖各国未来可在进一步沟通和协商基础上，对文件进行补充更新成为加强金砖各国 PPP 合作联动的平台。

四、金砖国家 PPP 良好实践

（一）政府支持

PPP 模式不仅是融资工具，更是全新的公共治理理念和供给侧结构性改革措施，在改善提供公共产品和服务的效率和质量方面发挥了重要作用。政府重视促进 PPP 模式在基础设施和公共服务领域的运用，注重发挥市场作用，可向市场传递积极信号，增强各方参与 PPP 的信心，营造稳定、长期的 PPP 市场。PPP 的发展将促进公共服务社会化，有助于推进金砖国家市场化、法治化进程。

（二）制度框架

PPP 的顶层设计应结合金砖各国国情建立监管框架，并借鉴成熟 PPP 市场国家的经验和良好实践，同时吸收国际组织的相关成果。同时有必要规范 PPP 操作流程、物有所值评价、财政承受能力论证、社会资本采购、合同管理等环节，明确各参与方的角色和责任。营造良好市场环境，保障 PPP 项目依法实施的重点在于 PPP 项目的全生命周期管理、风险分担、绩效付费等环节。

（三）机构建设

1. 建立 PPP 管理机构

有必要成立国家级 PPP 管理机构，履行政策研究、项目管理、宣传推介、能力建设、信息采集与公开、国际交流合作等职能。地方政府应设立相应的 PPP 管理部门，提升服务市场主体的能力。为防范风险，应指定监管机构对项目实施全生命周期进行监控。

2. 开展广泛培训

定期组织 PPP 培训讲座、经验交流、论坛学习等，开展对实施机构、第三方服务机构、社会企业、金融机构等各参与方的培训，深化 PPP 理念认识，提高其专业知识、操作能力和实践经验。

（四）激励措施

1. 出台财税金融支持政策

为优化 PPP 项目融资环境，金砖各国政府出台了鼓励推广 PPP 模式的专项政策。中央和地方政府可通过设立 PPP 项目准备基金、融资支持基金，出台税收优惠政策、金融支持政策等，发挥政策组合优势，支持项目开发实施。

2. 创新项目融资工具

鼓励创新发展适宜 PPP 项目的金融服务市场和产品，运用基金投资、银行贷款、债券融资、资产证券化等工具，探索结构化的项目融资，为 PPP 项目降低融资成本和融资、再融资风险，形成项目与市场的良性互动。

3. 开展 PPP 项目示范

筛选优质项目作为国家示范项目，引导 PPP 产业规范操作，积累经验。宣传推广示范项目的做法，发挥其"灯塔"作用，使其成为当地、行业内学习的模板。同时，提倡由政府、产业、研究机构等多方共同推动的 PPP 联动机制。努力开发可应用 PPP 模式的新领域，如新型城镇化建设、环境综合治理等。

4. 利用第三方咨询机构的专业能力

充分利用第三方服务机构的专业经验，为 PPP 项目提供法律、财务、工程、管理、金融等服务，如聘请法律、造价等第三方机构编制项目可研报告、实施方案等。

（五）项目管理

1. 制定统一项目操作流程

尽管 PPP 模式种类和项目类型多样，制定统一的 PPP 项目识别、准备、采购、实施和移交等全生命周期操作流程，有助于各参与方了解 PPP 项目开发流程，提高开发项目的质量和效率，降低交易成本，增强对社会资本的吸引力，促进 PPP 市场有序发展。

2. 政府 PPP 支出责任管理

应严格监管政府 PPP 支出责任，将政府支出责任统筹纳入财政预算管理、财政中长期规划和政府财务报告。地方政府应坚持 PPP 支出以公共服务绩效为基础，确保实现改善公共服务供给的目标。

3. 开展物有所值评价和财政承受能力论证

在项目准备阶段，重视物有所值评价和财政承受能力论证，提升科学决策能力。物有所值评价是项目全生命周期内风险分配和成本测算的重要手段，也是 PPP 模式适用性和项目绩效评价的关键指标。财政承受能力论证旨在识别、测算地方政府 PPP 财政支出责任，科学评估项目实施对地方政府当前及今后年度财政支出影响。两者均有助于地方政府评估和管理其财政支出和潜在风险，有序实施PPP 项目，有效履行合同义务，优化公共资源配置。

4. 实施充分竞争的采购方式

政府方应规范 PPP 项目采购流程，通过公开招标、竞争性磋商等决策透明、市场竞争充分且符合项目实际的采购方式，选择综合能力强的社会资本合作方，并在政府方和社会资本方之间建立公平的合作机制。

5. 提高 PPP 项目信息透明度

推动 PPP 项目全生命周期信息公开，如项目实施方案、物有所值评价、财政承受能力论证、项目合同等。努力减少政府、社会资本方和社会公众间的信息不对称，为各参与方获取项目信息提供便利。提高透明度可优化项目开发与实施，保障公众知情权，营造公开透明、公平公正、诚实守信、规范发展的 PPP 市场环境。

6. 利用"互联网+"促进项目管理和多方参与

建立基于互联网的 PPP 项目统一信息管理平台，通过采集、公开、分析和应用项目信息和数据，优化项目开发、实施、运营和管理流程，从投融资、建设、运营、移交等多角度为政府、社会资本和公众三方服务。平台可实现覆盖全部行业的 PPP 项目实时信息管理，联通中央与地方政府，开展大数据分析，简化信息查询、公开和统计，实现 PPP 项目全生命周期的动态管理，推动 PPP 市场平稳发展。

世界银行《2017年版 PPP 合同条款指南》简化版

简　介

许多国家正在使用政府和社会资本合作（PPP）来开发基础设施项目。在这种背景下，PPP 交易通常基于一个复杂的法律协议网络，尽管如此，每个此类交易的核心通常是 PPP 合同，这种合同以特许协议或类似文件的形式在公共机构（"订约当局"）和私人公司（"社会资本"）之间存在。

PPP 交易具有复杂性和精密性，其中涉及大量谈判来反映某一基础设施项目的特征，这通常意味着编制和完成 PPP 合同需要耗费相当多的时间和费用。因此，许多评论员提出建议和假设：是否可以通过规范工程监理机关和社会资本之间的特许权协议或其他 PPP 合同中的规定，来降低成本并缩短 PPP 交易过程所需要的时间。一些国家已经为不同类型的基础设施项目（如道路、铁路、港口或发电）制定了完全标准化的 PPP 合同。然而，到目前为止，国际上并没有制定此类协议的通用合同语言。

由于全球进行的 PPP 交易种类繁多，且各国存在不同的法律制度，需要"定制"的合同条款来处理具体的项目，不太可能实现在全球范围内制定一个完整的 PPP 合同的目标。尽管如此，研究在实际情况中每个 PPP 合同/结构中涉及特定法律问题的某些合同条款，例如不可抗力、终止权利或争议解决等方面，可能会带来一定的好处。

在此背景下，世行集团制定了《2015 版 PPP 合同条款建议》（以下简称"2015 年报告"），这是多边开发银行首次尝试为 PPP 中一系列常见的条款编制"建议"语言。在就"2015 年报告"的内容进行内部和外部磋商后，本版的内容反映了讨论期间收到的业界反馈。在这方面，其目标是协助其目标受众，即工程监理机关（特别是在新兴 PPP 市场），更好和更全面地了解 2015 年报告中概述的合同条款。因此，除了其他事项，现行版本还就特定国家不同层级的 PPP 交易和不同的法律制度的特点，详细解说与订约当局有关的重要考虑事项，以帮助他们在制定合同条款时，认真评估关于自身 PPP 项目和管辖权的具体问题。在全球基础设施基金（GIF）的支持下，本版还增加了两个新的章节，专门针对债券融资 PPP 合同和企业融资 PPP 合同。

笔者想强调，本文件所载的样本起草既不是全面的，也不是规定性的。具体来说，这些样本起草并不意味着强制性用于世行集团资助的所有 PPP 交易。相反，本指南的目的是制定和分析构成诸多成功 PPP 交易的合同语言，并描述这些条款的理论基础。在这样做的时候，本指南的作者希望能够促进与建立与这些条款相关的讨论和共识，并在 PPP 交易中普遍采用适当的合同语言，以期帮助减少上述与 PPP 合同开发相关的时间和费用。

如同其他的此类文件，本指南还应该强调一些注意事项。如上文所述，PPP 交易通常非常复杂，在合法的法律、财务和技术专家的协助下，需要由订约当局和私人公司进行广泛的尽职调查，然后才能签署 PPP 合同和相关协议。在这方面，本指南仅为缔约方进行 PPP 项目合作提供出发点，也是缔约方应投入时间来研究的众多考虑事项之一。

此外，"指南"中列出的许多条款将影响 PPP 交易中的风险分配，想要评估交易中风险分配的公平性，只能通过考虑完整的 PPP 合同和相关协议。在适当情况下，推介的合同语言与样本矩阵相关，显示了公共和社会资本在典型 PPP 交易中的风险分配情况，正如全球基础设施中心推出的《2016 版 PPP 合同风险分配报告》所述。同样应该指出的是，本指南主要侧重于项目融资基础上的 PPP 交易，反映在对保护借贷人权利和再融资的利益共享方面的重视。

最后，笔者想强调，作为第二版，本指南的出版是一个不断发展的过程。笔者的目的是进一步收集行业反馈信息，就本指南涉及的合同条款达成共识，或与 PPP 的成功交易相关的其他合同语言协商一致，从而进一步发展本指南。

指南目的

本指南旨在针对 PPP 合同和/或其相关协议中涉及的具体条款，为订约当局提供相关分析和起草法案的指导，以成功实现 PPP 项目的融资，从而为订约当局提供期望的服务或资产。本指南借鉴了过去 20 多年间 PPP 在国外的市场实践，内容涉及政府机构出台的、为订约当局提供支持的指导文件，以及 PPP 项目中为订约当局提供支持的法律顾问、社会资本和不同类型的资助者的广泛经验，均来自发达国家和新兴市场。凭借这种独特而全面的视角，本指南通过现实世界观来分析合同中的问题和结果，从而帮助订约当局在选择 PPP 作为基础设施采购方式时，能够对自身及社会资本的期望进行管控①。

在阅读本指南提供的细节分析和合同条款之前，订约当局首先要了解目前 PPP 项目的整体开发环境。这是因为 PPP 项目的情况能够影响及决定其 PPP 协议及相关协议的起草。

为此，下文简要概述了政府组建 PPP 项目的缘由、PPP 的内容、各方之间风险分配的关键因素，确保"可融资性"的方法，以及针对不尽相同的法律制度、部门和国家的 PPP 方案概览。在制定和协商 PPP 合同的条款时应考虑到这些因素。

本指南还包括以上与领域相关的详细信息的链接，所有信息都将展示订约当局如何为建立其特定的 PPP 项目而制定 PPP 合同的具体条款。请参阅附录：其他 PPP 资源。

A. 采用 PPP 模式的基础设施发展概况

全球越来越多的政府正在建立 PPP 项目，作为建造和维护基础设施以及交付其他资产和服务的方式。其中，常见的主题包括：

● 公共部门降低建设和维护基础设施资产的成本，同时保证不对其服务质量产生不利影响；

---

① 一项用于评估与预期 PPP 项目相关的财政成本和风险的工具，旨在帮助各国政府就是否组建如 PPP 一类的项目进行知情决策，由国际货币基金组织和世界银行于 2016 年制定的 PPP——财政风险评估模型（PFRAM）。见附录部分，额外 PPP 资源中的链接。

● 加快绿地和恢复基础设施的交付和扩大棕地基础设施的需要；

● 从提供创新技术和服务的社会资本中获取专业知识的能力。

B. PPP 的内容

国际上还未出现统一的 PPP 定义，尽管如此，PPP 合同中规定的要点是：

● 社会资本和政府实体（订约当局）之间的长期合同；

● 提供新的或现有的公共资产或服务；

● 社会资本承担重大风险和管理责任；

● 社会资本收到的付款与合同的履行情况相关①。

转让给社会资本的 PPP 项目的功能（如设计、建造、融资、运营和维护）可能会因不同的 PPP 而有所不同②，但允许私人融资的介入是关键因素，能够确保社会资本的投资比重和履行合同的积极性。

C. PPP 的融资结构

大多数 PPP 合同中由社会资本专门组建的项目公司通常称为"特殊目的企业"或"特殊目的公司"（SPV）。SPV 通常通过股东提供的股权结合——由其借贷人（可能是商业银行，债券投资者或其他融资提供商）提供的第三方债务来共同支付 PPP 项目的成本。社会资本需在投标准备中仔细考虑第三方出资人的选择以及此类资金的成本。

社会资本遭受的任何 PPP 项目损失首先由股东承担，只有在丧失股权投资的情况下，贷款人才会受到不利影响。这意味着相对于债务提供者，股权投资者承担着更高的风险，并要求其投资回报更高。由于股权通常比债务更为昂贵，降低 PPP 项目的总体加权平均资本成本的目的在于，使用尽可能多的债务来为 PPP 项目（通常为项目总成本的 70%~95%）筹集资金，这会降低基础设施和为订约当局提供的服务的价格。预期股权回报的水平取决于特定 PPP 项目的情况，但竞争性投标过程的优势之一就是投标人能够寻求找到为订约当局提供最佳价值的资金解决方案。

---

① 在本报告中，例如，医院的 PPP 合同可能涉及私人合伙人设计、建设、融资和维护医院，但只提供某些运营服务（如清洁、餐饮等），而临床服务由订约当局提供。其他类型的 PPP 合同（如大学住宿区或收费公路的设计、建造、管理和融资）可能涉及更全面的运营服务。

② 请参阅第 9 部分和第 10 部分，除债务或公司融资外，PPP 项目的其他融资方式。其他融资方式对订约当局的考虑的影响，详细信息见本指南第 1 部分至第 8 部分。

从股权投资者的角度来看，以这种方式将其限制在一个 PPP 项目中，就能够推动他们组建其他更大（甚至更多）的项目。

PPP 项目融资通常分为"无追索权"或"有限追索权"融资。在无追索权的 PPP 项目中，借贷人只能从社会资本的收入中获得报酬，而不对股权投资者进行追索。在有限追索权的 PPP 项目中，借贷人主要依靠社会资本的收入来偿还贷款，但对股权投资者有一定追索权。

D. 结构图

订约当局通过 PPP 合同与社会资本签订合同，并与贷方签订单独的"直接协议"（见第 6 部分，贷方的介入权利）。贷款人为社会资本提供资金，并为社会资本的资产提供偿还担保。贷款人还与施工承包商和运营维护承包商达成直接协议，根据 PPP 合同要求来建立和运营项目。直接协议通常由社会资本保存。股东/股权投资者拥有社会资本，通过股权和股东贷款向其提供资金（偿款由贷款人资助）。

E. 订约当局对"可融资性"的考虑

由于债务重组比例高，PPP 项目以外的债权偿还能力有限，第三方贷款人必须事先进行严格的尽职调查，来评估 PPP 项目的"可融资性"。想要使 PPP 项目具备可融资性，贷方需要确定社会资本有能力偿还因执行 PPP 项目而产生的债务。

实际上，这意味着社会资本的经营现金流量必须足够高，能够偿还债务以及认可的保证金，以弥补现金流量的变动风险。因此，贷款人需要关注偿付机制和任何可能对预期收入流产生不利影响的风险。在这个过程中，他们将评估 PPP 项目的技术和财务可行性，同时衡量到所有重大项目的风险以及如何在双方之间进行分配和管理。

以上事项也是股权投资者考虑的关键因素，他们的目的是保护投资，并确保社会资本能够创造足够高的收入，这些收入不仅能用来偿付债务，而且还能满足预期的股本回报。

从订约当局的角度来讲，PPP 项目的可融资性决定了缔约方是否能通过 PPP 采购基础设施。由于风险分配对银行业务至关重要，订约当局在组建 PPP 项目方面采取了有难度的平衡措施来确保 PPP 的可融资性，同时抑制适当程度之外的风险。这是起草 PPP 合同条款和进行谈判的重要考虑因素。贷款人在采购过程的早期阶段参与，特别是在竞标人存在竞争压力的情况下，使订约当局在签署 PPP 合同前能够了解并考虑可融资性。

F. 风险分配

PPP 项目安排的基本原则是，能够将项目实施相关的风险分配给最有管理能力或者最有激励能力的缔约方。需要确定哪个缔约方能够最好地管理这种风险发生的可能性，以及如何应对和管理实际情况中出现的风险。在评估可能出现的成本影响时，缔约方需要考虑到彼此承担此类费用的能力和成本影响对价格产生的相关作用，以及是否和如何抵消或转移成本影响（例如，通过保险增加向最终用户提供服务的价格，如公路收费，和/或通过纳税人分摊费用）①。如上文 E 部分所述，贷款人应该密切参与以上的分析，并且设计采购流程，将其银行可融资性的问题反映在投标建议书中（可能导致修改条款），以使订约当局能够在竞争过程中和签署 PPP 合同之前对可融资性问题进行评估。

如果能认真评估风险并转交给能够控制或减轻风险的缔约方，这将降低 PPP 项目的成本总体，从而提高订约当局的物有所值。因此，订约当局应考虑保留和管理那些不利于社会资本的定价或评估的风险，因为订约当局最适合管理这些风险。如此一来，订约当局能够避免向社会资本支付其必须承担的风险的溢价。

最重要的是，双方应努力在 PPP 协议中平衡合理地分配风险，为长期合作伙伴关系提供适当的基础。这非常关键，原因在于为了实现物有所值，大多数 PPP 合同需要运行很长一段时间，通常长达 15~30 年之久。由于长期而且常见的复杂性，无法在 PPP 合同中规定对整个项目周期中可能出现的事件的特殊保护措施。PPP 项目中的利益相关者需要确认的是，即使不能立即控制合同履约的情况，也能够达成相互接受的解决方案来处理问题。在降低不确定性的同时，应确保实现更大的物有所值，因为不确定性通常会吸引风险溢价（即社会资本将期望更高的价格/回报）。因此，PPP 合同需要具有灵活性，以便在商定的合同框架内尽可能地处理出现的变化。

由于主要是通过建立合同来实现风险分配，订约当局不仅要了解 PPP 合同的工作原理，还要了解其与相关项目协议的关系，以及订约当局所属的缔约方的任何其他文件（例如，贷款人的直接协议见第 6 部分，贷方介入权），或影响其义

---

① 进一步了解为什么将风险分配给特定缔约方，请参阅全球基础设施中心报告中的风险矩阵部分：2016 版 PPP 合同中的风险分配。请参阅附录部分，额外 PPP 资源中的链接。

务和责任的因素（如社会资本的债务和股权融资文件）。对于 PPP 合同本身，合同条款之间联系紧密，制约平衡，因此不能彼此孤立地看待，这就必须要求全面了解 PPP 合同。

需要注意的是，风险分配会受到各种因素的影响，包括市场的成熟度以及参与者的经验和投标者之间的竞争程度。由于新兴市场对股权投资者和贷款人越来越具有吸引力，也就更有竞争力。因此，一旦社会资本在国家/部门的 PPP 市场获得成功，新兴市场政府和承包机构就会将更多的风险转移给社会资本。

G. 其他 PPP 支付机制和风险分配

如上文 E 节所述，可融资性的关键在于支付机制及支付机制下的支付受到何种影响。支付机制的模式也可能影响到管理缔约方共同认可的风险的方式。社会资本可以通过三种途径来收取费用，包括向服务使用者收取费用，从订约当局处获得支付费用，或以上两种方式的组合。这些途径的共同特征是，支付取决于绩效。

"使用者付费"模式——在使用此支付机制的 PPP 项目中，社会资本向用户提供服务，并通过对该服务收费（例如某些收费公路）而产生收入。该费用（或关税或通行费）可以由订约当局发放的补助来抵消，补助可能是以绩效为基础的（例如，以能否提供特定质量标准的服务为依据），或以支出为基础（例如每个用户的花费）[1]。根据这种方式，社会资本及其借贷人承担与 PPP 项目相关的"需求风险"，即有多少用户将花钱使用该资产。双方可能还有一定的空间可以通过相应地增加用户费用和/或延长 PPP 合同期限来管理某些风险产生的相关费用。

"政府付费"模式——在使用此付费机制的 PPP 项目中，订约当局是社会资本的唯一收入来源。在社会资本对用户需求没有影响（例如在医院或监狱），或用户需求太低或不稳定以至于不能为 PPP 项目提供足够资金时，这种模式在 PPP 项目中更为常见。订约当局提供的报酬通常取决于社会资本能提供多少符合合同标准的资产或服务，无论使用情况如何，这通常被称为"可用性付费"。在这种方式中，社会资本及其借贷人面临着订约当局的信用风险，并会对其进行认真评估。

---

[1] 在某些辖区"用户支付"模式下的费用（或关税或通行费）也可以由订约当局提供的最低收入保证进行补充，以使项目具有商业可行性和可融资性。

H. 会计处理注意事项

对于采购 PPP 合同的政府而言，另外一个考虑因素是有利的会计处理，特别是处理"资产负债表"这样的投资的能力。然而，会计机构担心政府可能利用 PPP 来绕过支出控制（用预算中的公共投资来还清资产负债表中的债务），从而将风险转嫁到全球范围内，而实际上政府仍在承担着大量风险和或有负债。这一点使会计机构变得十分谨慎，也促使欧盟统计局、国际货币基金组织和国家会计委员会（例如澳大利亚）等机构开始采取措施，重点关注 PPP 合同下的总体风险/报酬平衡，以确定 PPP 合同是否应分类在政府资产负债表中。

例如，目前来讲，欧盟统计局要求欧盟各国政府遵循某些会计准则来处理 PPP 项目（ESA10）中的债务和赤字。这些问题的重点是如何在订约当局和社会资本之间分配施工风险、可用性风险和需求风险，以确定必须采用的会计处理。根据这些规则（本身已经引起一些争论），由于风险/报酬平衡原则，"用户自付"的 PPP 合同已经不再在资产负债表中，而根据风险分配，"政府支付"PPP 合同可能还存在资产负债表中。会计处理虽不是推动谈判方针的因素，也应是订约当局应注意的事项。

I. 国别和特定行业差异

如上所述，PPP 模式正日益成为政府在全球组建项目的方式。需要注意的是，PPP 项目的风险因项目所在国、项目性质和涉及的资产和服务而有所不同[①]。

例如，PPP 道路项目与 PPP 医院项目有很大的不同，PPP 医院项目也与 PPP 机场项目具有一些非常不同的特征。同样，PPP 国防项目很可能会涉及不同于其他行业的国家安全问题。关键在于了解这些差异，并根据相同的原则，将每种风险分配给能够始终如一地管理风险的缔约方，以便最大限度地发挥订约当局获得的价值（通过 PPP 项目提供的服务的总体成本和服务质量来衡量）。

在某些情况下，可以找到"标准"风险矩阵和风险分配样板的资源，来推进特定类型的项目。在鉴定特定 PPP 项目的项目风险时，这些资源可能是有用的。

---

① 例如，环境和社会风险（例如由于现有的潜在环境条件，对环境和/或当地社区造成损害的风险）根据 PPP 项目的具体性质以及其涉及的资产和服务而有所不同。因此，需要特别注意，找到这些风险及其影响，并将这些风险作为缔约方尽职调查的一部分进行评估。诸如风险分配这样的具体案例，请参见"全球基础设施中心报告：2016 版 PPP 合同中的风险分配"。例如，风险矩阵 1：收费公路（DBFO）和风险矩阵 2：机场（DBFO）中的环境和社会风险条目。请参阅附录部分，其他 PPP 资源中的链接。

然而，PPP 项目通常具有独有的特征或环境，例如，拟建道路的路线上的特定地质条件。此外，在既定的司法管辖下，发达 PPP 市场的典型风险分配可能不适用于新兴 PPP 市场。这意味着订约当局应聘用有经验的顾问来制定完整的项目风险清单，并仔细分析在每个 PPP 项目背景下如何分配这些风险①。

J. 不同法律体系下的 PPP 合同

英美法系和大陆法系是当今国家采取的两种主要的法律体系，另外一些国家的法律融合了两种法律体系的特点。从本质上来讲，在英美法系和大陆法系的司法管辖下，两种 PPP 合同分配风险的方法基本相同，但是起草这种风险分配的方法以及可协商的程度，可能因缔约方在达成定制的合同安排时享有的自由程度而有所不同。

在两种体系下，判定谈判自由的主要因素在于，适用的采购程序和规则是否限制了缔约方进行谈判的能力和其在招标过程中修改已经签发的 PPP 合同条款的能力，以及任何变更是否可能引起对采购的挑战或对腐败的指控。在制定 PPP 合同的条款时，订约当局应考虑到这个问题，并将合同加入到招标文件中，以避免 PPP 合同出现不可协商和失去可融资性的情况。

除了潜在的采购法中的限制因素外，基本的一般法虽然不会明确纳入相关的 PPP 合同，也可能影响或适用于 PPP 合同关系，在这种情况下，缔约方需要确认在这样的法律框架下，是否有可能和在何种程度上修改或放弃权利和义务（考虑到这也可能给第三方带来的影响，如用户）。根据这种分析的结果，缔约方可能希望明确地列出 PPP 合同隐含的法律条款，以增加合同的明确性。解决这些问题的方式将完全取决于司法管辖和有关的缔约方，并寻求专业的法律咨询，贷方将同样关注这个问题。

在英美法系制度中，缔约方通常享有广泛的合同自由，很少有合同条款中存在隐含的法律规定。司法裁决确定了先例，这些先例指导了合同纠纷的解决，也因此影响合同的起草。这种合同自由的一个影响是，任何合同都应明确规定合同中的安排。在 PPP 项目的背景下，PPP 合同本身应明确规定所有安排，这些决定了缔约方之间的关系。

---

① 对于部门具体的风险矩阵，请参阅"全球基础设施中心报告：2016 版 PPP 合同中的风险分配"。请参阅附录部分，其他 PPP 资源中的链接。

一般来讲，一切没有被法律或合同明确禁止的事项都是可以接受的。如果一个政府正在开展 PPP 计划，那么出于公共政策的原因，此政府可能希望某些保护措施能够纳入适用的法律和/或纳入 PPP 合同。例如，政府可能希望明确禁止服务提供商切断拖欠付款人的供水或供电，或限制社会资本向用户收取费用或关税的权利，以响应相关国际条约中规定的政府义务。在交易信息自由的情况下，政府也可能要求披露与交易有关的某些文件。

大陆法系是一个法典化的法律体系，一般来讲，它比英美法系的制度更具规范性。大陆法系的基本权利和义务载于总体宪法中，在总体宪法的框架下颁布具体法律法规（如行政和商业法律法规）。另外，在许多大陆法系管辖区，宪政的基本原则和其他行政法规能够影响从属于公共部门的各缔约方，并且"诚信"等广泛的义务也极大地影响了合同履约。一般来说，与英美法系中司法管辖区的司法裁决相反，大陆法系的立法法规对所有人都是有约束力的（尽管判例法可能与经济困难概念和不可抗力等方面有关联）。法典化的条款和基本原则可能隐含在大陆法系合同中，而非明确地体现在合同中。鉴于可以通过法律来纠正或解决差距或歧义，大陆法系一般不太强调明确规定合同双方关系的所有条款。因此，大陆法系合同通常不像同等的英美法系合同那么详细。

在任何管辖区内，所有缔约方需要了解基本的大陆法系的运作方式以及大陆法系如何潜在地影响缔约方的风险分配谈判，这点非常重要。PPP 合同通常属于行政法规，因此缔约方需要考虑适用于合同关系的行政法原则（例如以下情况：不可抗力权或缔约当权方自愿终止合同或权利，或者由于情况变化，遭受经济困难的社会资本的"经济重新平衡"或经济赔偿）。

通过合同来改变或超越行政法原则的行为可能是不合法的，也可能是合法的，这需要根据具体情况予以确认。一些大陆法系管辖区享有广泛的合同自由（例如荷兰）。然而，在其他司法管辖区，不太允许减损某些原则或完全放弃某些权利，所以缔约方在谈判中需要考虑到这一点。如果基本法律原则适用于合同，缔约方应考虑的问题是 PPP 合同设置的具体内容。一般来说，大陆法系越来越倾向于明确规定立场，使 PPP 合同清晰明了，而非依赖隐含的法律条款。这样做的部分原因在于，这更为英美法系司法管辖区的各缔约方所了解和熟悉，此外，由于某些条款和规则的含义可能不太清楚，如果依赖于相关法律可能会带来问题。另一种可能有效的替代方案就是在"PPP 合同"中明确规定如何适用相关的行政法原则。

K. 成功订立 PPP 合同的基础

允许 PPP 模式，并提供明确和透明的采购程序的法律和行政制度，这是至关重要的条件。没有这一条件，社会资本的缔约方不太可能投入时间和资源（财务和人事）来参与 PPP 项目采购过程，因为这个可能非常漫长，也可能面临失败的结果。在任何采购过程开始之前，英美法系和大陆法系司法管辖区的政府都需要考虑采取额外立法来推进和认可 PPP 协议，这包括确保缔约方具有签订 PPP 合同的法定权力和权力（即他们不会在超越其权力的情况下实施"超越"行为），并且在法律允许的情况下，以法律认可的形式来安排 PPP 项目。政府还要考虑是否需要进行具体立法来促进特定行业的 PPP 项目，或者（特别是在大陆法域管辖权的情况下）来突破基本法律的限制，虽然这种限制可能阻止或阻碍 PPP 项目的成功采购。这就要求在进行特定的立法时，评估潜在融资、税收和安全安排等带来的任何影响。

稳定的政治、经济和法律制度和环境也是不可或缺的因素。虽然相关风险可以根据 PPP 合同来管理，但对于某些私营缔约方来说，在政治、经济和法律环境不稳定的情况下，对 PPP 进行投资和贷款的风险可能太大，尤其是与其他投资或贷款机会相比。出口信贷机构和多边发展金融机构的加入，可以增强股权投资者和贷款人对某些司法管辖区的信任。这不仅是因为后者能在商业贷款和股权方面提供更有利的融资条件或类似政治风险保险这样的产品，还因为他们在政府层面的关系。同样，政府之间的双边投资条约也可能影响社会资本投资某些司法管辖区的决定。这些要素能够推动在这些管辖区内的谈判中设立一个均衡的 PPP 合同，但不能取代 PPP 合同。

L. 结论：采用具体项目方案的重要性

正如从本书一开始强调的，在订约当局制定和谈判 PPP 合同条款时，了解 PPP 项目的整体情况至关重要。风险分配能够直接影响银行的业务和定价，这决定了缔约方机构或用户是否负担得起 PPP 项目，PPP 项目能否获得社会资本的资助，以及最终是否可以通过完成 PPP 项目来提供资产和/或服务。PPP 合同和合同条款相互联系、相互作用，不能孤立地看待，因此"一刀切"的情况不存在。

本指南旨在帮助订约当局仔细评估自身 PPP 项目中的具体问题和制定合同条款的管辖权，对起草一些实质性条款的理由进行解释。这些条款已经成为全球许多 PPP 成功采购交易的基础，是承包机构、社会资本和贷方在进行详细的风险分配评估和协商后制定的。其目标是帮助订约当局自信且高效地对 PPP 项目的重要因素进行谈判，并减少谈判花费的时间和金钱，因为过度的金钱和时间投入可能最终导致无法负担 PPP，或者降低 PPP 合同的可行性。

1. 不可抗力

1.1　关键问题

1.1.1　不可抗力的概念

"不可抗力"原本是一个大陆法系概念，目前已经广泛应用于商业合同中，包括英美法系司法管辖下的法律。

不可抗力主要是指以下的事件或情况：

（1）不受缔约方控制的因素；

（2）使缔约方不能够履行合同义务的全部或部分实质性原因（即根本无法履行合同）。

1.1.2　为什么 PPP 合同包含不可抗力规定？

PPP 合同中关于不可抗力规定的目的是，遇到不可抗力事件时，在订约当局与其社会资本之间分配财务和时间方面的后果。由于不可抗力事件不在双方的控制范围之内，在管控此类事件或其后果的风险时，各方的情况都不容乐观，因此，缔约双方最初应达成假设：共同分担发生不可抗力事件的风险。

虽然这些规定通常是共同起草的，但社会资本是最容易受到不可抗力事件影响的缔约方，这就对订约当局提出了以下重要问题，这些问题是第 1 部分的重点：

（1）什么事件符合不可抗力事件的要求；

（2）在遭遇不可抗力事件时，是否以及如何补偿社会资本（例如，在社会资本遭受成本增加和/或收入损失时）；

（3）在遭遇不可抗力事件时，是否需要推迟 PPP 合同的关键时间点以及推迟多久；

（4）社会资本和订约当局是否可以免予履行 PPP 的义务以及承担相关后果（例如由于违约而终止合同的风险）；

（5）如果不可抗力事件持续了很长时间，是否应终止 PPP 合同，是否有任何终止赔偿。

1.1.3   与其他类型事件的关系

在传统的商业合同中，例如，在两个社会资本实体之间的合同，缔约方共同面对的不可抗力风险通常包括"上帝的行为"，如自然灾害和流行病（通常被称为"自然不可抗力"）以及"政治"事件，诸如一般罢工，国有化和公共部门拒绝授予许可证（通常被称为"政治不可抗力"）等。

在缔约一方为公共部门实体的长期 PPP 合同中，缔约各方应认真考虑 PPP 合同期间可能出现的政治不可抗力事件，以及决定如何分配每类风险。实际上，难以决定是否应由缔约方单独承担风险、双方共同承担风险，还是作为商业风险由社会资本来承担。如何承担风险完全取决于相关管辖区的情况、不可抗力事件的类型以及社会资本是否将风险损失纳入了投标报价中。例如，通常来讲，政治风险应由订约当局全权承担，包括蓄意的国家行为，如 PPP 项目的完全国有化。但战争事件中的风险承担应取决于相关的管辖权。如果几乎不可能发生任何形式的国内或国外战争，那么社会资本愿意将风险视为共同承担的不可抗力风险，且将风险损失纳入投标报价的可能性相对较低。然而，在不太稳定的司法管辖区内，战争风险较高，所以社会资本可能根本无法承担任何风险（或者替代方案是，将此类高价值风险损失纳入投标报价中，但 PPP 合同可能因此变得过于昂贵或甚至无法负担），在这种情况下，由订约当局风险来承担风险更为合适，或者可以将这种风险分类并单独处理，例如，内战归类为订约当局风险，国外战争归类为共同承担的不可抗力风险。

如果政治风险事件由订约当局承担，那么需要在制定合同条款中单独说明。在本指南中，此类事件被归类为"重大不利政府行为"（"MAGA"）事件，由专门的合同条款进行单独处理，如需更详细的解释，请参阅第 2 节"重大不利政府行为"。例如，菲律宾近期的 PPP 合同和非洲电力项目（如国际金融公司的赞比亚扩展太阳能计划）中也有一些相同类型的方案。

英美法系和大陆法系的差异

订约当局应将不可抗力条款与所谓的"困难条款"区分开来，不可抗力条款用来处理意外情况。在意外情况下，一方履行合同的任务变得更加繁重，但绝非不可能。这些来源于某些司法管辖区的法定的法律概念（如法国[①]），通常不会在

[①] 例如，在法国，如果不可抗力阻止合同的履行，可以免除受影响缔约方的义务。法国判例将不可抗力事件的特征定义为：①超出当事人的控制；②不可预见的和不可能克服的。

普通法合同中出现。

值得注意的是，大陆法系国家的 PPP 合同经常取消法定的困难条款，以法律有效的情况下达成合同风险分配的约定。目的是为缔约方提供确定性，也是适用管辖法律下的订约当局的建议做法。参见 PPP 的大背景，J 节。

在某些司法管辖区（如澳大利亚和英国），由于社会资本认为可能出现的政治风险的类型有限，可以通过不可抗力的共同风险规定来处理，因此，社会资本不需要特定的 MAGA 条款。同时，这些司法管辖区为订约当局或者社会资本单独规定条款来处理涉及风险分配的特定事件（如订约当局违反合同和法律变更）或社会资本[①]的具体事件。

在风险方面，没有绝对正确或错误的做法，基本原则仍然是一致的，应该将风险分配给最能控制和/或管理局面的缔约方，并且应以最清晰的方式处理 PPP 合同。

1.1.4 不可抗力和相关项目协议

社会资本及其借贷人需要详细审查不可抗力条款，并确保项目协议中的不可抗力条款反映了 PPP 合同（无论在定义方面还是后果方面）的规定。根据 PPP 合同，项目协议提供给分包商的不可抗力风险的保护不应大于社会资本所享有的（因此也称为"同等项目救济"）。这样做是为了在 PPP 合同条款的规定下，确保社会资本不会为分包商提供不可抗力事件的救济金。

在法国，行政法庭会执行困难原则（Imprévision），如果合同的情况发生了不可预见的变化（即不可预见的事件，超出缔约方的控制，对合同的经济平衡产生根本的影响），允许一方通过增加合同价格来获得赔偿。与不可抗力事件不同，在这种情况下必须履行合同。法国 PPP 合同规定，可以根据判例法采取执行困难原则，也可以明确规定导致社会资本索赔的财务限额。

英美法系与大陆法系的差异

在具有不可抗力基本法律概念的司法管辖区（通常为大陆法系国家），缔约方有可能减损不可抗力的法律定义，并且修改或制定自己定义的不可抗力，其影

[①] 这是一种区分方法，通常用来区分：一是使社会资本享有同样类型的完全救济（即成本报销和时间延长）的事件，有时称为"补偿事件"的事件；二是只允许社会资本延长履约时间的事件（称为"救济活动"）；三是"不可抗力事件"（这是一种共同分担的风险，但通常由于一些政治和自然不可抗力的风险而被视为救济或补偿事件，因此范围狭窄）。请参阅《澳大利亚红十字国际委员会指南》和《英国 PF2 指南》。

响可能有限，必须根据具体情况进行验证。例如，法国法律体系将不可抗力定义为超出缔约方控制、无法预测并且无法克服的事件。

在其他司法管辖区（通常是英美法系国家，也包括荷兰①），缔约方对不可抗力范围和发生事件后果的共同协商能力没有限制。

同样，如果 PPP 合同规定社会资本享有不可抗力的保护条件（如通知要求和提供支持信息的义务）时，这些条件需要反映在项目协议中。虽然这主要是涉及社会资本及其贷方的一个问题，但是缔约方有义务确保对此流程的要求已到位，以确保对 PPP 合同没有负面影响。另见第 2.1.4 节"重大不利政府行为"和第 3.1.4 节"法律变更"。

虽然遵循国际承认的施工合同中的不可抗力可能适用于一些 PPP 合同，但订约当局的出发点始终应该是 PPP 合同的适当风险分配，以及此后由高到低流入（而非由低入高）而产生的项目协议。这可能导致施工行业出现不同的标准形式，意味着施工分包也成为 PPP 合同的一种形式，并且根据具体的项目而有所不同。在 PPP 项目中，如果融资是基于有限的追索权，且 SPV 需要根据"项目协议"将 PPP 合同承担的风险转移给其分包商，从而产生"建设合同和运营维护协议"，与 PPP 合同共同存在，那么分包合同就是正确的做法。这种流向结构对 PPP 项目的可行性至关重要。

1.2 订约当局的重点考虑因素

1.2.1 定义"不可抗力"的事件或情况

1.2.1.1 自由合同——在起草和谈判不可抗力条款之前，合同授权机构需要法律顾问提供有关缔约方在 PPP 合同准据法限制契约自由的建议，以便界定 PPP 合同中不可抗力的概念和明确其后果。

新兴市场和发达市场的差异

这种全面的方法常见于大陆法系管辖的合同，并且可能更适用于新兴市场和不太稳定的 PPP 市场，这两类市场希望私人合伙人根据定义标准来处理此类事件可能更具挑战性。例如，如果国家本身的可用资源有限，那么这一国家可能比资源丰富的国家更加依赖外部供应链。

---

① 在荷兰，PPP 合同通常可以包括关于"不可预见事件"的法定权利的措辞。如果在法庭上能够对这种措辞进行检测，那么这种措辞可能是有说服力的。

1.2.1.2　不同的方法

定义不可抗力有两种主要方法：

方法 1：开放式全面定义，包括超出受影响方合理控制的所有事件，这类事件满足某些标准，如可预见性和可避免性，并阻碍受影响人执行。尽管采取这样的一般方法，在此定义下也常常列出被认为是不可抗力的具体事件，此类清单具有说明性，但并不详尽①。在一些司法管辖区，法院可能不会扩大缔约方的合同定义，以确保这些事件包含其中。见第 1.2.1.3 节和第 1.4 节，起草样本 1，第（1）条。

方法 2：具体事件或情况的详尽清单，此类清单上的事件（明确的或固有的）超出受影响方控制并阻碍其执行。这些事件通常包括政治事件（如战争、恐怖主义、罢工和抗议活动），在一定程度上可以将其视为共受风险；自然灾害事件（如地震、山体滑坡、洪水）② 以及核爆炸等事件。一个例子是荷兰模式，其中列出了不可抗力的有限事件列表，"英国 PF2 政策指南"（所列事件基本上不可靠）以及"澳大利亚基础设施 PPP 指南"也是如此。参见第 1.5 节，起草样本 1A，"不可抗力事件"的定义。

排除与资格：对于方法 1 和方法 2，对明确排除在不可抗力定义之外的事件或者只有达到一定程度才能够称为不可抗力的事件进行详细说明的情况并不罕见。在这种情况下，起草重点将转向什么情况不属于不可抗力事件，而不是什么情况属于不可抗力事件。例如，在定期发生某些自然事件（例如导致洪水的季节性降雨）的国家，以及拟定价格属于社会资本尽职调查责任的国家，应规定此类事件的程度，这样，只有符合不可抗力条件的"特殊"事件才符合标准（例如，每百年才发生一次的大规模洪水）。在某些司法管辖区，这可能有助于明确排除某些事件的理由，因为即使明确排除在各方之外，法院也有权将其视为不可抗力。

---

① 例如，缔约方可能想指定某些类型的恶劣和极端天气条件，以应对与气候变化有关的风险（与其具体项目有关），由于气候变化的影响可能越来越可预见，在大多数情况下，受影响方可能无法自行防范、避免或克服这些问题。然而，应该指出的是，目前还没有采用标准化方法来分配 PPP 项目中的责任来管理不可抗力与恶劣和极端的天气风险。同样地，缔约方应认真评估其 PPP 项目所在国家的法律制度是否允许在不可抗力条件下列入此类事件，如果不允许，社会资本是否可以通过各自投保来预防此类风险。另见第 1.2.1.4 节。

② 这也可能包括其他类型的恶劣和极端天气条件。在进一步具体说明此类事件时，缔约方可能希望特别处理与气候变化有关的风险（与其具体项目有关）。尽管如此，请参阅页下注①所述的警告。

特定部门也可能有特定要求。例如，如果 PPP 合同在战争期间执行，国防 PPP 项目可能会排除某些事件；如果社会资本打算处理一定程度的化学污染（如医院或国防工程），那么环境 PPP 项目或涉及化学处理的 PPP 项目也可能需要更狭义的定义。

无论选择哪种起草方法，首先，合同授权机构及其顾问必须认真考虑相关 PPP 项目的具体性质和具体情况，以确保该定义适用于该 PPP 项目（而不是简单地采用以前的 PPP 项目或其他部门或管辖区的定义），特别是考虑到不可抗力事件的后果和合同授权机构的潜在责任（例如需要持续付款或终止结果）时。

1.2.1.3　可预见性和可避免性——要确认不可抗力事件的资格，定义也可能要求事件是不可预见的，或者是不能合理避免的可以预见事件。各司法管辖区的情况各异，可能取决于潜在的法律概念或不可抗力事件列表的性质和范围。

1.2.1.4　保险——合同授权机构通常要求社会资本对实际项目风险（例如意外损坏、第三方责任）投保。在 PPP 的早期阶段，不可抗力的定义往往是基于特定事件是否可以投保。如果有特定政治或自然事件的保险，则不能被视为不可抗力。相反，"不能保险的"事件往往被视为不可抗力。目前，尽管在确定不可抗力事件和相关赔偿规定时，必须考虑缔约方在确定某些风险和承担相关保险费用的能力，但保险和不可抗力之间并不存在直接关系。由于社会资本能够对风险进行全面的保险（并将保费纳入其定价），将某些可保险事件从不可抗力定义中排除是合乎情理的。同样地，如果可保险事件可作为不可抗力事件，合同授权机构可能提供的额外救济将受到影响。支付的保险赔款[①]（除补偿第三方外）也可从终止款额中扣除。合同授权机构还应该预期到保险费用将反映在价格上——最终通过核准的关税或费用（"用者自付"模式）或合同授权机构本身（"政府支付"模式）由第三方使用者支付。

一般来说，不可保险性出现在单独的条款中，尽管一些管辖区可能不承认不可保险的概念，或由于存在一般法律规定，通常不会在合同中提及这一概念。详细内容请参见第 1.3 节和"不可保险性"的定义。

1.2.2　社会资本违约责任减免

如果不可抗力事件发生致使社会资本违约，合同授权机构可能会被要求考虑

---

① 或者，根据管辖权和保险人实际支付的时间。

社会资本是否有权获得救济。除了无法履行合同义务外，社会资本也可能需承担额外的费用，并在无法开始或继续提供服务的情况下造成收入损失。在施工阶段，延期完成也可能导致私人合作伙伴承担额外的融资成本（例如，施工期间的额外利息，或者必须重新安排其还款义务）。在执行期间很可能依旧会产生固定成本（特别是偿债成本），这可能无法实现，其财务状况可能受到重大影响。这取决于使用的支付方式为"用户自付"还是"政府支付"模式（参见 PPP 的大背景，G 节）。

不可抗力的根本原则是损失的存在，且缔约方应承担自己的费用和损害赔偿，但可采取不同的方法。合同授权机构应评估在多大程度上为社会资本支付赔偿金，以防止在不可抗力事件发生时项目或融资协议下拖欠款项（如继续支付可用性付款或其他赔偿），以及/或者如果要恢复 PPP 合同，可以弥补损失的收入和成本（例如通过延长执行期或增加关税）。

虽然典型的 PPP 合同明确地包括一些额外的救济（特别是在施工阶段发生的不可抗力事件），但是由于影响可能会有所不同，所以不可能预先知道在每个不可抗力事件发生后会发生什么（有些可能比其他不可抗力事件有更大或更长时间的影响）。实际上，如果发生不可抗力事件，缔约方将讨论如何促进 PPP 合同的持续执行（包括当时就任何额外的救济达成协议），并且总是包括反映此类合同的条款。参见第 1.5 节，起草样本 1A，第（4）条。

保险的可用性与救济的确定性（见第 1.2.1.4 节和第 1.3 节）相关，不可抗力事件必须在任何一方终止 PPP 合同之前发生。毫无疑问，在行使终止权之前，PPP 合同的周期可能更短，因为在出现不可抗力事件时，在合同中没有支付给社会资本的经济补偿。在这种情况下，应注意如果最后终止了合同，合同授权机构很有可能向社会资本支付赔偿金（例如至少等于未偿还高级债务的金额）。请参阅第 4 节，终止支付。

通常，要求对不可抗力事件进行救济的缔约方将有义务采取合理行动减轻其影响，并向另一方提供缓和战略。否则可能会影响其救济的权利。在某些情况下，缔约方可能会同意从缓解需求中排除某些措施。

在第 1.2.2.1 节到第 1.2.2.8 节讨论了救济措施类型。

1.2.2.1　违约责任减免——影响社会资本履行合同义务能力的不可抗力事件一般可以减少其在 PPP 合同规定中的义务，使社会资本不会违反合同，但是合同授权机构应确保仅在社会资本由于不可抗力事件直接造成其无法履行义务的情况下给予救济。参见第 1.4 节，起草样本 1，第（3）和（5）条，以及第 1.5 节，起草样本 1A，第（1）条。

在不可抗力事件持续的情况下，免除社会资本进一步履行其在 PPP 合同下的义务通常也可以被接受。参见第 1.4 节，起草样本 1，第（3）和（5）条，以及第 1.5 节，起草样本 1A，第（1）条。

1.2.2.2 违约赔偿救济——如果社会资本无法在施工阶段规定的时间（例如开始运营的预定日期）履行合同，其有义务向合同授权机构支付违约赔偿金，通常要明确其无法履行有关义务，在某种程度上是由于不可抗力事件。市场惯例是在 PPP 合同中明确规定此类救济。

1.2.2.3 延长执行时间——合同授权机构通常明确表示，如果社会资本由于不可抗力事件引起施工阶段延误，可以获得一定的延长时间。这将包括推迟社会资本完成 PPP 项目建设的日期（这种机制可以在另一个更广泛地涉及时间延长的条款中列出）。

1.2.2.4 提前完成增加融资成本——如果不可抗力拖延了 PPP 项目资产构成，社会资本将无法开展业务并开始赚取收入以履行偿债义务。这可能会产生额外的利息和承诺费用以及延期偿还其还款义务的费用。如果社会资本为应对这种风险增加了一些应急定价，这将对合同授权机构有重要的影响。近年来，某些司法管辖区的 PPP 合同（如荷兰）明确规定了这方面的赔偿，不同类型的债务和拖延时间可用于区分不同的运作方式。

1.2.2.5 持续可用性支付——根据"政府支付"模式（参见 PPP 的大背景，G 节），社会资本可能适当地分担风险，从而如同已经完全执行合同后继续获得支付，所获得的支付已经过调整数额以偿还服务费用（但不是因不履行合同或损失利润而可能产生的运营和维护节省的成本），或根本没有获得支付。这部分取决于保险的可用性（如业务中断保险）。另一种可能性是调整服务的绩效制度，以减少支付扣减。

1.2.2.6 关税增加——如果 PPP 合同有"用户自付"模式（见第 G 节，PPP 合同的背景），合同授权机构可通过增加相关费用或关税（例如水或废水网络的特许经营关税）补助社会资本增加的成本和损失的收入。合同授权机构需考虑这种方式所带来的所有社会和政治后果，特别是在经济形势可能不稳定的新兴市场，以及法律上有可能增加相关的费用或关税情况下[①]。PPP 合同可能预先规定解除社会资本设定相关费用或关税能力的限制，以便考虑到不可抗力事件造成的相关费用。然而，如果关税上涨是由总体管理制度所规定的，或者这些措施意味着高昂的政治风险，即使在 PPP 合同下有正当理由，也不可能增加关税。在这种情况下，合同授权机构必须以某种其他方式实施补偿。还应指出的是，贷方可考虑增加关税等补偿机制，以增加总体风险预测（例如，如果用户需求减少），并且贷方可能相应地倾向于由合同授权机构进行预付款。

1.2.2.7 执行期延长——在适当情况下，合同授权机构也可以延长执行期限，以便以不可抗力收入损失（或产生的费用）的方式赔偿社会资本。

新兴市场和发达市场差异

在不可抗力事件发生期间，支付赔偿的程度（根据付款机制扣除减免）可能因管辖区而异。在一些新兴市场中，在不可抗力事件期间进行额外付款并不常见，除非是在其控制范围内考虑的政治风险事件（即第 2.2.1 节所述的 MAGA 一类事件）。

在发达市场（特别是一些大陆法系国家），合同授权机构可能更愿意付款，但在英国等一些司法管辖区，PPP 合同更常见于私营合伙企业以确定其不能承担的特定风险（如挥发性原料价格），并明确当这些风险发生时提供经济救济。

1.2.3 终止

在许多 PPP 合同中，长时间的不可抗力事件（通常超过 6~12 个月）将触发任何一方终止 PPP 合同的权利，如果情况不太可能恢复正常，缔约方将无法在规定期限内就解决方案达成共识。

如第 1.2.2 节所述，在不可抗力事件持续期间，不向社会资本提供经济补偿的情况下，社会资本往往会很快使用其终止权利——通常是当不可抗力事件已经持续 180 天（6 个月）或更长时间时。参见第 1.4 节，起草样品 1，第（8）条和第 1.5 节，起草样品 1A，第（5）条。

新兴市场和发达市场差异

如果私人合伙人有能力在长时间的不可抗力事件的基础上终止 PPP 合同，合

---

① 较高的用户费用可能在商业上可行，但根据合同授权机构/政府所在缔约国的国际协定（例如《经济、社会、文化权利国际公约》《消除对妇女一切形式歧视公约》和《儿童权利公约》）。

同授权机构可能希望选择继续执行 PPP 合同，前提是私营合伙企业得到充分的补偿。例如，根据"澳大利亚基础设施 PPP 指南"和"英国 PF2 指南"，合同授权机构有权在指定期限结束后防止私营合伙企业在自身方面终止合同，就如同其已经完成了任务（属于可适用性风险缓解义务）。这种做法在更为成熟的 PPP 市场中更加常见。参见第 1.5 节，起草样本 1A，第（7）条。

如果某些自然风险是可投保的（并且可以合理地预期会被作为良好的操作实践用于保险），则合同授权机构可以在就此类事件不提供终止赔偿的谈判中胜出[或者根据获得的（或者是可获得的，见第 1.2.1.4 节）保险金额减少支付的费用]。这在一定程度上反映了第 1.2.1.2（b）条中提到的更发达市场的做法，其中这些类型的事件可能会被归类为私营合伙企业风险的"救济事件"，而且只能享受时间救济（但是没有终止权）。这当然取决于私营合伙企业及其贷方的风险评估。在 PPP 合同中应明确列明针对不同类型的不可抗力事件所讨论出的不同应对方法。

某些司法管辖区可以区分不可抗力事件在确定终止权利方面的类型。例如，根据"澳大利亚基础设施 PPP 指南"，合同授权机构可以在发生"不可抗力"事件之后的任何时间终止合同（因为合同授权机构为最后保险人）。见第 1.3.4 节。

1.2.4   确定不可抗力终止支付金额

如果 PPP 合同允许长时间不可抗力终止，通常规定，合同授权机构向社会资本支付赔偿金，从而反映出不可抗力不是缔约方过错的原则，也应分担经济方面的后果。这并不意味着合同授权机构应该支付"全额"赔偿（即偿还所有债务、股权和违约费用），因为这将导致合同授权机构承担全部经济困难。通常的支付金额会使社会资本失去其所有的预测股本回报（即其利润），但能够偿还其所有足以引起银行业关注的高级债务。见第 4.5 节，终止支付和第 4.7 节，起草样本 4，附表，第（3）条。

1.3   不可保险性

1.3.1   为何 PPP 合同包含不可保险性条款？

指南中第 1.2.1.4 节提到，合同授予方应考虑，在 PPP 合同中社会资本应有哪些保险。有关保险的可得性、费用以及购买相关保险的义务将与以下事件息息相关：如何分配某些事件（如不可抗力事件）的风险、就应收保险收益而言需扣除哪些终止赔偿款项。

股票投资者和债权人可通过 PPP 合同为社会资本寻求保护，防止受保人无法获得所需保险、保险范围变小或保险成本变高。如果没有明确的合同保护，社会资本的不可保险性风险将大大增加（社会资本也将违背自身职责，无法维持不可得的保险）。这很可能吸引保费定价（如果它确实是有利可图的），这取决于 PPP 项目的情况以及社会资本与债权人进行的风险评估。有些司法管辖可能在一般法的条款下就可以解决不可保险性的问题，而有些可能根本不承认不可保险性这一基本理念。因此，合同授予方应就相关合同条款与一般法律的相互影响问题咨询专家意见。

既然在 PPP 合同的谈判期间（如针对恐怖主义和蓄意破坏行为的保险），某一特定要求的保险存在不可保险性这一已知风险，我们可以通过制定专门应对这一点的合同条款解决这一问题。

1.3.2 "不可保险性"的定义

通常，不可保险性并不意味着完全不能获得保险，因此，这一词语具有一定的误导性。通常，关于某一特定风险，不可保险性的定义涵盖以下几点：

（1）国际保险市场中获得充分信用评级的保险公司或信誉良好的保险公司提供的保险具有不可保险性；

（2）在保险费高得离谱（远远超出昂贵的范畴）的情况下，例如，保险费已经高到在世界范围内的保险市场上，尽管保险公司信誉良好，相关国家的承包商通常也不会投保。

1.3.3 不可保险性的后果

谈判解决方案。不可保险性条款通常达到以下效果：如果根据商定的合同定义，一个特定的风险变得不可保险（且不是由社会资本的行为造成的），双方将协商采用令双方都满意的解决办法管理这一风险，否则，合同授予方将成为最后的保险人。同时，合同授予方将相应减少任何可用性付款，表明不再由社会资本支付保险费。第三方责任保险稍有不同，因为为使社会资本及其员工继续正常运营，需明确责任——合同授予方应有权选择接受风险本身或终止 PPP 合同（在不可抗力终止补偿的基础上）。

解除违约——合同授予方通常向社会资本减免保险与义务，但仅限于社会资本自身行为或疏忽并未导致保险不可用的情况。如果社会资本造成保险不可用，它将违反 PPP 合同，由于社会资本违约，很可能使合同授予方有权终止（参阅第

4 节，终止支付额）。

最后的保险人——如果合同授予方接受成为最后的保险人，它将对不可保风险的所有后果承担责任。因此，合同授予方管理转移风险的能力非常重要（例如，通过购买保险的政策本身或以其他方式管理潜在的成本影响）。合同授予方还应要求社会资本定期到保险市场（例如每三个月一次），了解该风险是否可以再次投保。

1.3.4　终止

如果合同授予方是最后的保险人，且不可保风险真实发生，PPP 合同应规定合同授予方可以终止（在不可抗力终止补偿的基础上，且如果适用，任何第三方的责任索赔金额）或赔偿社会资本一定费用，费用总额应相当于 PPP 合同未终止的应付保险收益。在澳大利亚的基础设施 PPP 指南中，只有不可保风险发生且为不可抗力事件时，合同授予方才有权终止（但它可以随时行使此权利）。

鉴于不可保险性超出了双方的控制，人们普遍认为，如果合同授予方终止合同，则给予社会资本一定程度的终止补偿，通常在与不可抗力终止补偿相同的基础上计算[①]。

1.4　样本起草 1

（开放式的术语定义，包括可预见性的概念）

不可抗力事件定义

（1）在这一 PPP 合同中，"不可抗力事件"是指以下任何事件、情况或二者的组合：

（a）事件、情况或二者组合超出了受影响一方的合理控制范围；

（b）具有不可预见性，即使可预见也不可预防、无法避免，受影响的一方采取一切合理预防措施、给予应有关注也无法克服；

（c）直接导致受影响的一方无法履行所有责任或无法履行 PPP 合同中本质部分的责任；

（d）并非由受影响一方违背自身职责直接造成，无论是对 PPP 合同中规定的职责还是对社会资本或其他任何项目协议中的职责都是如此（职责应符合准

---

① 更多关于发达市场中不可保险性和样本起草的详细信息，请参阅澳大利亚 PPP 指南，南非 PPP 指南和英国 PF2 指南。

据法）。

（2）只要符合以上条款（1）规定的标准，不可抗力事件包括但不限于以下情况：

（a）瘟疫、流行病和自然灾害，例如但不限于：风暴、飓风、台风、飓风、龙卷风、暴风雪、地震、火山活动、滑坡、海啸、洪水、雷击、干旱；

（b）火灾、爆炸或核、生物或化学污染（由社会资本、承包商或任何分包商、供应商或销售商疏忽造成的除外）；

（c）战争（无论是否宣战）、武装冲突（包括但不限于恶意攻击、封锁、军事禁运）、敌对行动、入侵、外敌行为、恐怖主义行为、破坏或盗版（所有情况都发生在国家外部）；

（d）内战、暴动起义和革命、军事夺权、暴动、骚乱或混乱、暴力、非暴力抵抗行为（所有情况都发生在国家外部）；

（e）放射性污染或电离辐射（发生在国家外部）；或

（f）一般劳动干扰，例如，抵制、罢工和封锁、怠工、占用工厂和住所，不包括 PPP 项目独有、针对社会资本或其分包商的相似事件（发生在国家外部）。

（3）发生不可抗力事件时，如果符合以下条款（4）的要求，受影响的一方应有权解除 PPP 合同中的责任。

（4）根据上述条款（3），为获得免责，受影响的一方必须：

（a）尽快采取措施，在了解到不可抗力事件已造成或可能造成 PPP 合同的违约后，在事件发生的几天（营业日）内，通知另一方，要求免除 PPP 合同中的相关责任，包括：

（i）令人信服的证据证明存在不可抗力事件；（ii）不可抗力事件性质的全部细节；（iii）不可抗力事件发生的日期；（iv）可能持续的时间；（v）为减轻不可抗力事件影响，已采取措施的细节。

（b）在收到上述（a）条款中提及通知的几天（营业日）内，向对方提供详细的责任免除信息，以及受影响一方为减轻不可抗力事件的后果采取的所有行动信息；

（c）向对方证明：

（i）尽管受影响一方及其承包商可能已经采取了合理措施，但他们不可能避免这类事件的发生及其导致的材料费用或不受任何影响；

（ii）不可抗力事件直接导致受影响方提出免除责任的要求；

（iii）受影响方不可能在不产生材料费用的同时减轻其要求免除的责任，包括替代服务来源的相关资源、设备材料和施工设备；

（iv）受影响一方尽全力履行 PPP 合同中受影响的责任。

（5）如果受影响方履行了以上条款（4）中的责任，则应免除其在 PPP 合同中由于不可抗力事件无法履行或延迟履行的责任。

（6）如果没有在以上（4）条款中要求的日期内提供信息，那么在信息延迟期间，受影响一方不享有任何免责权利。

（7）当不可抗力事件停止或不对受影响方履行 PPP 合同责任产生任何影响时，受影响一方应尽快通知另一方。一旦发出此通知，受影响方应立即像不可抗力事件发生前一样，继续履行 PPP 合同中的责任。

（8）长期不可抗力导致的终止。

（9）如果不可抗力事件连续存在超过 180~360 日历天，任何一方可自行决定向另一方发出书面终止通知，终止 PPP 合同，另一方收到该通知 30 天后则正式生效。在这 30 天内，如果不可抗力事件仍在继续，将根据条款"插入有关终止的相关条款引用"终止 PPP 合同，社会资本将有权获得条款"插入因不可抗力终止补偿的相关条款引用"规定的相关补偿。

1.5　样本起草 1 A

（详细列出具体事件，不包括可预见性的概念）

所需定义

"不可抗力事件"指 PPP 合同签订之后发生的以下事件：

（1）战争、内战、入侵、武装冲突、恐怖主义或破坏；或

（2）核污染、化学污染或生物污染，污染源或污染是私营合伙人或其分包商行为或违约所致的情况除外；或

（3）超音速飞行设备造成的压力波，这直接导致任何一方（受影响一方）无法履行其在 PPP 合同下的全部或实质性责任。

不可抗力的结果

（1）当一方由于不可抗力事件无法履行 PPP 合同责任时，另一方无权要求赔偿，也无权要求其赔偿因此带来的任何损失或损坏。当不可抗力事件引起任何"社会资本违约"情况时，为避免存疑［但不影响下文第（5）或（7）项］，合同

授予方无权终止 PPP 合同。

（2）在不可抗力事件持续期间，上述条款（1）中任何情况不得影响其中一方减免或由于（插入解决定价和支付机制的参考依据）而减免。

（3）一旦发生不可抗力事件，受影响一方应尽快通知另一方。通知应包括不可抗力事件的详细情况，对受影响方履行责任产生影响的证据以及任何旨在减轻其影响的行动。

（4）在接到通知后，双方应尽快进行友好协商，在双方的共同努力下商定达成合理条款，减轻不可抗力事件的影响，促使 PPP 合同尽快恢复正常法律效力。

（5）如果双方没有达成此类条款，或不可抗力事件持续 120 天后仍未停止，或不可抗力事件导致受影响方连续 180 多天无法履行 PPP 合同责任，那么，根据以下第（6）条款，任何一方可向另一方发出终止 PPP 合同的（30）天书面通知。

（6）如果根据上述第（5）条款或根据以下第（7）条款，PPP 合同终止：

（a）依照"插入不可抗力终止赔偿的参考条款"，合同授予方应支付补偿费用；及

（b）合同授予方可要求社会资本将其名义、利息和权利，以及"插入有关项目资产的被定义项"转让给合同授予方。

（7）如果社会资本根据上述条款（5）向合同授予方发出通知，要求中止 PPP 合同，则合同授予方既可接受这一通知，也可在收到通知的 10 天之内以书面方式回复另一方，要求继续执行 PPP 合同。如果合同授予方向私营合作者发出此类通知，那么：

（a）根据上述第（5）条款，从 PPP 合同终止之时起，应像提供插入服务的被定义术语时一样，合同授予方应向社会资本支付（插入可用性支付的被定义术语）；及

（b）合同授予方向社会资本发出终止 PPP 合同书面通知的有效期内（最少 30 天），PPP 合同不会终止。

（8）发生不可抗力事件后，双方应时刻想办法防止和减轻任何延误的影响，在不可抗力事件持续期间，受影响一方应采取一切符合行业操守的办法克服或减少不可抗力事件的不良后果。

（9）当不可抗力事件停止或不对受影响方履行 PPP 合同中的责任产生任何影响时，受影响一方应尽快通知另一方。一旦发出此通知，受影响方应立即像不可

抗力事件发生前一样，继续履行 PPP 合同中的责任。

2. 重大不利政府行为

2.1 关键问题

2.1.1 "重大不利政府行为"的概念

"重大不利政府行为"的概念适用于合同，如 PPP 合同，其中一方是公共部门实体或政府。"重大不利政府行为"一般包括以下几点：

（a）延迟或阻止社会资本履行其合同义务；和/或

（b）对社会资本的财务影响重大；

（c）在公共部门实体/政府控制之内，或相比社会资本，最好由公共部门实体/政府管理。

因此，与此类事件相关的风险由公共部门实体/政府分摊。

"重大不利政府行为"事件也被称为"政治风险"或"政治不可抗力"。如"第 1 节：不可抗力"所述，根据具体 PPP 项目情况，某些形式的政治不可抗力可视为不可抗力风险（或在某些情况下甚至是社会资本风险）。在本指南中，"重大不利政府行为"事件与"不可抗力"事件二者之间有着明确的区别，因前者而产生的风险被完全由订约当局承担，并且它们在各自的合同条款中被给予单独的处理。

2.1.2 为何 PPP 合同包含"重大不利政府行为"条款?

"重大不利政府行为"风险不在社会资本的控制范围内，但社会资本可能会受到其发生的不利影响。由于"重大不利政府行为"事件对社会资本履行其合同义务的能力有潜在的影响，因此，社会资本及其借贷人将仔细评估发生此类事件的风险，并在 PPP 合同下识别"重大不利政府行为"风险并将其摊派给订约当局。请参阅 2.2.1 部分。

由于社会资本对"重大不利政府行为"事件的发生或管理缺乏控制，将任何"重大不利政府行为"风险转移给社会资本可能会造成以下后果：①造成定价溢价（这可能使 PPP 项目无法负担），②使项目无法兑现。

因此，"重大不利政府行为"条款的目的是将某些商定类型的政治风险派给订约当局，处理发生此类风险的后果，并向社会资本提供适当的免责和补偿。

在某些成熟的稳定市场中，"重大不利政府行为"条款是不需要的，这是基于社会资本认同可能出现的"重大不利政府行为"风险是有限的，并可以通过不可抗力分担风险条款以及其他单独条款得到处理，这些单独条款所适用的具体事件中，风险是分派给订约当局的（如订约当局违约事件和法律变更事件）。然而，在澳大利亚，订约当局通过类似"重大不利政府行为"的制度接受了与环境/土著权利有关的某些风险。

若订约当局处于不够成熟的市场中，如果 PPP 合同包括"重大不利政府行为"条款以及不可抗力条款以确保 PPP 项目适用于社会资本，PPP 管辖可能会更为方便（在菲律宾最近的 PPP 项目中，就是这种情况）。在这些司法管辖区中列入特定的"重大不利政府行为"条款，可能是由于实际上或觉察到某些"重大不利政府行为"事件发生的可能性增加，或由于在很长一段时间内或在不受政治干扰的政治周期内管理成功的 PPP 合同方面缺乏记录。

2.1.3 与其他类型事件的关系

所有 PPP 合同都将包含有关订约当局负责的情况的规定，但这些规定根据具体的 PPP 合同和管辖权而有所不同。

即使包括在内，"重大不利政府行为"的条款也可能因为政治风险不同而采用不同结构。一些订约当局也将选择将诸如法律改变和订约当局违约等事件列入单独条款中处理，而其他订约当局则将这些事件列入"重大不利政府行为"条款。例如，《南非 PPP 指南》中纳入了一种类似"重大不利政府行为"型的规定，题为"不可预见的行为"，用于处理社会资本由于任何订约当局的不可预见的歧视性行动而导致的重大财政影响事件，包括法律变更（订约当局违约通常在单独条款中处理，本指南单独处理法律变更）。

因此，虽然并非所有 PPP 合同都包括"第 2.3 节：样本起草 2"中规定格式的"重大不利政府行为"条款，但关键是保证厘清 PPP 合同中的概念，分派风险，阐明后果，以确保清晰和可融资性。参见"第 1.1.3 节，不可抗力"和"第 3.1.3 节，法律变更"。

2.1.4 "重大不利政府行为"及相关项目协议

与不可抗力一样，各方需要考虑如何将"重大不利政府行为"规定纳入到其他项目协议，以保证社会资本在合同中的地位。参见"第 1.1.4 节，不可抗力"和"第 3.1.4 节，法律变更"。

2.2 订约当局的重点考虑因素

2.2.1 定义符合"重大不利政府行为"的事件或情境

2.2.1.1　明确事件列表——发生的"重大不利政府行为"事件的后果由订约当局承担，因此，订约当局应仔细考虑什么是符合要求的做法，以及如何使任何事件的风险最小化。建议列出一份有关事件详尽清单，这些事件的共同点是，其发生对社会资本履行其义务的能力，或对 PPP 合同下享有的权利，或对其财务状况有重大不利影响①。然而，应明确界定这种不利影响，以避免发生争端。参见第 2.2.1.3 节和"第 2.3 节，样本起草 2"的条款（1）和条款（2）。

2.2.1.2　事件——如"第 1 节，不可抗力"所述，政治风险之间的分界线（摊派给订约当局）和某些商业风险（由社会资本分摊）实际上很可能难以划分。通常认为，"重大不利政府行为"事件包括有关国家内的战争事件，以及蓄意的国家行为，如彻底国有化或征用 PPP 项目（包括经常进行的、长期的间接征用），以及宣布暂停国际支付和对货币兑汇的限制。"重大不利政府行为"还可能包括订约当局或其他公共实体没能成功授予许可证或遵守某些义务②。

除了这些更明显的政治事件外，还可能存在某些风险，导致成本增加，并超出社会资本的控制范围，可能带来政治方面的影响。例如，政治因素引起的罢工，这可能会促使当地的关键原材料价格飙升，或码头罢工，引起材料进口受阻。

值得注意的是，在所有的"重大不利政府行为"风险中，有一些更容易受到订约当局的控制，例如，由其控制或由其行动直接导致的事件比由更高层或更疏远的政府机构引起的事件要更好控制。然而，由于这些风险的性质使得它们不能或不会由社会资本承担（或将导致无法负担的定价），市场惯例是将这些风险摊派给订约当局。订约当局或许会觉得将"重大不利政府行为"事件分类为"故障"和"无故障"事件更好处理，即使这两类事件都处于风险中。

必须将 PPP 项目和管辖权的个别情况考虑在内，例如在供水部门 PPP 项目中的上游水污染的风险，或在距离某收费公路、港口或机场一定距离内修建一个功能上与之竞争、根据 PPP 合同进行运营的新公路（尤其是免费公路）、港口或机场所产生的风险。

---

①　有时也处于一个对应的位置，比如，南非 PPP 指南中"不可预见的行为"条款也处理此类事件，对社会资本的财务进行保护。
②　"重大不利政府行为"不包括订约当局/政府没能执行保证 PPP 项目顺利实施的法律。如果法律条件不到位，该 PPP 项目则不可能获得融资，社会资本也不会愿意花费时间和资源来竞标。如有必要，这类事件被当作 PPP 合同生效的前提条件来处理。

2.2.1.3 实质性——在定义"重大不利政府行为"事件时，订约当局还必须考虑相关类型事件的发生是否符合"重大不利政府行为"的定义要求，并是否会引发合同中阐明的后果。订约当局可能会就某一事件必须满足的某些标准达成一致，使社会资本享受获免责的权利。例如，这可以包括与事件对社会资本的影响有关的"实质性"门槛。然而，强烈建议订约当局明确界定任何阈值（例如参照PPP 项目财务模型所确定的具体货币价值），因为任何与实质性相关的不明确表述都将立即引起有关其意义的争论。这一条对于 PPP 合同中其他任何类似术语的使用同样适用。参见第 2.3 节，样本起草 2，条款（1）。

2.2.2 社会资本不履约引发的免责

与不可抗力一样，社会资本也会担心由于"重大不利政府行为"事件及其导致的收入损失，无法履行合同义务。在"第 1.2.2 节，不可抗力"中提及的不可抗力因素将与确定社会资本的获免责权利相关。然而，由于"重大不利政府行为"风险被分派给订约当局，市场惯例是社会资本应保持停留在该"重大不利政府行为"事件未发生前的位置。

PPP 合同通常规定，社会资本根据其受到"重大不利政府行为"事件影响的程度，有权免除违约责任和免除 PPP 合同中规定履行的义务（包括支付延迟违约赔偿金的要求）。如果该事件发生在施工阶段，则社会资本通常将在合同中有权延长关键日期，如开始运营的预定日期。参见第 2.3 节，样本起草 2，条款（3）~条款（5）。

PPP 合同也经常明确规定，社会资本将继续根据 PPP 合同从订约当局收到付款，如同仍在履约一样；支付机制下的相关扣减将暂停。

订约当局通常会接受赔偿社会资本的义务，并赔偿由于"重大不利政府行为"事件造成的损失和额外费用。这将包括任何因订约当局在"重大不利政府行为"事件之后可能没有持续支付而导致的收入损失（以及该事件下由于任何原因引起的融资成本），以及减轻和纠正"重大不利政府行为"事件影响的成本（即增加的 PPP 项目成本）。社会资本仍应有义务减轻其损失，与不可抗力条款规定一样，其免责权利应视其响应程度和是否履行减轻损失义务而定。参见第 2.3 节，样本起草 2，条款（5）和条款（6）。

如果 PPP 合同能够继续，订约当局可以通过关税增加和/或延长营业期限的谈判补偿社会资本。参见第 2.3 节，样本起草 2，条款（5）。

"重大不利政府行为"事件发生时遵循的程序与不可抗力情况类似。参见第 2.3 节，样本起草 2，第（4）条。

2.2.3　终止

与持续的不可抗力情形类似，如果"重大不利政府行为"事件持续超过一定时间（一般为 6~12 个月），则双方都有权终止 PPP 合同。参见第 2.3 节，样本起草 2，第（8）条。在 PPP 合同中有关这一点的论述在不同管辖内可能会有所不同。在菲律宾最近的 PPP 合同中，终止权利是通过将长期"重大不利政府行为"定义为订约当局违约事件来实现的。在某些司法管辖区，订约当局仅有权通过实施自愿终止来终止类似事件。

2.2.4　确定"重大不利政府行为"终止支付额

与向订约当局分配"重大不利政府行为"事件的风险一致，"重大不利政府行为"终止引发的向社会资本支付的金额通常略等于订约当局违约的终止支付。参见第 4.3 节，终止支付和第 4.7 节，样本起草 4，进度表，条款（1）。

订约当局可以根据特定的"重大不利政府行为"事件来协商不同级别的补偿。例如，在一些有明确错误的事件中（如直接征用或未批准许可证），有可能同意支付订约当局违约终止金额，而在其不明显处于其直接控制和影响范围内的事件中，同意支付较少数额（例如，至少仍然涵盖未清偿债务和贡献股本）。这将完全取决于单个 PPP 项目的具体适用情况。

2.3　样本起草 2

"重大不利政府行为"的定义

（1）就本 PPP 合同而言，"重大不利政府行为"是指订约当局或任何相关公共机构（如有必要须定义）的任何作为或不作为，或任何条款（2）下的事件，发生在本 PPP 合同的有效期范围内，并且直接使社会资本无法履行其在 PPP 合同项下的全部或部分义务，以及/或对其（成本或收入）（插入定义的条款）有"重大不利影响"。

在可能的情况下，应避免不明确的实质性条件，以尽量减少争议。如果使用"重大不利影响"的起草，建议参照指定的货币影响对其进行定义。如果"相关适用法律"还在其他文本中使用，如"法律变更"，须对其进行详细定义。请参见第 3.3 节。

（2）就上述第（1）款而言，任何作为或不作为的行为均应限于以下情况：

（a）在有关公共部门未能授予社会资本在 PPP 合约中履约和执行相关义务所需的通行证或许可证，上述情况均在"相关适用法律"的期限内，除非此类未授予事件是由于社会资本未履约"相关适用法律"所致；

（b）任何战争行为（不论宣战与否）、入侵、武装冲突或外国敌人的行为、封锁、禁运或革命［在（国家名称内）发生］；

（c）放射性污染或电离辐射，［污染源来自（国家名称）］；

（d）暴动、叛乱、民众骚动、恐怖活动、［在（国家名称）发生］；

（e）任何罢工、按章工作或怠工，不是出于对受影响方的行为的介入欲望，从而维护或改善受影响方的雇佣条件［在（国家名称）发生］；

（f）征收、强制收购或国有化社会资本的任何资产或权利，包括社会资本的任何股份；

（g）任何有关当局的任何作为或不作为对该 PPP 合约的合法性、效力、约束力或可执行性造成不利影响；及

（h）［加入有关 PPP 项目的任何特定项目，如建设某些竞争性基础设施（如与 PPP 收费道路相邻的免费公路）或污染事件］"重大不利政府行为"引发的后果。

（3）如果发生"重大不利政府行为"，社会资本应免除其 PPP 合同下规定的履约义务，即由于"重大不利政府行为"阻止、阻碍或延迟履行其义务的情况，及在本《PPP 合同》规定的每一种情况下，均应根据本条的规定（全部条款）获得相应赔偿。

（4）为根据以下第（5）款获得免责，社会资本必须：

（a）在社会资本意识到发生重大的不利政府行为后，应尽快（或在任何情况下的＿＿＿个工作日内），向订约当局发出关于其支付补偿的索赔通知和/或免除其在《PPP 合同》项下的义务的通知，此后，各方应真诚地考虑减轻"重大不利政府行为"影响的措施；

（b）在订约当局收到上述第（4）（a）款所述通知的＿＿＿个工作日内，详细说明重大不利政府行为，以及估计项目成本变化和/或任何收入损失及/或任何延迟履行及/或任何违反本《PPP 合同》项下的私人合作伙伴义务的情况；

（c）向订约当局表明：

i. 社会资本无法在零成本的情况下通过合理预期采取的行动避免此类事件发生或后果；

ii."重大不利政府行为"是估计项目成本变化和/或收入损失和/或延迟履行和/或违反本《PPP 合同》下社会资本义务的直接原因；

iii. 时间成本和/或根据《PPP 合同》所规定的义务豁免不能由社会资本减轻或恢复；以及

iv. 社会资本正在合理努力履行其在《PPP 合同》下的义务。

（5）如果社会资本遵守上述第（4）款规定的义务，则订约当局应：

a）补偿社会资本估计的估计项目成本变动，补偿应反映合理产生的实际成本（和收益损失）；

b）免除社会资本本《PPP 合同》所规定承担的义务，该做法在这种重大不利政府行为的情况下是合理的；

c）如果在（插入规定的建设期）期间发生了"重大政府不利行为"，并导致延迟实现（按预定的服务开始日期插入期限），则该日期应作合理的推迟。

（6）如果在上述第（4）款所述日期之后提供信息，则社会资本无权根据本《PPP 合同》获得延期、补偿或义务免责。

（7）如果订约当局和社会资本不能就任何补偿、延误或免除社会资本根据本《PPP 合同》所承担的义务方面达成一致，或订约当局不认可重大不利政府行为已经发生，则双方应根据条款（插入争议解决条款）来解决该问题。因长期"重大不利政府行为"而终止。

（8）如果"重大政府不利行为"持续超过（按日历）180~360 天，则一方可自行决定终止本 PPP 合同，并向另一方发出书面终止通知，该终止通知应在接收（按日历）30 日后生效。如果在此 30 个日历日结束时，重大不利政府行为依然继续，PPP 合同应根据条款（插入与终止相关的条款）被终止，而社会资本有权享受第＿＿＿条（插入提及"重大不利政府行为"终止的条款）规定的补偿。

3. 法律变更

3.1　关键问题

3.1.1　法律变更的概念

所有缔约方须依法行事，因此也须在履行其合同义务时考虑遵守适用法律所付出的成本、时间和产生的其他任何影响。长期合同中可能引入法律变更，这些变更在合同开始时无法预知。变更可能采取不同的形式，例如执行新的或修订的章程，或引入强制性的业务守则或新的具有约束力的判例法。根据适用的立法框架，这些变更在各司法管辖范围将会所不同。

3.1.2 为何 PPP 合同包含法律条款变更？

根据 PPP 合同，社会资本通常有义务明确遵守所有适用法律。它将根据在招标时对其已知情况的详细尽职调查（包括现有的法律环境），来评估其将如何履行义务和定价。任何风险或不确定因素都会引起相应的应急定价。

意外的法律变更可能导致社会资本完全或在某种程度上无法履行其合同义务，也可能使其推迟或以更高昂代价履行其合同义务。在无责情况下，私营合伙人可能会发现自己违反合同，且无法获得预期收入，同时还需要承担额外费用以符合变更。例如，若需要额外的基本建设工程（如为符合新的安全或环境标准，或为提供强制性的无障碍通道），法律的某些变更可能导致大额开支，且可能在实施过程中降低服务的全面性能。同样，可以征收附加税。

英美法系和大陆法系的差异

在没有具体合同条款的情况下，英美法系司法管辖范围内，法律风险变化完全属于社会资本的责任，因为其已承诺以指定价格提供指定的服务，且其义务范围和定价只能根据 PPP 合同进行变更。

在大陆法系管辖范围内，社会资本有时可能会依赖诸如困难条款等相关法律原则，从而减轻某些情况下的不利财务后果（见第 1.1.3 节，"不可抗力"）。然而，英美法系和大陆法系管辖范围的广泛市场惯例表明，社会资本不愿意在此基础上订立 PPP 合同，因为借贷人和股权投资者都要求就法律变更的潜在重大影响明确合同的确定性。

在英美法系和大陆法系管辖范围内的 PPP 合同包含明确规定在特定日期之后产生的某些法律变更风险分配的条款（通常与社会资本定价时相关），并在可预见性方面符合某些标准，这是市场惯例。他们也解决将如何管理法律变更后果的问题。他们不会（而且无法）阻止法律变更，制定法律是有关管理实体的特权。遵守新法律在影响社会资本履行其义务的能力的情况下，法律条款的变更通常会为社会资本提供减免合同违约的责任，并规定如何处理任何所需的合规成本或 PPP 合同范围内的必要变更。处理方式可能因法律变更类型和 PPP 项目情况而异。

3.1.3 与其他类型事件的关系

另一做法是单独变更法律条款，但要在另一条款中包括提供相关的赔偿/救济的规定。该条款提供了适用于订约当局所承担的各种风险的单一机制。例如，在澳大利亚、荷兰和美国某些市场均可见到此种做法。在这些地方，法律变更和某些其他的定义事件（有时称"补偿事件"）通常使社会资本享有同样的救济（即费用报销和时间延长①）。另请参阅第 1.1.3 节"不可抗力"和第 2.1.3 节"重大不利政府行为"。

由于法律变更也可能影响所提供服务的范围，因此 PPP 合同明确规定了缔约方可以讨论和协商此类事项并实施必要变更的机制。为避免重复，典型的做法是通过使用通常包括在内的为适应变更范围的变更程序来实现，而变更范围可由缔约方在 PPP 合同的正常订立过程中提出。

3.1.4　法律变更和相关项目协议

与 PPP 合同中的其他规定一样，根据项目协议，对法律变更的处理应确保社会资本无义务向其承包商提供更多比社会资本根据 PPP 合同所享有的保护。请参阅第 1.1.4 节"不可抗力"和第 2.1.4 节"重大不利政府行为"。

3.2　订约当局的重点考虑因素

任何协商法律条款变更的订约当局都有大量考量因素：

3.2.1　了解市场惯例

订约当局首先可以抵制向社会资本提供法律保护变更的想法。在这种保护看似优待，以及在其他缔约方似乎接受和管理风险的基础上，同一国家的其他企业和投资者并无法得到此种保护。然而，正如上文所述和下文更详细的说明中，在 PPP 调配中有这样的保护是有充分理由的。PPP 调配的主要目标是为社会资本获取包括来自国际参与者在内的长期基础设施融资。

3.2.1.1　缺乏定价灵活性——与其他可能会向客户转嫁增加成本的企业或那些由于合同期较短而看得到风险的企业不同，社会资本通常不具有相同的灵活性。其将在定价时有效的法律框架的基础上定价履行 PPP 合同，而 PPP 合同通常在"用户支付"和"政府支付"的支付模式中都包含商定的定价公式（见 G 节，PPP 合同背景），这将限制提高定价的能力。虽然这些公式通常会融入某种形式的指数化，指数化将反映一般成本通货膨胀，但指数化不会补偿法律变更引起的重大成本（如资本支出）。因此，除非根据"PPP 合同"的明确规定，否则社会资本将无法收回这些成本。

---

① 这是"不可抗力"部分第 1.1.4 节脚注中所述方法的一部分。

如第 1 部分"不可抗力"所强调的那样，即使支付机制是"用户支付"的费用或关税，那样可以将费用转移给设施的用户，但出于对公共政策（和客户保护）原因，订约当局很可能希望对任何价格上涨都有合同限制。反对简单地增加收费或关税的另一个考虑因素是，价格大幅上涨可能会削弱用户对服务的渴望，导致 PPP 项目收入低于社会资本在原始基本案例中的预测收入。

3.2.1.2　银行可融资性——社会资本及其借贷人的出发点是，法律变更是一种无法控制或管理的政治风险，因此风险应根据 PPP 合同向订约当局明确分配。即使订约当局对法律变更不负直接责任，社会资本也会（有一些理由）认为，作为政府的分支部门，订约当局承担风险是公平且更为合理的。

3.2.1.3　订约当局的成本——即使社会资本及其贷方愿意接受 PPP 长期合同中不利的法律变更风险，这种风险也需要定价到合同价格中（或关税）。定价这种风险很可能十分困难，而且若风险从未出现，则订约当局（或用户）最终订立的则是价格十分高昂的 PPP 合同。

从订约当局的角度来看，其接受的法律变更风险越多，便应当能够从社会资本那里获得越低价格的服务，而反过来社会资本又应当能够降低其应急定价。这需要与将法律变更风险转嫁给社会资本的明显益处进行权衡——其中应包括评估法律的大幅变更可能使社会资本在财务上无法根据 PPP 合同继续提供相关基础设施，或甚至无法获得融资和签署 PPP 合同的风险。

订约当局还应该牢记：法律条款的变更也可以起到对社会资本执行能力和/或其成本具有有益影响的作用，在这种情况下，订约当局也应受益（例如，如果降低或解除昂贵的健康和安全法律要求）。

3.2.2　定义"法律变更"

虽然几乎总是需要一定程度的法律变更保护，但是订约当局应该认真考虑法律条款变更的范围。起点是通过同意什么是法律（通常称为"适用法"）来界定"法律变更"，什么构成该法律的变更，这种变更必须已经发生的合格日期，以及在该日期之前的可预见性标准（即如果是"在公共领域"）。下文就讨论这些元素。

3.2.2.1　适用法律——订约当局及其法律顾问需认真考虑"适用法律"的定义，以及如何将其纳入其他定义（特别是"法律变更"的定义）。定义将取决于相关国家，因为法律的实施方式各不相同。关键原则是它应限于社会资本必须合法遵守的义务，包括：

● 立法（本身必须明确界定）；

● 判例法构成具有约束力的先例（例如在一些英美法系司法管辖范围内）；

英美法系与大陆法系的差异

根据管辖的范围，法律变更的定义也适用于对任何适用法律的解释或适用的任何修改。这在普通法司法管辖范围内尤为可能。请参见第 3.3 节、样本起草 3、所需的定义、"法律的改变"定义。

● 具有约束力的司法或行政命令或法令；

● 直接适用于各自管辖范围或已纳入其国内法的国际人权或环境条约；

● 社会资本必须根据 PPP 合同履行强制性行业准则；以及

● 国际公约（例如，在受到国际条约严格监管的部门，如机场）。订约当局将需要考虑这些条件是否符合，以及变更对社会资本的影响。请参阅第 3.3 节"样本起草 3""所需定义"和"适用法律"定义。

如果缔约方同意私人合伙人应遵守不具法律约束力的机构或行业标准或原则，PPP 合同通常会规定需要遵守的相关版本，例如，投标提交（或合同签名）日期的有效版本。任何变更通常都不属于"法律变更"或者被要求遵守。

适用法律的定义通常包括税法，尽管这有时被列为独立的分支。该定义不应包括在 PPP 合同中单独处理的政府审批或许可。请参阅第 2.2.1.2 节。

3.2.2.2　适用法律的变更——变更将通过参考适用法律的限定要素进行定义。在某些司法管辖范围内，即使适用法本身没有改变，适用法律的解释变更也可能对社会资本提供和运营 PPP 项目的能力产生重大影响，因此变更的定义应该考虑到这一点。

3.2.2.3　合格日期——社会资本在确定其定价和履行 PPP 合同义务的能力时，应已对法律框架进行彻底的了解。因此，法律变更只应包括在定价制定并提交的期间内不属于"公有领域"的变更。这个日期是关键，通常不会晚于投标提交日期。然而，若社会资本有机会在签署 PPP 合同之前修改其定价，以考虑到在过渡期间的法律变更，稍后的日期也可能是适当的。在提交投标书和合同签字之间时间较长的情况下，这一点尤为重要。在没有招标过程的情况下，同样需要确定适当的日期（可能是提交最终定价的日期或合同签字的日期）。由于定价未能在一夜之间确定，因此在某些司法管辖范围内，通常将此日期定在定价提交前的六周，以便允许定价在明确的基础上确定。请参阅第 3.3 节，"样本起草 3""所需定义""法律变更"定义，请参考"日期设定"。

3.2.2.4　变更意识——在相关时间将明确哪些法律变更属于"公有领域"的范畴需要逐件审议，因为立法过程因司法管辖范围而异。关于立法的基本原则是，在相关定价日期以草案形式通过的任何变更均属于公有领域，根据 PPP 合同，这些变更一旦通过，将不构成法律变更。在某些情况下，可能会使用其他"可预见性"标准——这些标准应尽可能客观明确。如果在拟议的法律变更对社会资本根据 PPP 合同承担的义务（例如，关于其制定时间或实际范围）的影响方面存在特别的关切或不确定性，则可在 PPP 合同中具体说明。请参阅第 3.3 节，"样本起草 3"、所需定义、"法律变更"定义，（b）部分。

3.2.3　不同的风险分配方式

新兴市场和发达市场的区别

在某些新兴市场中，私人合伙人可能期望订约当局承担各种形式的法律变更风险；而在其他新兴市场，私人合伙人可以接受一定的货币阈值，即到达其可接受任何法律变更风险的程度。

在更成熟的市场中，私人合伙人能够接受更大的法律变更风险，但是有可能期望订约当局在资产建立和运行后承担需要资本支出的一般变更风险，以及承担对私人合伙人、PPP 项目或提供的服务类型有歧视的变更风险。订约当局将需要考虑采用哪种方法，以实现负担能力、银行可贴现性和风险转移间的最佳平衡。

虽然订约当局可能在 PPP 项目开始时承担所有法律变更风险，但一旦在其管辖范围内建立了记录和/或法律环境，使私营部门对制度的稳定性和可预测性有更大的信心，获得新的 PPP 项目的当局可能会探索将部分风险转嫁给私人合伙人。请参阅第 3.3 节 "样本起草 3"。

分配法律变更风险有几种方法，但是订约当局与社会资本分担法律变更风险的能力将取决于有关管辖范围和行业的立法或监管波动的风险，以及市场成熟水平。在多大程度上可将所产生的任何增加的成本转嫁给第三方用户，也息息相关。请参阅第 3.2.3.4 节。

3.2.3.1　方法（a）：所有风险由订约当局承担——在某些市场中，订约当局通常承担法律变更的全部风险，并为社会资本提供充分救济。这可能是私人融资在其管辖范围内因上述银行贴现理由可提出的唯一途径。如第 3.2.1.3 节所述，这种风险分配也可使社会资本提供更具竞争力的价格，而无须应急定价。

新兴市场与发达市场的区别

订约当局将需要根据其管辖范围，考虑这种基本的风险分担方法是否物有所值，因为它可能导致应急定价。

3.2.3.2　方法（b）：基本风险由社会资本共担——社会资本与订约当局之间可分配法律变更风险的一种途径为设定最低成本门槛，一般按年度计算，若低于该门槛，社会资本将得不得赔偿。换言之，社会资本只有在有能力证明由于法律变更而产生的总成本在指定时间段内（例如，每个日历年）超过商定的门槛的情况下才有权获得赔偿。根据设定的适当门槛，这种方法通常可以被贷方所接受，因为它可使风险量化。与下述方法（c）不同，普通变更与歧视性变更没有区别（虽然税收立法变更可能需具有歧视性才符合）。菲律宾最近的 PPP 合同中便采用了这种方法，在第 3.3 节"样本起草 3"给出了相应例子。

确定明确的货币门槛比一些 PPP 合同中所看到的方法更好。在 PPP 合同中，"重要性"标准被包括在界定合法的法律变更中，但没有明确的货币门槛。这种方法没有为缔约方（或借贷人）提供确定性，除非明确界定，否则很可能有争议。该方法的实例请见第 3.3 节"起草样本 3"，条款（3）（c）和第 3.4 节，起草样本 3A，条款（3）（c）。

3.2.3.3　方法（c）：更为先进的风险共担——在过去二十年中，一些司法管辖范围出现了一种更为先进的法律变更风险共担的方法，并已成为标准化合同模板的一部分。该方法的其中一个版本载于第 3.3 节，起草样本 3A 中，并基于以下风险分配：

● 歧视性的法律变更——这些变更具有歧视性，因为它们适用于 PPP 项目，而不适用于类似项目；或适用于社会资本，而不适用他人；或适用于 PPP 运营商，而不适用于其他缔约方。

● 具体的法律变更——这些变更为具体影响提供与 PPP 项目服务相同或类似的服务，或影响提供此类服务的企业的股东的变更（订约当局将希望明确界定服务的性质）。

歧视性和具体的法律变更风险分配给订约当局，以解决社会资本关心的问题，即可能会通过具有以对预期股权回报产生不利影响的方式单独列出自身或基础设施的私人经营者的效应的法律。例如，有可能是引入仅适用于其项目或仅适用于其业务的税收或附加费，因为它是由社会资本经营；或有可能实施更为重要的环境法规，而这些法规不对同类资产的公营部门经营者施加。

新兴市场与发达市场的区别

在这种更为先进的风险分担方法下，私人合伙人将承担适用于所有企业的一些一般业务风险。一般认为对订约当局更为有利，但这种做法可能无法在每一个司法管辖范围都可行，而且应该根据具体情况考虑。

即使在使用这种方法的市场中，由于 PPP 项目的性质和适用法律和监管制度的解决程度，这种风险分配有时也无法完全实现。

● 一般法律变更要求经营期间的资本支出——这些都是法律的一般变更（即不包括法律的歧视性变更和法律的具体变更），这要求社会资本在运营期间完成施工后投入资本支出。这些变更的风险也分配给订约当局，因为一旦 PPP 项目投入运作并建立相关资产后，社会资本便无法吸收潜在的重大成本。

● 任何其他的法律变更——包括在施工期间引发资本支出（但不包括上述类别）的变更。在 PPP 合同期间，这些变更在私有合作伙伴能够管理和吸收任何价格影响的基础上，分配给社会资本。然而，在施工阶段转移需要资本支出的变更风险的能力将取决于施工期的长短和法律制度的可预测性。特别长期和/或不太稳定的制度可能致使其不可行，并且可能需要不同的风险分配。

3.2.3.4 方法（d）：所有风险由社会资本承担——这种做法非常不寻常，只有在非常稳定的合法稳定市场中，社会资本可以通过收费或关税法合法地将任何增加的成本转嫁给第三方用户（即"用户自付"模式）且对用户需求没有不利影响时，这才有可能实现（见 G 节，PPP 合同背景和第 1.2.2.6 节）。即使如此，某些具有法律效力变更的事件仍然可能在 PPP 合同的其他地方得到具体处理（诸如没收和其他 MAGA 类型事件的歧视行为）。

若 PPP 项目允许社会资本将法律变更的费用转移给最终用户，则订约当局给社会资本的保护应该更加有限。

3.2.4 救济和赔偿

避免违约——社会资本应受到保护，从而避免违约，保护程度为法律变更阻止或推迟其履行义务，但不承担风险，以及 PPP 项目范围的变化需要符合法律变更（在这种情况下，PPP 合同应该包括一个实施此种变更的机制，例如通过订约当局要求的变更)①。请参阅第 3.3 节样本起草 3，条款（1）、（2）及（3）。

英美法系和大陆法系的差异

在大陆法系的司法管辖范围内，通常有一个具体的终止事件，其中 PPP 合同的执行将导致订约当局变更无法弥补的违法行为。

这在没有明确的法律框架的普通法司法管辖范围内不常见，因为私人合伙人和其借贷人认为，法律变更极不可能导致如此严重的后果，而不用让政府负责。

成本补偿——PPP 合同将需要阐明如何实施社会资本有权获得的任何补偿。这将取决于支付模式，但可能包括：

（a）提高订约当局支付的可用性费用；

（b）最终用户支付的通行费或关税的许可增加；

（c）降低社会资本应付的费用（如适用）；

（d）订约当局一次性向社会资本付款；或

（e）延长 PPP 合同期限。

延长执行时间——若在施工阶段发生事件，社会资本通常有权延长关键截止日期，例如开始运营的预定日期，任何延误均可归咎于法律变更。

缓解——私营合伙人应被要求减轻与法律变更相关的任何费用负担或延误程度。请参阅读第 3.3 节"样本起草 3"，第（2）及（3）条。

如果终止条款被认为是必要的，类似的推理适用于订约当局违约和 MAGA 事件，导致相同的赔偿计划。请参阅第 3.3 节"起草样本 3"，第（5）条和第 3.4 节，起草样本 3A，第（5）条和第 4 节，终止支付和第 4.7 节，起草样本 4，附表，第（1）条。

---

① 在某些司法管辖范围内，由于所涉及的服务类型，社会资本可能会受到一般法律规定的"公共服务义务"的要求，这些法律要求服务的连续性（例如在法国）。在适用的情况下，缔约方在起草/谈判救济条款时应牢记这一点。

所需定义"适用法"	在某些司法管辖范围内，由于所涉及的服务类型，社会资本可能会受到一般法律规定的"公共服务义务"的要求，这些法律要求服务的连续性（例如在法国）。在适用的情况下，缔约方在起草/谈判救济条款时应牢记这一点
"法律变更"	是指在［设定日期］后的任何以下事件： （a）颁布新的适用法律；（注：该日期将是提交投标前的一段时间，但通常不晚于投标日期。见下述讨论 3.2.2.3 节） （b）废除，修改或重新制定现行适用法律；和/或（注：（Ⅰ）定义和分述——(iii)已经（b）要符合"适用法"的定义，以避免争论或迂回，也需要反映相关司法管辖范围的立法过程） （c）任何适用法律的解释或适用变更，从而 （i）对（一）缔约方履行 PPP 合同规定的义务或（二）"基本案例权益内部收益"的能力产生不利影响；且 （ii）（插入适用的立法出版源），其并非（作为法律草案出版）或在设定日期生效。（适应"公有领域"）
预估项目成本变化	是指预计建设成本、运营成本以及融资成本的增加或减少

（其余内容略）

政府和社会资本合作项目财政承受能力论证指引

第一章 总则

第一条 根据《中华人民共和国预算法》《国务院关于加强地方政府性债务管理的意见》（国发〔2014〕43 号）、《国务院关于深化预算管理制度改革的决定》（国发〔2014〕45 号）、《国务院关于创新重点领域投融资机制 鼓励社会投资的指导意见》（国发〔2014〕60 号）、《财政部关于推广运用政府和社会资本合作模式有关问题的通知》（财金〔2014〕76 号）和《财政部关于印发政府和社会资本合作模式操作指南（试行）的通知》（财金〔2014〕113 号）等有关规定，制定本指引。

第二条 本指引所称财政承受能力论证是指识别、测算政府和社会资本合作（Public–Private Partnership，PPP）项目的各项财政支出责任，科学评估项目实施对当前及今后年度财政支出的影响，为 PPP 项目财政管理提供依据。

第三条 开展 PPP 项目财政承受能力论证，是政府履行合同义务的重要保障，有利于规范 PPP 项目财政支出管理，有序推进项目实施，有效防范和控制财政风险，实现 PPP 可持续发展。

第四条 财政承受能力论证采用定量和定性分析方法，坚持合理预测、公开透明、从严把关，统筹处理好当期与长远关系，严格控制 PPP 项目财政支出规模。

第五条 财政承受能力论证的结论分为"通过论证"和"未通过论证"。"通过论证"的项目，各级财政部门应当在编制年度预算和中期财政规划时，将项目财政支出责任纳入预算统筹安排。"未通过论证"的项目，则不宜采用 PPP 模式。

第六条 各级财政部门（或 PPP 中心）负责组织开展行政区域内 PPP 项目

财政承受能力论证工作。省级财政部门负责汇总统计行政区域内的全部 PPP 项目财政支出责任，对财政预算编制、执行情况实施监督管理。

第七条 财政部门（或 PPP 中心）应当会同行业主管部门，共同开展 PPP 项目财政承受能力论证工作。必要时可通过政府采购方式聘请专业中介机构协助。

第八条 各级财政部门（或 PPP 中心）要以财政承受能力论证结论为依据，会同有关部门统筹做好项目规划、设计、采购、建设、运营、维护等全生命周期管理工作。

第二章　责任识别

第九条 PPP 项目全生命周期过程的财政支出责任，主要包括股权投资、运营补贴、风险承担、配套投入等。

第十条 股权投资支出责任是指在政府与社会资本共同组建项目公司的情况下，政府承担的股权投资支出责任。如果社会资本单独组建项目公司，政府不承担股权投资支出责任。

第十一条 运营补贴支出责任是指在项目运营期间，政府承担的直接付费责任。不同付费模式下，政府承担的运营补贴支出责任不同。政府付费模式下，政府承担全部运营补贴支出责任；可行性缺口补助模式下，政府承担部分运营补贴支出责任；使用者付费模式下，政府不承担运营补贴支出责任。

第十二条 风险承担支出责任是指项目实施方案中政府承担风险带来的财政或有支出责任。通常由政府承担的法律风险、政策风险、最低需求风险以及因政府方原因导致项目合同终止等突发情况，会产生财政或有支出责任。

第十三条 配套投入支出责任是指政府提供的项目配套工程等其他投入责任，通常包括土地征收和整理、建设部分项目配套措施、完成项目与现有相关基础设施和公用事业的对接、投资补助、贷款贴息等。配套投入支出应依据项目实施方案合理确定。

第三章　支出测算

第十四条 财政部门（或 PPP 中心）应当综合考虑各类支出责任的特点、情景和发生概率等因素，对项目全生命周期内财政支出责任分别进行测算。

第十五条 股权投资支出应当依据项目资本金要求以及项目公司股权结构合

理确定。股权投资支出责任中的土地等实物投入或无形资产投入，应依法进行评估，合理确定价值。计算公式为：

第十六条 运营补贴支出应当根据项目建设成本、运营成本及利润水平合理确定，并按照不同付费模式分别测算。

对政府付费模式的项目，在项目运营补贴期间，政府承担全部直接付费责任。政府每年直接付费数额包括：社会资本方承担的年均建设成本（折算成各年度现值）、年度运营成本和合理利润。计算公式为：

对可行性缺口补助模式的项目，在项目运营补贴期间，政府承担部分直接付费责任。政府每年直接付费数额包括：社会资本方承担的年均建设成本（折算成各年度现值）、年度运营成本和合理利润，再减去每年使用者付费的数额。计算公式为：

当年运营补贴支出数额=

$$\frac{\text{项目全部建设成本} \times (1+\text{合理利润率}) \times (1+\text{年度折现率})n}{\text{财政运营补贴周期（年）}} + \text{年度运营}$$

成本 $\times (1+\text{合理利润率}) -$ 当年使用者付费数额

n 代表折现年数。财政运营补贴周期指财政提供运营补贴的年数。

第十七条 年度折现率应考虑财政补贴支出发生年份，并参照同期地方政府债券收益率合理确定。

第十八条 合理利润率应以商业银行中长期贷款利率水平为基准，充分考虑可用性付费、使用量付费、绩效付费的不同情景，结合风险等因素确定。

第十九条 在计算运营补贴支出时，应当充分考虑合理利润率变化对运营补贴支出的影响。

第二十条 PPP 项目实施方案中的定价和调价机制通常与消费物价指数、劳动力市场指数等因素挂钩，会影响运营补贴支出责任。在可行性缺口补助模式下，运营补贴支出责任受到使用者付费数额的影响，而使用者付费的多少因定价和调价机制而变化。在计算运营补贴支出数额时，应当充分考虑定价和调价机制的影响。

第二十一条 风险承担支出应充分考虑各类风险出现的概率和带来的支出责任，可采用比例法、情景分析法及概率法进行测算。如果 PPP 合同约定保险赔款的第一受益人为政府，则风险承担支出应为扣除该等风险赔款金额的净额。

比例法。在各类风险支出数额和概率难以进行准确测算的情况下，可以按照项目的全部建设成本和一定时期内的运营成本的一定比例确定风险承担支出。

情景分析法。在各类风险支出数额可以进行测算，但出现概率难以确定的情况下，可针对影响风险的各类事件和变量进行"基本""不利"及"最坏"等情景假设，测算各类风险发生带来的风险承担支出。计算公式为：

风险承担支出数额＝基本情景下财政支出数额×基本情景出现的概率＋不利情景下财政支出数额×不利情景出现的概率＋最坏情景下财政支出数额×最坏情景出现的概率

概率法。在各类风险支出数额和发生概率均可进行测算的情况下，可将所有可变风险参数作为变量，根据概率分布函数，计算各种风险发生带来的风险承担支出。

第二十二条　配套投入支出责任应综合考虑政府将提供的其他配套投入总成本和社会资本方为此支付的费用。配套投入支出责任中的土地等实物投入或无形资产投入，应依法进行评估，合理确定价值。计算公式为：

配套投入支出数额＝政府拟提供的其他投入总成本－社会资本方支付的费用

第四章　能力评估

第二十三条　财政部门（或 PPP 中心）识别和测算单个项目的财政支出责任后，汇总年度全部已实施和拟实施的 PPP 项目，进行财政承受能力评估。

第二十四条　财政承受能力评估包括财政支出能力评估以及行业和领域平衡性评估。财政支出能力评估，是根据 PPP 项目预算支出责任，评估 PPP 项目实施对当前及今后年度财政支出的影响；行业和领域均衡性评估，是根据 PPP 模式适用的行业和领域范围，以及经济社会发展需要和公众对公共服务的需求，平衡不同行业和领域 PPP 项目，防止某一行业和领域 PPP 项目过于集中。

第二十五条　每一年度全部 PPP 项目需要从预算中安排的支出责任，占一般公共预算支出比例应当不超过 10%。省级财政部门可根据本地实际情况，因地制宜确定具体比例，并报财政部备案，同时对外公布。

第二十六条　鼓励列入地方政府性债务风险预警名单的高风险地区，采取 PPP 模式化解地方融资平台公司存量债务。同时，审慎控制新建 PPP 项目规模，防止因项目实施加剧财政收支矛盾。

第二十七条 在进行财政支出能力评估时，未来年度一般公共预算支出数额可参照前五年相关数额的平均值及平均增长率计算，并根据实际情况进行适当调整。

第二十八条 "通过论证"且经同级人民政府审核同意实施的 PPP 项目，各级财政部门应当将其列入 PPP 项目目录，并在编制中期财政规划时，将项目财政支出责任纳入预算统筹安排。

第二十九条 在 PPP 项目正式签订合同时，财政部门（或 PPP 中心）应当对合同进行审核，确保合同内容与财政承受能力论证保持一致，防止因合同内容调整导致财政支出责任出现重大变化。财政部门要严格按照合同执行，及时办理支付手续，切实维护地方政府信用，保障公共服务有效供给。

第五章 信息披露

第三十条 省级财政部门应当汇总区域内的项目目录，及时向财政部报告，财政部通过统一信息平台（PPP 中心网站）发布。

第三十一条 各级财政部门（或 PPP 中心）应当通过官方网站及报刊媒体，每年定期披露当地 PPP 项目目录、项目信息及财政支出责任情况。应披露的财政支出责任信息包括：PPP 项目的财政支出责任数额及年度预算安排情况、财政承受能力论证考虑的主要因素和指标等。

第三十二条 项目实施后，各级财政部门（或 PPP 中心）应跟踪了解项目运营情况，包括项目使用量、成本费用、考核指标等信息，定期对外发布。

第六章 附 则

第三十三条 财政部门按照权责发生制会计原则，对政府在 PPP 项目中的资产投入，以及与政府相关项目资产进行会计核算，并在政府财务统计、政府财务报告中反映；按照收付实现制会计原则，对 PPP 项目相关的预算收入与支出进行会计核算，并在政府决算报告中反映。

第三十四条 本指引自印发之日起施行。

上海证券交易所政府和社会资本合作 (PPP) 项目资产支持证券信息披露指南

第一章 总 则

第一条 【制定依据】为规范发展政府和社会资本合作项目（以下简称 PPP 项目）资产证券化业务，便于管理人和原始权益人等参与机构开展业务和加强风险管理，保护投资者合法权益，促进资产证券化业务健康发展，根据《中共中央 国务院关于深化投融资体制改革的意见》（中发〔2016〕18 号）、《证券公司及基金管理公司子公司资产证券化业务管理规定》（证监会公告〔2014〕49 号，以下简称《管理规定》）、《国家发展改革委 中国证监会关于推进传统基础设施领域政府和社会资本合作 (PPP) 项目资产证券化相关工作的通知》（发改投资〔2016〕2698 号）、《财政部 中国人民银行 中国证监会关于规范开展政府和社会资本合作项目资产证券化有关事宜的通知》（财金〔2017〕55 号）、《上海证券交易所资产支持证券挂牌条件确认业务指引》（上证发〔2017〕28 号）等相关规定，制定本指南。

第二条 【产品定义】 本指南所称 PPP 项目资产支持证券，是指证券公司、基金管理公司子公司作为管理人，通过设立资产支持专项计划（以下简称"专项计划"）开展资产证券化业务，以 PPP 项目收益权、PPP 项目资产、PPP 项目公司股权等为基础资产或基础资产现金流来源所发行的资产支持证券。

PPP 项目收益权是在基础设施和公共服务领域开展政府和社会资本合作过程中，社会资本方（项目公司）与政府方签订 PPP 项目合同等协议，投资建设基础设施、提供相关公共产品或服务，并依据合同和有关规定享有的取得相应收益的权利，包括收费权、收益权、合同债权等。PPP 项目收益主要表现形式为使用者付费、政府付费或可行性缺口补助等。

PPP 项目资产是在基础设施和公共服务领域开展政府和社会资本合作过程中，社会资本方（项目公司）与政府方签订 PPP 项目合同等协议，并依据合同和有关规定享有所有权或用益物权的项目设施或其他资产，包括项目公司运营所需的动产（机器、设备等）、不动产（土地使用权、厂房、管道等）等。

PPP 项目公司股权是在基础设施和公共服务领域开展政府和社会资本合作过程中，社会资本方出资组建项目公司开展 PPP 项目的实施，并依据股东协议和项目公司章程等享有的资产收益、参与重大决策和选择管理者等权利。

第三条 【适用范围】 本指南适用于社会资本方（项目公司）作为原始权益人的 PPP 项目资产支持证券在上海证券交易所（以下简称"本所"）挂牌转让的信息披露专项要求。在《国家发展和改革委员会关于开展政府和社会资本合作的指导意见》（发改投资〔2014〕2724 号）及《关于推广运用政府和社会资本合作模式有关问题的通知》（财金〔2014〕76 号）发布以前已按照 PPP 模式实施并事先明确约定收益规则的项目开展资产证券化，以及其他 PPP 项目主要参与方，如提供融资的融资方、承包商等，以与 PPP 项目相关的基础资产或基础资产现金流来源开展资产证券化，在本所挂牌转让的，参照本指南执行。

第四条 【信息披露责任】 管理人及其他信息披露义务人应当按照《管理规定》《证券公司及基金管理公司子公司资产证券化业务信息披露指引》《上海证券交易所资产证券化业务指南》、本指南的规定以及计划说明书的约定履行信息披露义务，及时、公平地披露可能对资产支持证券产生重大影响的信息，并保证所披露的信息真实、准确、完整，不得有虚假记载、误导性陈述或者重大遗漏。

本指南所称其他信息披露义务人包括但不限于托管人、律师事务所、资信评级机构、资产服务机构、现金流预测分析机构、不动产评估机构等。

第五条 【信息披露渠道】 资产支持证券在本所挂牌转让的，管理人及其他信息披露义务人应当在信息披露日前将披露文件报送本所。本所于信息披露当日通过本所网站或以本所认可的其他方式向合格投资者披露信息。

本所对管理人及其他信息披露义务人披露的信息进行形式审核，对其内容的真实性不承担责任。

第六条 【信息保密义务】管理人、其他服务机构及登记托管机构等相关知情人在信息披露前不得泄露拟披露的信息。

第二章　发行环节信息披露

第七条 【PPP 项目情况——PPP 项目收益权】专项计划以 PPP 项目收益权作为基础资产的，计划说明书除按照资产支持证券一般要求进行编制和披露外，还应披露包括但不限于下述关于 PPP 项目建设、运营等相关信息：

1. 项目识别、准备和采购情况，包括 PPP 项目实施方案评审，项目立项审批、核准或备案情况，财政承受能力论证报告及物有所值评价报告相关信息（如有），PPP 项目采购情况，PPP 项目合同签订情况、入库情况等。在能源、交通运输、水利、环境保护、市政工程等特定领域需要政府实施特许经营的，应披露是否已按规定完成特许经营项目实施方案审定，特许经营者与政府方已签订有效的特许经营协议。

2. 社会资本（项目公司）设立、运营情况，设立项目公司的，包括设立登记、股东认缴及实缴资本金、股权结构、增减资、项目公司内部控制情况、财务情况、提供履约担保情况等。PPP 项目公司股东以项目公司股权开展资产证券化的，还包括项目股东情况、项目公司股权股息的分配情况等。

3. 项目前期融资情况，包括融资机构名称、融资金额、融资结构及融资交割情况等。

4. 项目建设情况，包括项目建设进度、质量以及是否符合相关政策法规和 PPP 项目合同约定的标准和要求；PPP 项目涉及新建或存量项目改建后再运营并获得相关付费的，是否完成项目建设或改建，按相关规定或合同约定经验收获政府方认可，并开始运营等。

5. 项目运营情况，包括已运营时间、项目维护、运营情况以及是否符合相关政策法规和 PPP 项目合同约定的标准和要求。

6. 项目付费或收益情况。计划管理人应当依据不同的付费模式，披露 PPP 项目合同、政府相关文件中约定的项目付费及收益情况：

（1）使用者付费模式下，包括但不限于使用者范围、付费条件、付费标准、付费期间、影响付费的因素等。如涉及付费调整的，应当披露调整的条件、方法及程序；涉及新建竞争性项目或限制社会资本方（项目公司）超额利润的，应当披露相关约定。

（2）政府付费模式下，采取可用性付费的，应披露对可用性标准、付费标准、付费时间、不可用情形及扣减机制的约定；采取使用量付费的，应披露对公共服务使用量计算标准、付费标准、付费时间、扣减机制的约定；采用绩效付费的，应披露对绩效标准、绩效考核机制、付费标准、付费时间、扣减机制的约定。如涉及付费调整的，应披露调整的条件、方法及程序。应披露政府付费纳入本级政府财政预算、中期财政规划的相关情况。

（3）可行性缺口补助模式下，除了披露对使用者付费机制作出的约定外，还应当披露政府给予的可行性缺口补助形式、数额、时间等约定。可行性缺口补助涉及使用财政资金、政府投资资金的，应披露纳入本级政府财政预算、中期财政规划及政府投资计划的相关情况。

第八条 【PPP 项目情况——PPP 项目资产】专项计划以 PPP 项目资产作为基础资产的，除按照 PPP 项目收益权的相关要求披露 PPP 项目建设、运营信息，还应当披露根据 PPP 项目合同等约定 PPP 项目资产权属情况。

第九条 【PPP 项目情况——PPP 项目公司股权】专项计划以 PPP 项目公司股权作为基础资产的，除按照 PPP 项目收益权的相关要求披露 PPP 项目建设、运营信息，还应当披露 PPP 项目公司股东协议、公司章程等对项目公司股权股息分配的来源、分配比例、时间、程序、影响因素等作出的约定，项目公司已有股权股息的分配情况等。

第十条 【基础资产权利负担】管理人应在计划说明书等发行文件中明确披露 PPP 项目合同、项目公司股东协议、融资合同中是否存在社会资本方（项目公司）转让基础资产的限制性约定，或披露是否已满足解除限制的条件、获得相关方转让基础资产的同意等。

基础资产已经设定的抵押、质押等权利负担，通过专项计划安排能够予以解除的，应披露偿还相关融资、取得相关融资方解除抵押、质押的同意的文件和相关信息。

基础资产对应的底层相关资产（如管道、设备、厂房、土地使用权等）存在抵押、质押等担保权益或其他权利限制情况的，管理人应核查并在计划说明书中披露相关权利负担或限制是否可能导致底层资产被处置从而影响到原始权益人持续业务经营、现金流稳定和专项计划投资者利益，并设置相关风险缓释措施。

第十一条 【PPP 项目合规性】管理人和律师事务所应核查 PPP 项目是否存在政府方违规提供担保，或政府方采用固定回报、回购安排、明股实债等方式进行变相债务融资的情形，并在相关发行文件中发表明确意见。法律意见书除按照资产支持证券一般要求进行编制和披露外，项目律师还应就基础资产是否符合PPP项目相关的合格标准、原始权益人的特别要求等发表明确意见。

第十二条　【现金流测算——PPP项目收益权】以PPP项目收益权作为基础资产的，专项计划应以PPP项目合同、政府相关文件为依据，综合评估PPP项目建设运营经济技术指标、付费模式和标准，参考相关历史数据或同类项目数据，在计划说明书及相关发行文件中披露PPP项目收益现金流的测算过程及结果。管理人应核查并披露PPP合同是否明确了因运营成本上升、市场需求下降等因素造成现金流回收低于预期的风险分担机制，并设置了补助机制等政府承诺和保障、购买保险等风险缓释措施。

使用者付费模式下，计划说明书及相关发行文件应披露测算PPP项目收益现金流所考虑的各种因素，包括但不限于：使用者范围和未来数量变化、收费标准及其可能的调整、未能及时足额收取费用的情况、新建竞争性项目或限制社会资本方（项目公司）超额利润的情况等。

政府付费模式下，计划说明书及相关发行文件应披露测算PPP项目收益现金流所考虑的各种因素，包括但不限于：PPP项目建设运营经济技术标准是否满足政府付费要求、付费标准及其可能的调整、未能及时足额收取费用的情况、绩效监控及其可能扣减付费的情况等。

可行性缺口补助模式下，计划说明书及相关发行文件应披露测算PPP项目未来现金流所考虑的相关影响使用者付费和政府付费现金流的因素，可行性缺口补助的条件、形式和能形成现金流的补助等。

第十三条　【现金流测算——PPP项目资产、项目公司股权】以PPP项目资产、项目公司股权作为基础资产的，除按上述PPP项目收益权测算现金流外，应由专业机构出具独立的资产评估报告，考虑项目资产的价值变化情况、项目公司股权股息分配的其他来源等。

第十四条　【现金流归集】管理人应在计划说明书等发行文件中确定并披露各个账户环节、流入流出时间等。基础资产现金流涉及从项目公司归集至原始权益人再转付至专项计划的，应披露专项计划设置的现金流混同风险的防范机制及资产支持证券存续期间设置防范混同风险的持续检查机制等。

第十五条　【影响现金流归集的因素及防范措施】PPP项目建设运营中存在

尚未付清的融资负债、建设工程结算应付款或需要支付运营成本等情况的，管理人应核查和分析上述负债偿还或运营成本支付是否对 PPP 项目资产现金流归集形成限制、是否可能导致现金流截留风险等作出判断，并在计划说明书中披露。

管理人应在计划说明书中披露上述负债或需要支付运营成本的情况，与社会资本方（项目公司）确定并披露防范现金流截留风险的措施。上述防范措施包括但不限于：不能防范截留风险的不纳入基础资产范围，在入池基础资产的现金流预测中扣减上述负债或运营成本总额；社会资本方（项目公司）承诺以自有资金偿还相关负债或支付运营成本；社会资本方（项目公司）提供有效的增信或防范截留风险的措施，在资产支持证券存续期间安排防范截留风险的持续检查机制等。

第十六条 【交易结构安排】管理人、社会资本方（项目公司）可以结合 PPP 项目运营情况、基础资产质量、现金流归集安排等设置并在计划说明书中披露差异化的交易结构和投资者保护措施，包括但不限于优先次级分层、现金流超额覆盖、资产超额抵押、差额支付、外部担保、股东方流动性支持等信用增级措施，现金流归集路径和频率调整、加速清偿、原始权益人回购等投资者保护机制。

第十七条 【风险缓释】针对 PPP 项目实施中可能发生的下列事项，管理人和项目律师事务所应认真分析并根据 PPP 项目合同或其他相关合同约定的补救、处置方式，设置并在计划说明书中披露相应的交易结构安排，权利完善事件及其他投资者保护机制，保护投资者合法权益。涉及现金流变化的，应在现金流测算和归集中防范相关风险。

1. 社会资本方（项目公司）在 PPP 项目建设、运营中发生重大违约及合同约定的补救、处置方式。如项目公司破产或资不抵债、未按项目合同约定完成融资、未在约定时间内完成建设或开始运营、未按照规定或约定的标准和要求提供产品或服务、违反合同约定的股权变更限制、未按合同约定为 PPP 项目或相关资产购买保险等。

2. 政府方在 PPP 项目建设、运营中发生重大违约及合同约定的补救、处置方式。如未按合同约定付费或提供补助，未按约定完成项目审批、提供土地使用权及其他配套设施、防止不必要竞争性项目，自行决定征收征用或改变相关规定等。

3. 政治不可抗力事件及合同约定的补救、处置方式。如非因签约政府方原因导致且不在其控制下的征收征用、法律变更、未获审批等。

4. 自然不可抗力事件及合同约定的补救、处置方式。如地震、台风、洪水等自然灾害,武装冲突、骚乱、疫情等社会异常事件。

5. 政府方因 PPP 项目所提供的公共产品或服务已经不合适或者不再需要,或者会影响公共安全和公共利益而单方面决定接管、变更、终止项目及合同约定的补救、处置方式。

6. 其他影响 PPP 项目建设、运营以及社会资本方(项目公司)获得投资回报的情形。

第十八条 【运营责任安排】社会资本方(项目公司)转让 PPP 项目收益权、项目资产及项目公司股权开展资产证券化,应在计划说明书、资产买卖协议、资产服务协议中明确,社会资本方(项目公司)应继续承担项目的持续维护、运营责任,或对项目持续维护、运营责任作出合理安排并取得政府方认可,不得影响基础设施的稳定运营或公共服务供给的持续性和稳定性。

第十九条 【备查文件】 管理人、社会资本方(项目公司)在提交 PPP 项目资产证券化申报文件时,除提交资产支持证券要求的申报文件外,还应提交下列文件作为备查文件并予以披露:

1. 经评审或审核、审批的 PPP 项目实施方案。

2. 社会资本方(项目公司)与政府方签订的有效的 PPP 项目合同;需要政府实施特许经营的,特许经营者与政府方签订的有效的特许经营协议。

3. 政府付费机制下,主管部门出具的同意政府付费的证明文件及政府付费纳入政府财政预算、政府财政规划的相关文件。使用者付费机制下,主管部门等单位出具的相关收费文件或证明文件。经主管部门审核通过的物有所值评价报告(如有)、财政承受能力论证报告(如有)。

4. 项目公司股东协议、公司章程等。

第三章 存续期间信息披露

第二十条 【年度资产管理报告】年度资产管理报告应就 PPP 项目实施情况、运营情况、是否达到规定或约定的运营标准和要求以及影响运营的其他情况、项目公司绩效情况、付费调整情况、使用者付费模式下项目实际收费情况、政府付费模式下实际付费情况、可行性缺口补助模式下实际收益情况以及影响项目收益的其他情况进行专项披露。

第二十一条 【临时信息披露】 资产支持证券存续期间，发生下列影响 PPP 项目建设运营、项目收益现金流和资产支持证券本息偿付的重大事项，管理人应在相关事项发生后两个交易日内及时进行临时信息披露：

1. 发生本指南第十七条所列的事项，管理人应进行临时信息披露，并持续披露采取的相关补救、处置措施及其影响。

2. 发生 PPP 项目合同重大变更、补充，项目重大变更等影响项目建设运营的事项。

3. 发生收费价格、付费标准重大调整事项。

4. 其他影响 PPP 项目建设运营、项目收益现金流和资产支持证券本息偿付的重大事项。

第四章 附 则

第二十二条 【解释权】 本指南为开放性指南，将根据业务发展情况不定期修订并发布更新版本。本所对本指南保留最终解释权。

第二十三条 【生效时间】 本指南自发布之日起施行。

名词解释：

政府和社会资本合作（Public-Private Partnerships，PPP），是指政府采取竞争性方式择优选择具有投资、运营管理能力的社会资本方，双方按照平等协商原则订立合同，明确责权利关系，由社会资本方提供公共产品或服务，政府向社会资本方支付相应对价，社会资本方获得合理收益的合作模式。PPP 采取建设—运营—移交（BOT）、建设—拥有—运营（BOO）、建设—拥有—运营—移交（BOOT）、转让—运营—移交（TOT）、改建—运营—移交（ROT）、委托运营（O&M）等运营方式。

政府方，是指组织实施 PPP 项目并代表政府签署 PPP 项目合同的政府及其所属部门或事业单位。

社会资本方，是指依法设立且有效存续的具有法人资格的企业，包括国有企业、民营企业、外国企业、外商投资企业、混合所有制企业，原则上不包括本级政府所属融资平台公司。社会资本方是 PPP 项目的实际投资人，实践中，社会资本方通常不会直接作为 PPP 项目的实施主体，而会专门针对该项目成立项目公司，作为 PPP 项目合同及项目其他相关合同的签约主体，负责项目具体实施。

项目公司，是依法设立的自主运营、自负盈亏的具有独立法人资格的经营实体。项目公司可以由社会资本方（可以是一家企业，也可以是多家企业组成的联合体）出资设立，也可以由政府和社会资本方共同出资设立。

PPP 项目合同，是指政府方与社会资本方（项目公司）依法就 PPP 项目合作所订立的合同，是政府方与社会资本方之间合理分配项目风险，明确双方权利义务关系以及 PPP 项目的交易结构，以保障双方能够依据合同约定合理主张权利，妥善履行义务，确保项目全生命周期内的顺利实施。PPP 项目合同是 PPP 整个合同体系的基础和核心。

使用者付费（User Charges），是指由最终消费用户直接付费购买公共产品和服务。社会资本方（项目公司）直接从最终用户处收取费用，以回收项目的建设和运营成本并获得合理收益。

政府付费（Government Payment），是指政府方直接付费购买公共产品和服务，政府方可以依据项目设施的可用性、产品或服务的使用量以及质量向项目公司付费。

可行性缺口补助（Viability Gap Funding），是指使用者付费不足以满足社会资本方（项目公司）成本回收和合理回报时，由政府方给予一定的经济补助，以弥补使用者付费之外的缺口部分。可行性缺口补助的形式可能包括土地划拨、投资入股、投资补助、价格补贴、优惠贷款、贷款贴息、放弃分红权、授予项目相关开发收益权等其中的一种或多种。

可用性付费（Availability Payment），是指政府方依据社会资本方（项目公司）所提供的项目设施或服务是否符合合同约定的标准和要求来付费。

使用量付费（Usage Payment），是指政府方依据社会资本方（项目公司）所提供的项目设施或服务的实际使用量来付费。

绩效付费（Performance Payment），是指政府方依据社会资本方（项目公司）所提供的公共产品或服务的质量付费。通常政府方与项目公司会明确约定项目的绩效标准，并将政府付费与项目公司的绩效表现挂钩。

深圳证券交易所政府和社会资本合作（PPP）项目资产支持证券挂牌条件确认指南

第一条　【制定依据】　为规范发展政府和社会资本合作项目（以下简称"PPP 项目"）资产证券化业务，便于管理人和原始权益人等参与机构开展业务和加强风险管理，保护投资者合法权益，促进资产证券化业务健康发展，根据《中共中央　国务院关于深化投融资体制改革的意见》（中发〔2016〕18 号）、《证券公司及基金管理公司子公司资产证券化业务管理规定》（证监会公告〔2014〕49 号）、《国家发展改革委　中国证监会关于推进传统基础设施领域政府和社会资本合作（PPP）项目资产证券化相关工作的通知》（发改投资〔2016〕2698 号）、《财政部　人民银行　证监会关于规范开展政府和社会资本合作项目资产证券化有关事宜的通知》（财金〔2017〕55 号）、《深圳证券交易所资产证券化业务指引（2014 年修订）》（深证会〔2014〕130 号）等相关规定，制定本指南。

第二条　【产品定义】　本指南所称 PPP 项目资产支持证券，是指证券公司、基金管理公司子公司作为管理人，通过设立资产支持专项计划（以下简称"专项计划"）开展资产证券化业务，以 PPP 项目收益权、PPP 项目资产、PPP 项目公司股权等为基础资产或基础资产现金流来源所发行的资产支持证券。

PPP 项目收益权是在基础设施和公共服务领域开展政府和社会资本合作过程中，社会资本方（项目公司）与政府方签订 PPP 项目合同等协议，投资建设基础设施、提供相关公共产品或服务，并依据合同和有关规定享有的取得相应收益的权利，包括收费权、收益权、合同债权等。PPP 项目收益主要表现形式为使用者付费、政府付费或可行性缺口补助等。

PPP 项目资产是在基础设施和公共服务领域开展政府和社会资本合作过程中，社会资本方（项目公司）与政府方签订 PPP 项目合同等协议，并依据合同和有关规定享有所有权或用益物权的项目设施或其他资产，包括项目公司运营所需的动产（机器、设备等）、不动产（土地使用权、厂房、管道等）等。

PPP 项目公司股权是在基础设施和公共服务领域开展政府和社会资本合作过程中，社会资本方出资组建项目公司开展 PPP 项目的实施，并依据股东协议和项目公司章程等享有的资产收益、参与重大决策和选择管理者等权利。

第三条 【适用范围】本指南适用于社会资本方（项目公司）作为原始权益人的 PPP 项目资产支持证券在深圳证券交易所（以下简称"本所"）挂牌转让申请。在《国家发展和改革委员会关于开展政府和社会资本合作的指导意见》（发改投资〔2014〕2724 号）及《关于推广运用政府和社会资本合作模式有关问题的通知》（财金〔2014〕76 号）发布以前已按照 PPP 模式实施并事先明确约定收益规则的项目开展资产证券化，以及其他 PPP 项目主要参与方，如提供融资的融资方、承包商等，以与 PPP 项目相关的基础资产或基础资产现金流来源开展资产证券化，申请在本所挂牌的，参照本指南执行。

第四条 【基础资产合格标准——PPP 项目收益权】社会资本方（项目公司）以 PPP 项目收益权作为基础资产开展证券化，原始权益人初始入池和后续循环购买入池（如有）的基础资产在基准日、专项计划设立日和循环购买日（如有）除满足基础资产合格标准的一般要求外，还需要符合以下特别要求：

1. PPP 项目已按规定完成 PPP 项目实施方案评审以及必要的审批、核准或备案等相关手续，社会资本方（项目公司）与政府方已签订有效的 PPP 项目合同；在能源、交通运输、水利、环境保护、市政工程等特定领域需要政府实施特许经营的，已按规定完成特许经营项目实施方案审定，特许经营者与政府方已签订有效的特许经营协议。

2. PPP 项目涉及新建或存量项目改建、依据项目合同约定在项目建成并开始运营后才获得相关付费的，社会资本方（项目公司）应完成项目建设或改建，按相关规定或合同约定经验收或政府方认可，并开始运营，有权按照规定或约定获得收益。

3. PPP 项目合同、融资合同未对社会资本方（项目公司）转让项目收益权作出限制性约定，或社会资本方（项目公司）已满足解除限制性约定的条件。

4. PPP 项目收益权相关的项目付费或收益情况在 PPP 合同及相关协议中有明确、清晰的约定。政府付费模式下，政府付费应纳入本级或本级以上政府财政预算、政府财政规划。可行性缺口补助模式下，可行性缺口补助涉及使用财政资金、政府投资资金的，应纳入本级或本级以上政府财政预算、政府财政规划。

5. PPP 项目资产或收益权未设定抵押、质押等权利负担。已经设有抵押、质押等权利负担的，通过专项计划安排能够予以解除，如偿还相关融资、取得相关融资方解除抵押、质押的同意等。

6. 社会资本方（项目公司）与政府方不存在因 PPP 项目合同的重大违约、不可抗力因素影响项目持续建设运营，或导致付费机制重大调整等情形；也不存在因 PPP 项目合同或相关合同及其他重大纠纷而影响项目持续建设运营，或可能导致付费机制重大调整的协商、调解、仲裁或诉讼等情形。

7. PPP 项目不得存在政府方违规提供担保，或政府方采用固定回报、回购安排、明股实债等方式进行变相债务融资情形。

8. PPP 项目合同到期日应不早于资产支持证券的最晚到期日。

9. 相关主管部门以及本所确定的其他标准。

第五条 【建设期 PPP 项目收益权资产证券化的特殊规定】PPP 项目公司依据项目合同约定在项目建设期即开始获得相关付费的，可探索在项目建设期以未来收益作为基础资产，并合理设置资产证券化产品规模。

第六条 【基础资产合格标准——PPP 项目资产】社会资本方（项目公司）以 PPP 项目资产作为基础资产开展证券化，除符合第四条关于 PPP 项目收益权的合格标准外，还需符合以下要求：

1. PPP 项目合同等约定社会资本方（项目公司）拥有 PPP 项目资产的所有权或用益物权，且该等资产可依法转让。

2. PPP 项目已经建成并开始运营。

3. PPP 项目合同、融资合同等不存在社会资本方（项目公司）转让项目资产的限制性约定，或已满足解除限制性约定的条件。

4. 社会资本方（项目公司）以 PPP 项目资产开展证券化，应继续履行项目运营责任，或重新确定履行项目运营责任的主体并经政府方等认可，确保不得影响基础设施的稳定运营或公共服务供给的持续性和稳定性。

第七条 【基础资产合格标准——PPP 项目公司股权】社会资本方以 PPP 项目公司股权作为基础资产开展证券化，除符合上述 PPP 项目收益权的合格标准外，还需符合以下要求：

1. PPP 项目合同、项目公司股东协议或公司章程等对项目公司股东转让、质押项目公司股权及转让的受让方没有限制性约定，或已满足解除限制性约定的条件。

2. PPP 项目已经建成。

3. PPP 项目公司股东协议、公司章程等对项目公司股权股息分配的来源、分配比例、时间、程序、影响因素等，作出了明确约定。

4. PPP 项目公司股权股息分配来源于 PPP 项目收益或其他收益的，相关收益权不存在被转让的情形，且没有被设定质押等权利负担。相关收益权已经设有质押等权利负担的，应通过专项计划安排予以解除，如回购收益权、偿还相关融资、取得相关融资方解除质押的同意等。

5. PPP 项目公司控股股东以项目公司股权作为基础资产发行资产支持证券的规模不得超过其持有股权带来的现金流现值的 50%；其他股东发行规模不得超过其持有股权带来的现金流现值的 70%。

6. PPP 项目公司控股股东以持有的项目公司股权发行资产支持证券，不得改变对项目公司的实际控制权和项目运营责任，不得影响基础设施的稳定运营或公共服务供给的持续性和稳定性。

第八条 【原始权益人的特别要求】社会资本方（项目公司）应具有持续经营能力，内部控制制度健全，最近三年未发生重大违约或虚假信息披露，无不良信用记录。

第九条 【优先鼓励的项目】鼓励社会资本方（项目公司）开展下列 PPP 项目资产证券化：

1. 行业龙头企业作为社会资本方参与建设运营；

2. 雄安新区和京津冀协同发展、"一带一路"建设、长江经济带建设以及新一轮东北地区等老工业基地振兴等符合国家战略的项目；

3. 水务、环境保护、交通运输等市场化程度较高、公共服务需求稳定、现金流可预测性较强的行业项目；

4. 项目所在地政府偿付能力较好、信用水平较高、严格履行 PPP 项目财政管理要求；

5. 其他具有稳定投资收益和良好社会效益的示范项目。

社会资本方（项目公司）可以以其建设运营的多个 PPP 项目中具有同质性的

基础资产组成基础资产池开展证券化；可以将综合性 PPP 项目中权属清晰、现金流独立的部分子项目资产单独开展证券化。

本所对 PPP 项目主管部门推荐的项目和中国政企合作支持基金投资的项目的资产证券化实行"即报即审、专人专岗负责"，提高受理、审核、挂牌的工作效率。

第十条 【名词解释】本指南下列用语的含义：

1. 政府和社会资本合作（Public-Private Partnerships，PPP），是指政府采取竞争性方式择优选择具有投资、运营管理能力的社会资本方，双方按照平等协商原则订立合同，明确责权利关系，由社会资本方提供公共产品或服务，政府向社会资本方支付相应对价，社会资本方获得合理收益的合作模式。PPP 采取建设—运营—移交（BOT）、建设—拥有—运营（BOO）、建设—拥有—运营—移交（BOOT）、转让—运营—移交（TOT）、改建—运营—移交（ROT）、委托运营（O&M）等运营方式。

2. 政府方，是指组织实施 PPP 项目并代表政府签署 PPP 项目合同的政府及其所属部门或事业单位。

3. 社会资本方，是指依法设立且有效存续的具有法人资格的企业，包括国有企业、民营企业、外国企业、外商投资企业、混合所有制企业，原则上不包括本级政府所属融资平台公司。社会资本方是 PPP 项目的实际投资人，实践中，社会资本方通常不会直接作为 PPP 项目的实施主体，而会专门针对该项目成立项目公司，作为 PPP 项目合同及项目其他相关合同的签约主体，负责项目具体实施。

4. 项目公司，是指依法设立的自主运营、自负盈亏的具有独立法人资格的经营实体。项目公司可以由社会资本方（可以是一家企业，也可以是多家企业组成的联合体）出资设立，也可以由政府和社会资本方共同出资设立。

5. PPP 项目合同，是指政府方与社会资本方（项目公司）依法就 PPP 项目合作所订立的合同，是政府方与社会资本方之间合理分配项目风险，明确双方权利义务关系以及 PPP 项目的交易结构，以保障双方能够依据合同约定合理主张权利，妥善履行义务，确保项目全生命周期内的顺利实施。PPP 项目合同是 PPP 整个合同体系的基础和核心。

6. 使用者付费（User Charges），是指由最终消费用户直接付费购买公共产品和服务。社会资本方（项目公司）直接从最终用户处收取费用，以回收项目的建设和运营成本并获得合理收益。

7. 政府付费（Government Payment），是指政府方直接付费购买公共产品和服务，政府方可以依据项目设施的可用性、产品或服务的使用量以及质量向项目公司付费。

8. 可行性缺口补助（Viability Gap Funding），是指使用者付费不足以满足社会资本方（项目公司）成本回收和合理回报时，由政府方给予一定的经济补助，以弥补使用者付费之外的缺口部分。可行性缺口补助的形式可能包括土地划拨、投资入股、投资补助、价格补贴、优惠贷款、贷款贴息、放弃分红权、授予项目相关开发收益权等其中的一种或多种。

9. 可用性付费（Availability Payment），是指政府方依据社会资本方（项目公司）所提供的项目设施或服务是否符合合同约定的标准和要求来付费。

10. 使用量付费（Usage Payment），是指政府方主要依据社会资本方（项目公司）所提供的项目设施或服务的实际使用量来付费。

11. 绩效付费（Performance Payment），是指政府方依据社会资本方（项目公司）所提供的公共产品或服务的质量付费。通常政府方与项目公司会明确约定项目的绩效标准，并将政府付费与项目公司的绩效表现挂钩。

第十一条 【解释权】本所将根据业务发展情况不定期修订本指南并发布更新版本。本所对本指南保留最终解释权。

第十二条 【生效时间】本指南自发布之日起施行。

深圳证券交易所政府和社会资本合作（PPP）项目资产支持证券信息披露指南

第一章　总则

第一条　【制定依据】为规范发展政府和社会资本合作项目（以下简称"PPP 项目"）资产证券化业务，便于管理人和原始权益人等参与机构开展业务和加强风险管理，保护投资者合法权益，促进资产证券化业务健康发展，根据《中共中央　国务院关于深化投融资体制改革的意见》（中发〔2016〕18 号）、《证券公司及基金管理公司子公司资产证券化业务管理规定》（证监会公告〔2014〕49 号，以下简称《管理规定》）、《国家发展改革委　中国证监会关于推进传统基础设施领域政府和社会资本合作（PPP）项目资产证券化相关工作的通知》（发改投资〔2016〕2698 号）、《财政部　人民银行　证监会关于规范开展政府和社会资本合作项目资产证券化有关事宜的通知》（财金〔2017〕55 号）、《深圳证券交易所资产证券化业务指引（2014 年修订）》（深证会〔2014〕130 号）等相关规定，制定本指南。

第二条　【产品定义】本指南所称 PPP 项目资产支持证券，是指证券公司、基金管理公司子公司作为管理人，通过设立资产支持专项计划（以下简称"专项计划"）开展资产证券化业务，以 PPP 项目收益权、PPP 项目资产、PPP 项目公司股权等为基础资产或基础资产现金流来源所发行的资产支持证券。

PPP 项目收益权是在基础设施和公共服务领域开展政府和社会资本合作过程中，社会资本方（项目公司）与政府方签订 PPP 项目合同等协议，投资建设基础设施、提供相关公共产品或服务，并依据合同和有关规定享有的取得相应收益的权利，包括收费权、收益权、合同债权等。PPP 项目收益主要表现形式为使用者付费、政府付费或可行性缺口补助等。

PPP 项目资产是在基础设施和公共服务领域开展政府和社会资本合作过程中，社会资本方（项目公司）与政府方签订 PPP 项目合同等协议，并依据合同和有关规定享有所有权或用益物权的项目设施或其他资产，包括项目公司运营所需的动产（机器、设备等）、不动产（土地使用权、厂房、管道等）等。

PPP 项目公司股权是在基础设施和公共服务领域开展政府和社会资本合作过程中，社会资本方出资组建项目公司开展 PPP 项目的实施，并依据股东协议和项目公司章程等享有的资产收益、参与重大决策和选择管理者等权利。

第三条 【适用范围】本指南适用于社会资本方（项目公司）作为原始权益人的 PPP 项目资产支持证券在深圳证券交易所（以下简称"本所"）挂牌转让的信息披露专项要求。在《国家发展和改革委员会关于开展政府和社会资本合作的指导意见》（发改投资〔2014〕2724 号）及《关于推广运用政府和社会资本合作模式有关问题的通知》（财金〔2014〕76 号）发布以前已按照 PPP 模式实施并事先明确约定收益规则的项目开展资产证券化，以及其他 PPP 项目主要参与方，如提供融资的融资方、承包商等，以与 PPP 项目相关的基础资产或基础资产现金流来源开展资产证券化，在本所挂牌转让的，参照本指南执行。

第四条 【信息披露责任】管理人及其他信息披露义务人应当按照《管理规定》《证券公司及基金管理公司子公司资产证券化业务信息披露指引》《深圳证券交易所资产证券化业务指引（2014 年修订)》、本指南的规定以及计划说明书的约定履行信息披露义务，及时、公平地披露可能对资产支持证券产生重大影响的信息，并保证所披露的信息真实、准确、完整，不得有虚假记载、误导性陈述或者重大遗漏。

本指南所称其他信息披露义务人包括但不限于托管人、律师事务所、资信评级机构、资产服务机构、现金流预测分析机构、不动产评估机构等。

第五条 【信息披露渠道】资产支持证券在本所挂牌转让的，管理人及其他信息披露义务人应当于规定时间内通过指定网站或以本所认可的其他方式向合格投资者披露信息。

第六条 【信息保密义务】管理人、其他服务机构及登记托管机构等相关知情人在信息披露前不得泄露拟披露的信息。

第二章　发行环节信息披露

第七条　【PPP 项目情况——PPP 项目收益权】专项计划以 PPP 项目收益权作为基础资产的，计划说明书除按照资产支持证券一般要求进行编制和披露外，还应披露包括但不限于下述关于 PPP 项目建设、运营等相关信息：

1. 项目识别、准备和采购情况，包括 PPP 项目实施方案评审，项目立项审批、核准或备案情况，财政承受能力论证报告及物有所值评价报告相关信息（如有），PPP 项目采购情况，PPP 项目合同签订情况、入库情况等。在能源、交通运输、水利、环境保护、市政工程等特定领域需要政府实施特许经营的，应披露是否已按规定完成特许经营项目实施方案审定，特许经营者与政府方已签订有效的特许经营协议。

2. 社会资本（项目公司）设立、运营情况，设立项目公司的，包括设立登记、股东认缴及实缴资本金、股权结构、增减资、项目公司内部控制情况、财务情况、提供履约担保情况等。PPP 项目公司股东以项目公司股权开展资产证券化的，还包括项目股东情况、项目公司股权股息的分配情况等。

3. 项目前期融资情况，包括融资机构名称、融资金额、融资结构及融资交割情况等。

4. 项目建设情况，包括项目建设进度、质量以及是否符合相关政策法规和 PPP 项目合同约定的标准和要求；PPP 项目涉及新建或存量项目改建后再运营并获得相关付费的，是否完成项目建设或改建，按相关规定或合同约定经验收或政府方认可，并开始运营等。

5. 项目运营情况，包括已运营时间、项目维护、运营情况以及是否符合相关政策法规和 PPP 项目合同约定的标准和要求。

6. 项目付费或收益情况，包括不同的付费模式下 PPP 项目合同、政府相关文件中约定的项目付费及收益情况：

（1）使用者付费模式下，包括但不限于使用者范围、付费条件、付费标准、付费期间、影响付费的因素等。如涉及付费调整的，应当披露调整的条件、方法及程序；涉及新建竞争性项目或限制社会资本方（项目公司）超额利润的，应当披露相关约定。

（2）政府付费模式下，采取可用性付费的，应披露对可用性标准、付费标准、付费时间、不可用情形及扣减机制的约定；采取使用量付费的，应披露对公共服务使用量计算标准、付费标准、付费时间、扣减机制的约定；采用绩效付费的，应披露对绩效标准、绩效考核机制、付费标准、付费时间、扣减机制的约定。如涉及付费调整的，应披露调整的条件、方法及程序。应披露政府付费纳入本级政府财政预算、中期财政规划的相关情况。

（3）可行性缺口补助模式下，除了披露对使用者付费机制作出的约定外，还应当披露政府给予的可行性缺口补助形式、数额、时间等约定。可行性缺口补助涉及使用财政资金、政府投资资金的，应披露纳入本级政府财政预算、中期财政规划及政府投资计划的相关情况。

第八条　【PPP 项目情况——PPP 项目资产】专项计划以 PPP 项目资产作为基础资产的，除按照 PPP 项目收益权的相关要求披露 PPP 项目建设、运营信息，还应当披露根据 PPP 项目合同等约定 PPP 项目资产权属情况。

第九条　【PPP 项目情况——PPP 项目公司股权】专项计划以 PPP 项目公司股权作为基础资产的，除按照 PPP 项目收益权的相关要求披露 PPP 项目建设、运营信息，还应当披露 PPP 项目公司股东协议、公司章程等对项目公司股权股息分配的来源、分配比例、时间、程序、影响因素等作出的约定，项目公司已有股权股息的分配情况等。

第十条　【基础资产权利负担】管理人应在计划说明书等发行文件中明确披露 PPP 项目合同、项目公司股东协议、融资合同中是否存在社会资本方（项目公司）转让基础资产的限制性约定，或披露是否已满足解除限制的条件、获得相关方转让基础资产的同意等。

基础资产已经设定的抵押、质押等权利负担，通过专项计划安排能够予以解除的，应披露偿还相关融资、取得相关融资方解除抵押、质押的同意的文件和相关信息。

基础资产对应的底层相关资产（如管道、设备、厂房、土地使用权等）存在抵押、质押等担保权益或其他权利限制情况的，管理人应核查并在计划说明书中披露相关权利负担或限制是否可能导致底层资产被处置从而影响到原始权益人持续业务经营、现金流稳定和专项计划投资者利益，并设置相关风险缓释措施。

第十一条　【PPP 项目合规性】管理人和律师事务所应核查 PPP 项目是否存在政府方违规提供担保，或政府方采用固定回报、回购安排、明股实债等方式进行变相债务融资的情形，并在相关发行文件中发表明确意见。法律意见书除按照资产支持证券一般要求进行编制和披露外，项目律师还应就基础资产是否符合PPP项目相关的合格标准、原始权益人的特别要求等发表明确意见。

第十二条 【现金流测算——PPP项目收益权】以PPP项目收益权作为基础资产的，专项计划应以PPP项目合同、政府相关文件为依据，综合评估PPP项目建设运营经济技术指标、付费模式和标准，参考相关历史数据或同类项目数据，在计划说明书及相关发行文件中披露PPP项目收益现金流的测算过程及结果。管理人应核查并披露PPP合同是否明确了因运营成本上升、市场需求下降等因素造成现金流回收低于预期的风险分担机制，并设置了补助机制等政府承诺和保障、购买保险等风险缓释措施。

使用者付费模式下，计划说明书及相关发行文件应披露测算PPP项目收益现金流所考虑的各种因素，包括但不限于：使用者范围和未来数量变化、收费标准及其可能的调整、未能及时足额收取费用的情况、新建竞争性项目或限制社会资本方（项目公司）超额利润的情况等。

政府付费模式下，计划说明书及相关发行文件应披露测算PPP项目收益现金流所考虑的各种因素，包括但不限于：PPP项目建设运营经济技术标准是否满足政府付费要求、付费标准及其可能的调整、未能及时足额收取费用的情况、绩效监控及其可能扣减付费的情况等。

可行性缺口补助模式下，计划说明书及相关发行文件应披露测算PPP项目未来现金流所考虑的相关影响使用者付费和政府付费现金流的因素，可行性缺口补助的条件、形式和能形成现金流的补助等。

第十三条 【现金流测算——PPP项目资产、项目公司股权】以PPP项目资产、项目公司股权作为基础资产的，除按上述PPP项目收益权测算现金流外，应由专业机构出具独立的资产评估报告，考虑项目资产的价值变化情况、项目公司股权股息分配的其他来源等。

第十四条 【现金流归集】管理人应在计划说明书等发行文件中确定并披露各个账户环节、流入流出时间等。基础资产现金流涉及从项目公司归集至原始权益人再转付至专项计划的，应披露专项计划设置的现金流混同风险的防范机制及资产支持证券存续期间设置防范混同风险的持续检查机制等。

第十五条 【影响现金流归集的因素及防范措施】PPP项目建设运营中存在

尚未付清的融资负债、建设工程结算应付款或需要支付运营成本等情况的，管理人应核查和分析上述负债偿还或运营成本支付是否对 PPP 项目资产现金流归集形成限制、是否可能导致现金流截留风险等作出判断，并在计划说明书中披露。

管理人应在计划说明书中披露上述负债或需要支付运营成本的情况，与社会资本方（项目公司）确定并披露防范现金流截留风险的措施。上述防范措施包括但不限于：不能防范截留风险的不纳入基础资产范围，在入池基础资产的现金流预测中扣减上述负债或运营成本总额；社会资本方（项目公司）承诺以自有资金偿还相关负债或支付运营成本；社会资本方（项目公司）提供有效的增信或防范截留风险的措施，在资产支持证券存续期间安排防范截留风险的持续检查机制等。

第十六条 【交易结构安排】管理人、社会资本方（项目公司）可以结合 PPP 项目运营情况、基础资产质量、现金流归集安排等设置并在计划说明书中披露差异化的交易结构和投资者保护措施，包括但不限于优先次级分层、现金流超额覆盖、资产超额抵押、差额支付、外部担保、股东方流动性支持等信用增级措施，现金流归集路径和频率调整、加速清偿、原始权益人回购等投资者保护机制。

第十七条 【风险缓释】针对 PPP 项目实施中可能发生的下列事项，管理人和项目律师事务所应当分析并根据 PPP 项目合同或其他相关合同约定的补救、处置方式，设置并在计划说明书中披露相应的交易结构安排，权利完善事件及其他投资者保护机制，保护投资者合法权益。涉及现金流变化的，应在现金流测算和归集中防范相关风险。

1. 社会资本方（项目公司）在 PPP 项目建设、运营中发生重大违约及合同约定的补救、处置方式。如项目公司破产或资不抵债、未按项目合同约定完成融资、未在约定时间内完成建设或开始运营、未按照规定或约定的标准和要求提供产品或服务、违反合同约定的股权变更限制、未按合同约定为 PPP 项目或相关资产购买保险等。

2. 政府方在 PPP 项目建设、运营中发生重大违约及合同约定的补救、处置方式。如未按合同约定付费或提供补助、未按约定完成项目审批、提供土地使用权、其他配套设施、防止不必要竞争性项目、自行决定征收征用或改变相关规定等。

3. 政治不可抗力事件及合同约定的补救、处置方式。如非因签约政府方原因导致且不在其控制下的征收征用、法律变更、未获审批等。

4. 自然不可抗力。事件及合同约定的补救、处置方式。如地震、台风、洪水等自然灾害，武装冲突、骚乱、疫情等社会异常事件。

5. 政府方因PPP项目所提供的公共产品或服务已经不合适或者不再需要，或者会影响公共安全和公共利益而单方面决定接管、变更、终止项目及合同约定的补救、处置方式。

6. 其他影响PPP项目建设、运营以及社会资本方（项目公司）获得投资回报的情形。

第十八条 【运营责任安排】 社会资本方（项目公司）转让PPP项目收益权、项目资产及项目公司股权开展资产证券化，应在计划说明书、资产买卖协议、资产服务协议中明确，社会资本方（项目公司）应继续承担项目的持续维护、运营责任，或对项目持续维护、运营责任作出合理安排并取得政府方认可，不得影响基础设施的稳定运营或公共服务供给的持续性和稳定性。

第十九条 【备查文件】 管理人、社会资本方（项目公司）在提交PPP项目资产证券化申报文件时，除提交资产支持证券要求的申报文件外，还应提交下列文件作为备查文件并予以披露：

1. 经评审或审核、审批的PPP项目实施方案。

2. 社会资本方（项目公司）与政府方签订的有效的PPP项目合同；需要政府实施特许经营的，特许经营者与政府方签订的有效的特许经营协议。

3. 政府付费机制下，主管部门出具的同意政府付费的证明文件及政府付费纳入政府财政预算、政府财政规划的相关文件。使用者付费机制下，主管部门等单位出具的相关收费文件或证明文件。经主管部门审核通过的物有所值评价报告（如有）、财政承受能力论证报告（如有）。

4. 项目公司股东协议、公司章程等。

第三章 存续期间信息披露

第二十条 【年度资产管理报告】年度资产管理报告应就PPP项目实施情况、运营情况、是否达到规定或约定的运营标准和要求以及影响运营的其他情况，项目公司绩效情况、付费调整情况、使用者付费模式下项目实际收费情况、政府付费模式下实际付费情况、可行性缺口补助模式下实际收益情况以及影响项目收益的其他情况进行专项披露。

第二十一条 【临时信息披露】资产支持证券存续期间，发生下列影响 PPP 项目建设运营、项目收益现金流和资产支持证券本息偿付的重大事项，管理人应在相关事项发生后两个交易日内及时进行临时信息披露：

（1）发生本指南第十七条所列的事项，管理人应进行临时信息披露，并持续披露采取的相关补救、处置措施及其影响。

（2）发生 PPP 项目合同重大变更、补充，项目重大变更等影响项目建设运营的事项。

（3）发生收费价格、付费标准重大调整事项。

（4）其他影响 PPP 项目建设运营、项目收益现金流和资产支持证券本息偿付的重大事项。

第四章　附　则

第二十二条 【名词解释】本指南下列用语的含义：

1. 政府和社会资本合作（Public-Private Partnerships，PPP），是指政府采取竞争性方式择优选择具有投资、运营管理能力的社会资本方，双方按照平等协商原则订立合同，明确责权利关系，由社会资本方提供公共产品或服务，政府向社会资本方支付相应对价，社会资本方获得合理收益的合作模式。PPP 采取建设—运营—移交（BOT）、建设—拥有—运营（BOO）、建设—拥有—运营—移交（BOOT）、转让—运营—移交（TOT）、改建—运营—移交（ROT）、委托运营（O&M）等运营方式。

2. 政府方，是指组织实施 PPP 项目并代表政府签署 PPP 项目合同的政府及其所属部门或事业单位。

3. 社会资本方，是指依法设立且有效存续的具有法人资格的企业，包括国有企业、民营企业、外国企业、外商投资企业、混合所有制企业，原则上不包括本级政府所属融资平台公司。社会资本方是 PPP 项目的实际投资人，实践中，社会资本方通常不会直接作为 PPP 项目的实施主体，而会专门针对该项目成立项目公司，作为 PPP 项目合同及项目其他相关合同的签约主体，负责项目具体实施。

4. 项目公司，是指依法设立的自主运营、自负盈亏的具有独立法人资格的经营实体。项目公司可以由社会资本方（可以是一家企业，也可以是多家企业组成的联合体）出资设立，也可以由政府和社会资本方共同出资设立。

5. PPP 项目合同，是指政府方与社会资本方（项目公司）依法就 PPP 项目合作所订立的合同，是政府方与社会资本方之间合理分配项目风险，明确双方权利义务关系以及 PPP 项目的交易结构，以保障双方能够依据合同约定合理主张权利，妥善履行义务，确保项目全生命周期内的顺利实施。PPP 项目合同是 PPP 整个合同体系的基础和核心。

6. 使用者付费（User Charges），是指由最终消费用户直接付费购买公共产品和服务。社会资本方（项目公司）直接从最终用户处收取费用，以回收项目的建设和运营成本并获得合理收益。

7. 政府付费（Government Payment），是指政府方直接付费购买公共产品和服务，政府方可以依据项目设施的可用性、产品或服务的使用量以及质量向项目公司付费。

8. 可行性缺口补助（Viability Gap Funding），是指使用者付费不足以满足社会资本方（项目公司）成本回收和合理回报时，由政府方给予一定的经济补助，以弥补使用者付费之外的缺口部分。可行性缺口补助的形式可能包括土地划拨、投资入股、投资补助、价格补贴、优惠贷款、贷款贴息、放弃分红权、授予项目相关开发收益权等其中的一种或多种。

9. 可用性付费（Availability Payment），是指政府方依据社会资本方（项目公司）所提供的项目设施或服务是否符合合同约定的标准和要求来付费。

10. 使用量付费（Usage Payment），是指政府方主要依据社会资本方（项目公司）所提供的项目设施或服务的实际使用量来付费。

11. 绩效付费（Performance Payment），是指政府方依据社会资本方（项目公司）所提供的公共产品或服务的质量付费。通常政府方与项目公司会明确约定项目的绩效标准，并将政府付费与项目公司的绩效表现挂钩。

第二十三条 【解释权】本所将根据业务发展情况不定期修订本指南并发布更新版本。本所对本指南保留最终解释权。

第二十四条 【生效时间】本指南自发布之日起施行。

关于规范政府和社会资本合作（PPP）综合信息平台项目库管理的通知

财办金〔2017〕92 号

各省、自治区、直辖市、计划单列市财政厅（局），新疆生产建设兵团财务局：

为深入贯彻落实全国金融工作会议精神，进一步规范政府和社会资本合作（PPP）项目运作，防止 PPP 异化为新的融资平台，坚决遏制隐性债务风险增量，现将规范全国 PPP 综合信息平台项目库（以下简称"项目库"）管理有关事项通知如下：

一、总体要求

（一）统一认识。各级财政部门要深刻认识当前规范项目库管理的重要意义，及时纠正 PPP 泛化滥用现象，进一步推进 PPP 规范发展，着力推动 PPP 回归公共服务创新供给机制的本源，促进实现公共服务提质增效目标，夯实 PPP 可持续发展的基础。

（二）分类施策。各级财政部门应按项目所处阶段将项目库分为项目储备清单和项目管理库，将处于识别阶段的项目，纳入项目储备清单，重点进行项目孵化和推介；将处于准备、采购、执行、移交阶段的项目，纳入项目管理库，按照 PPP 相关法律法规和制度要求，实施全生命周期管理，确保规范运作。

（三）严格管理。各级财政部门应严格项目管理库入库标准和管理要求，建立健全专人负责、持续跟踪、动态调整的常态化管理机制，及时将条件不符合、操作不规范、信息不完善的项目清理出库，不断提高项目管理库信息质量和管理水平。

二、严格新项目入库标准

各级财政部门应认真落实相关法律法规及政策要求，对新申请纳入项目管理库的项目进行严格把关，优先支持存量项目，审慎开展政府付费类项目，确保入库项目质量。存在下列情形之一的项目，不得入库：

（一）不适宜采用 PPP 模式实施。包括不属于公共服务领域，政府不负有提供义务的，如商业地产开发、招商引资项目等；因涉及国家安全或重大公共利益等，不适宜由社会资本承担的；仅涉及工程建设，无运营内容的；其他不适宜采用 PPP 模式实施的情形。

（二）前期准备工作不到位。包括新建、改扩建项目未按规定履行相关立项审批手续的；涉及国有资产权益转移的存量项目未按规定履行相关国有资产审批、评估手续的；未通过物有所值评价和财政承受能力论证的。

（三）未建立按效付费机制。包括通过政府付费或可行性缺口补助方式获得回报，但未建立与项目产出绩效相挂钩的付费机制的；政府付费或可行性缺口补助在项目合作期内未连续、平滑支付，导致某一时期内财政支出压力激增的；项目建设成本不参与绩效考核，或实际与绩效考核结果挂钩部分占比不足 30%，固化政府支出责任的。

三、集中清理已入库项目

各级财政部门应组织开展项目管理库入库项目集中清理工作，全面核实项目信息及实施方案、物有所值评价报告、财政承受能力论证报告、采购文件、PPP 项目合同等重要文件资料。属于上述第（一）、（二）项不得入库情形或存在下列情形之一的项目，应予以清退：

（一）未按规定开展"两个论证"。包括已进入采购阶段但未开展物有所值评价或财政承受能力论证的（2015 年 4 月 7 日前进入采购阶段但未开展财政承受能力论证以及 2015 年 12 月 18 日前进入采购阶段但未开展物有所值评价的项目除外）；虽已开展物有所值评价和财政承受能力论证，但评价方法和程序不符合规定的。

（二）不宜继续采用 PPP 模式实施。包括入库之日起一年内无任何实质性进展的；尚未进入采购阶段但所属本级政府当前及以后年度财政承受能力已超过 10% 上限的；项目发起人或实施机构已书面确认不再采用 PPP 模式实施的。

（三）不符合规范运作要求。包括未按规定转型的融资平台公司作为社会资本方的；采用建设—移交（BT）方式实施的；采购文件中设置歧视性条款、影响社会资本平等参与的；未按合同约定落实项目债权融资的；违反相关法律和政策规定，未按时足额缴纳项目资本金、以债务性资金充当资本金或由第三方代持社会资本方股份的。

（四）构成违法违规举债担保。包括由政府或政府指定机构回购社会资本投资本金或兜底本金损失的；政府向社会资本承诺固定收益回报的；政府及其部门为项目债务提供任何形式担保的；存在其他违法违规举债担保行为的。

（五）未按规定进行信息公开。包括违反国家有关法律法规，所公开信息与党的路线方针政策不一致或涉及国家秘密、商业秘密、个人隐私和知识产权，可能危及国家安全、公共安全、经济安全和社会稳定或损害公民、法人或其他组织合法权益的；未准确完整填写项目信息，入库之日起一年内未更新任何信息，或未及时充分披露项目实施方案、物有所值评价、财政承受能力论证、政府采购等关键信息的。

四、组织实施

（一）落实责任主体。各省级财政部门要切实履行项目库管理主体责任，统一部署辖内市、区、县财政部门开展集中清理工作。财政部政府和社会资本合作中心（以下简称"财政部 PPP 中心"）负责开展财政部 PPP 示范项目的核查清理工作，并对各地项目管理库清理工作进行业务指导。

（二）健全工作机制。各省级财政部门应成立集中清理专项工作组，制订工作方案，明确任务分工、工作要求和时间进度，落实专人负责，并可邀请专家参与。地方各级财政部门应当会同有关方面加强政策宣传和舆论引导，重要情况及时向财政部报告。

（三）明确完成时限。各省级财政部门应于 2018 年 3 月 31 日前完成本地区项目管理库集中清理工作，并将清理工作完成情况报财政部金融司备案。

（四）确保整改到位。对于逾期未完成清理工作的地区，由财政部 PPP 中心指导并督促其于 30 日内完成整改。逾期未完成整改或整改不到位的，将暂停该地区新项目入库直至整改完成。

财政部办公厅

2017 年 11 月 10 日

关于加强中央企业 PPP 业务风险管控的通知

国资发财管〔2017〕192 号

各中央企业：

PPP（政府与社会资本合作）模式是我国基础设施和公共服务供给机制的重大创新，对于推进供给侧结构性改革、创新投融资机制、提升公共服务的供给质量和效率具有重要意义。近年来，中央企业主动适应改革要求，努力拓展市场，积极探索开展 PPP 业务，在推动自身业务快速发展的同时，有力支持了地方经济发展，取得了良好成效。为贯彻新发展理念，提高中央企业境内 PPP 业务经营管理水平，有效防范经营风险，实现规范有序可持续发展，现将有关工作要求通知如下：

一、坚持战略引领，强化集团管控

各中央企业要紧密围绕企业发展战略和规划，建立健全本企业 PPP 业务管控体系，稳妥开展 PPP 业务。一是加强战略引领。立足企业功能界定与分类定位，结合企业战略和发展方向，充分考虑企业财务资源和业务能力，规划本企业 PPP 业务发展。PPP 业务较为集中的企业应编制 PPP 业务专项规划，优化 PPP 业务布局和结构。二是完善全过程管控体系。建立健全 PPP 项目管理制度，从预算约束、事前可研决策、事中项目实施管理、事后投资评价等方面细化管控流程，构建权责明晰的管理机制，加强企业投资、财务、法务、审计等部门的协同配合，形成管控合力。三是加强集团管控。明确集团对 PPP 业务管控的主体责任和各级子企业的具体管理责任，由集团总部（含整体上市的上市公司总部）负责统一审批 PPP 业务。四是依法依规操作。加强投标管理及合同谈判，严格执行合规审查程序，切实防范 PPP 业务中的违法违规风险，妥善处理并及时报备重大法律纠纷集件。

二、严格准入条件，提高项目质量

各中央企业要将源头管控作为加强 PPP 业务管理的重中之重，细化 PPP 项目选择标准，优中选优，规范有序参与市场竞争，有效应对项目占用资金规模大、回报周期长带来的潜在风险。一是聚焦主业。根据项目投资、建设、运营等环节特征准确界定集团主业投资领域，认真筛选符合集团发展方向、具备竞争优势的项目。将 PPP 项目纳入企业年度投资计划管理，严控非主业领域 PPP 项目投资。二是坚持"事前算赢"原则，在项目决策前充分开展可行性分析，参考本企业平均投资回报水平合理设定 PPP 投资财务管控指标，投资回报率原则上不应低于本企业相同或相近期限债务融资成本，严禁开展不具备经济性的项目，严厉杜绝盲目决策，坚决遏制短期行为。三是认真评估 PPP 项目中合作各方的履约能力。在通过财政承受能力论证的项目中，优先选择发展改革、财政等部门入库项目，不得参与付费来源缺乏保障的项目。

三、严格规模控制，防止推高债务风险

各中央企业要高度关注业务对企业财务结构平衡的影响，综合分析本企业长期盈利能力、偿债能力、现金流量和资产负债状况等，量力而行，对 PPP 业务实行总量管控，从严设定 PPP 业务规模上限，防止过度推高杠杆水平。一是纳入中央企业债务风险管控范围的企业集团，累计对 PPP 项目的净投资（直接或间接投入的股权和债权资金、由企业提供担保或增信的其他资金之和，减去企业通过分红、转让等收回的资金）原则上不得超过上一年度集团合并净资产的50%，不得因开展 PPP 业务推高资产负债率。二是集团要做好内部风险隔离，明确相关子企业 PPP 业务规模上限；资产负债率高于85%或近2年连续亏损的子企业不得单独投资 PPP 项目。三是集团应加强对非投资金融类子企业的管控，严格执行国家有关监管政策，不得参与仅为项目提供融资、不参与建设或运营的项目。

四、优化合作安排，实现风险共担

各中央企业在 PPP 项目中应充分发挥项目各合作方在融资、建设、运营等方面的比较优势，合理确定股权比例、融资比例，努力降低综合融资成本，切实做好项目运营合作安排，实现合作共赢。一是落实股权投资资金来源。各企业要严格遵守国家重大项目资本金制度，合理控制杠杆比例，做好拟开展 PPP 项目

的自有资金安排，根据项目需要积极引入优势互补、协同度高的其他非金融投资方，吸引各类股权类受托管理资金、保险资金、基本养老保险基金等参与投资，多措并举加大项目资本金投入，但不得通过引入"名股实债"类股权资金或购买劣后级份额等方式承担本应由其他方承担的风险。二是优化债权资金安排。积极与各类金融机构建立 PPP 业务合作关系，争取长期低成本资金支持，匹配好债务融资与项目生命周期。三是规范融资增信。在 PPP 项目股权合作中，不得为其他方股权出资提供担保、承诺收益等；项目债务融资需要增信的，原则上应由项目自身权益、资产或股权投资担保，确需股东担保的应由各方股东按照出资比例共同担保。四是做好运营安排，探索多元化的项目回报机制。结合企业发展需要，不断提高 PPP 项目专业化运营管理能力，对于尚不具备专业化运营管理能力的项目，通过合资合作、引入专业化管理机构等措施，确保项目安全高效运管。五是积极盘活存量投资，完善退出机制。根据自身和项目需要，持续优化资金安排，积极通过出让项目股份、增资扩股、上市融资、资产证券化等多渠道盘活资产、收回资金，实现 PPP 业务资金平衡和良性循环。

五、规范会计核算，准确反映 PPP 业务状况

各中央企业应当根据《企业会计准则》相关规定规范 PPP 业务会计核算。一是规范界定合并范围。根据股权出资比例、合作方投资性质、与合作方关联关系（如合营、担保、提供劣后级出资等），对项目融资、建设和运营的参与程度，风险回报分担机制，合作协议或章程约定等，按照"实质重于形式"原则综合判断对 PPP 项目的控制程度，规范界定合并范围；对确属无控制权的 PPP 项目，应当建立单独台账，动态监控项目的经营和风险状况，严防表外业务风险。二是足额计提资产减值准备。定期对 PPP 项目长期股权投资、取得的收费权、股东借款等资产进行减值测试，重点关注实际运营情况与项目可研预期差距较大、合作方付款逾期等减值迹象，及时足额计提减值准备，防范资产价值不实。三是规范核算项目收益。同时参与 PPP 项目投资、建设或运营的企业，应当合理划分和规范核算各阶段收益。

六、严肃责任追究，防范违规经营投资行为

各中央企业要切实承担起对 PPP 业务管控的主体责任，加强对全集团 PPP 业务的审计与监督检验，不断提高 PPP 业务投资经营管理水平。要对 PPP 业务经营投资责任实施规范化、科学化、全周期管理，完善决策事项履职记录。对违反本通知要求，未履行或未正确履行投资管理职责造成国有资产损失以及其他严重不良后果的各级经营管理人员，要严肃追究责任，同时对 PPP 业务重大决策实施终身责任造究制度。

各中央企业要对照本通知要求，全面梳理已签约 PPP 项目，根据发现的风险和问题，及时完善制度，加强管控，提出应对措施。对存在瑕疵的项目，要积极与合作方协商完善；对不具备经济性或存在其他重大问题的项目，要逐一制订处置方案，风险化解前，该停坚决停止，未开工项目不得开工。

国务院国有资产监督管理委员会

2017 年 11 月 17 日

参考文献

1. 外文文献

［1］Albertijn S., Bessler W. Financing Shipping Companies and Shipping Oper-ations: A Risk-management Perspective ［J］. Applied Corporate Finance, 2011, 24（4）: 70-82.

［2］Adrian Blundell-Wignal, Paul Atkinson. The Sub-Prime Crisis: Causal Distortions and Regulatory Reform, in Lessons from the Financial Turmoil of 2007 and 2008 ［R］. Reserve Bank of Australia 2008 Conference.

［3］Archarya, V.A Theory of Systemic Risk and Design of Prudential Bank Reg-ulation ［M］. CEPR Discussion Paper, No.7146, 2009.

［4］Allen, Marcus, Jeff Madura and Springer. REIT characteristics and the sensitivity of REIT returns ［J］. Journal of Real Estate and Economics, 2001 （21）: l41-152.

［5］Arping S. Credit Protection and Lending Relationships ［D］. University of Amsterdam, Working Paper, 2004.

［6］Glascock, John L., Chiuling Lu. REIT Returns and Inflation: Perverse or Reverse Causality Effects? ［J］. Journal of Real Estate Finance and Economics, 2000 （24）.

［7］Lipson Jonathan C.. Re: Defining Securitization, 85 S. Cal. L. Rev. 1229, 2012.

［8］Global Legal Group. The International Comparative Legal Guide to Securiti-zation, 2005: 65-70.

［9］Schwarcz, Steven L. The Future of Securitization. 41 Conn. L. Rev.

1313，2009.

　　[10] Tamar Frankel. Securitization: Structured Financing, Financial Assets Pools; and Asset-backed Securities [J]. Supplement, Aspen Law & Business, 1998 (2): 4-10.

　　[11] Schwarcz Steven L. What is Securitization and for What Purposes 85 Cal.L. Rev 1283, 2012.

　　[12] Gardner Mona, Mills Dixie. Managing Financial Istitutions [M]. Dryden Press, 1994 (3).

　　[13] Kettering, Kenneth C. Securitization and its Discontents: The Dynamics of Financial Product Development [M]. 29 Cardozo L.Rev., 1553, 2008.

　　[14] Plank, Thomas E. The Security of Securitization and the Future of Security [M]. 25 Cardozo L.Rev., 1655, 2004.

　　[15] Plank, Thomas El, Sense and Sensibility in Securitization: A Prudent Legal Structure anda Fanciful Critique [M]. 30 Cardozo L.Rev.617, 2008.

　　[16] Steinherr. Mortgage Baeked Securities, Development and Trends in the Secondary Mortgage Market [M]. Clark Boardman Co, New York, 1992: 55-68.

　　[17] Rosenthal J. A., Ocampo, J. M. Analyzing the Economic Benefits of Securitized Credit [J]. Journal of Applied Corporate Finance1, 1988: 32-44.

　　[18] Kopff Gary J. Securitization, Taking the Business off the Balance Sheet [J]. The Bankers Magazine, 1988: 14-18.

　　[19] Schwarcz S. L. The Alchemy of Asset Securitization [J]. Stanford Journal of Law Business and Finance, 1994: 133-154.

　　[20] Jure Skarabot. Asset Securitization and Optimal Asset Structure of the Firm, March 21, 2001.

　　[21] Shenker, Colletta, Asset Securitization: Evolution [J]. Current Issues and New Frontiers, 1991: 1369, 1374, 1375.

　　[22] Dennis Vink, André E.Thibeault: An Empirical Analysis of Asset-backed Securitization [J]. 21st Australasian Finance & Banking Conference Paper, 2008.

　　[23] Lakshman Alles: Asset Securitization and Structured Financing: Future-prospects and Challenges for Emerging Market Countries, IMF Working Paper, WP/

01/47, 2010 (10).

[24] Hess A. beston. Elements of Mortgage Securitization [J]. Journal of Real Estate Finance and Economicsl, 1988.

[25] Gambrill, David. Back to the Basics, Canadian Underwriter [J]. 2008(5).

[26] Herz, Robert. Dynamic Assets Don't Fit in Passive Vehicles[J]. Journal of Accountancy, 2008 (7).

[27] Arshad A.Ahmed, Introducing Asset Securifization to Indonesia: a Method in Madness [J]. University of Pennsylvania of Journal of International Economic Law, 1998 (19).

[28] White Group. The World will never be the Same Again—global Leasing Faces Itsgreatest Challenge? [M]. World Leasing Yearbook, 2009.

[29] Shawn D. Halladay. Lease Securitization [M]. International Lease Educators and Consultants, 2005.

[30] Mehran H., Taggart R.A., Yermack, D. CEO Ownership, Leasing and Debt Financing [J]. Financial Management, 1999, 28 (2): 5–14.

[31] Myers S. C. Determinants of Corporate Borrowing [J]. Journal of Financial Economics, 1977 (5): 14–174.

[32] Smith C.W., Wakemam L. M. Determinants of Corporate Leasing Policy [J]. Journal of Financial Economics, 1985 (14): 501–522.

[33] Franks J., Hodges S. D. Valuation of Financial Lease Contracts: A Note [J]. Journal of Finance, 1978 (33): 657–669.

[34] Adedeji A., Stapleton R. C. Leases, Debt, and Tax Capacity[J]. Applied Financial Economics, 1996 (6): 71–83.

[35] Williamson O. E. Corporate Finance and Corporate Governance[J]. Journal of Finance, 1988 (43): 567–591.

[36] Clive Harris. Private Participation in Infrastructure in Developing Countries [J]. World Bank Working Paper, 2003 (5).

[37] Efraim Sadka. Public—Private Partnerships: A Public Economics Perspective [J]. IMF Working Paper, 2006 (3).

[38] Galitz Lawrence, Financial Enginee Ring: Tools and Techniques to Man-

age Finanacial Risk ［M］. London：Pitman Publishing，1995.

［39］ Galett Hardin. Tile Tragedy of the Commons ［J］. Science，1968（162）：1243-1248.

［40］ Ghazala M. Comlmmity Based and Driven Development：A Critical Review ［J］. World Bank Research Observer，2004，19（1）：1-39.

2. 中文文献

［1］安德鲁·戴维森等.资产证券化：构建和投资分析 ［M］.王晓芳译.北京：中国人民大学出版社，2006.

［2］何小锋.资产证券化：中国的模式 ［M］.北京：北京大学出版社，2002.

［3］曹洪义.资产证券化在小城镇基础设施建设中的应用研究 ［D］.天津大学，2013.

［4］杨淳.中国资产证券化研究：基于资产证券化产品的分析 ［D］.对外经济贸易大学，2013.

［5］张璋.资产证券化风险隔离机制研究 ［D］.中国政法大学，2013.

［6］刘晓红.我国地方债务的资产证券化法律问题研究 ［D］.大连海事大学，2013.

［7］盛梦雪.我国地方政府债务资产证券化法律制度研究 ［D］.安徽大学，2013.

［8］张晓雪.跨境资产证券化的国际法律协调研究 ［D］.西南政法大学，2013.

［9］吕美华.资产证券化风险防范法律制度研究 ［D］.对外经济贸易大学，2013.

［10］ 徐捷.房地产投资信托基金（REITs）的机制、绩效与制度移植研究 ［D］.对外经济贸易大学，2013.

［11］ 刘欢.资产证券化问题研究 ［D］.吉林财经大学，2012.

［12］ 倪伟康.协同视角下资产证券化流动性研究 ［D］.东华大学，2011.

［13］ 陈建光.后金融危机时代资产证券化风险应对策略 ［D］.南开大学，2011.

［14］ 王元中.基础设施资产证券化交易结构研究及应用 ［D］.对外经济贸易大学，2013.

［15］张璐. 资产证券化在我国基础设施融资中的应用研究［D］. 对外经济贸易大学，2011.

［16］金梅. 资产证券化风险机制的理论与现实［D］. 山东大学，2011.

［17］范拓源. 开发区基础设施建设项目融资租赁研究［J］. 广东科技，2013（8）.

［18］王艳东. 资产证券化破产隔离机制研究［D］. 内蒙古大学，2010.

［19］何兴源. 我国资产证券化问题研究［D］. 首都经济贸易大学，2010.

［20］高峰. 离岸资产证券化法律问题研究［D］. 大连海事大学，2010.

［21］田静. 金融危机后资产证券化融资若干法律问题再探讨［D］. 山东大学，2010.

［22］法博齐. 固定收益证券手册［M］. 任若恩，李焰译. 北京：中国人民大学出版社，2005.

［23］雷蒙德·W. 戈德斯密斯. 金融结构与金融发展［M］. 上海：上海人民出版社，1994.

［24］赵宇华. 资产证券化原理与实务［M］. 北京：中国人民大学出版社，2007.

［25］洪燕蓉. 资产证券化法律问题研究［M］. 北京：北京大学出版社，2004.

［26］斯帝文·L.西瓦兹. 结构金融［M］. 北京：清华大学出版社，2003.

［27］王文宇，黄金泽，邱荣辉. 金融资产证券化理论与实务［M］. 北京：中国人民大学出版社，2006.

［28］张超英. 资产证券化的本质和效应［M］. 北京：经济科学出版社，2004.

［29］何小锋，来有为. 中国离岸资产证券化的实践探索［J］. 世界经济，2000（9）：73-76.

［30］戴国强，孙奉军. 我国资产证券化的切入点［J］. 上海金融，2001（8）：32.

［31］姜乐. 中国资产证券化离岸模式研究［J］. 铜陵学院学报，2003（2）：33.

［32］刘入领，胡章宏. 美国资产证券化的运作机制、特点和积极影响［J］. 投资研究，1998（1）：51-55.

［33］洪艳蓉. 美国证券法对资产证券化的规范与借鉴［J］. 证券市场导报，2002（11）：32-37.

[34] 朱宏文，王健. 特殊目的公司助推资产证券化：必要性、特殊性及其法制架构 [J]. 法治研究，2009（12）：28-32.

[35] 赵晓菊. 信息不对称与金融风险控制管理 [J]. 国际金融研究，1999（5）：58-62.

[36] 高峰. 国资产证券化结构中 SPV 的法律构建问题 [J]. 当代经济管理，2009（7）：93-96.

[37] 胡宗伟. 浙江省资产证券化的现实条件和突破口选择 [J]. 金融理论与实践，2009（2）：45-47.

[38] 林密. 资产证券化的运行原理以及风险分析 [J]. 现代商业，2010（9）：24-25.

[39] 洪艳蓉. 中国资产证券化的制度竞争与协调 [J]. 证券市场导报，2006（9）.

[40] 刘卫鑫. 资产证券化的价值争论 [J]. 证券市场导报，2004（2）.

[41] 谢敏莉，张本照. 跨国资产证券化的理论研究 [J]. 华东经济管理，2004（1）.

[42] 艾丹，孙鸿飞. 采用项目融资模式进行内资项目建设的探讨 [J]. 经济师，2001（2）.

[43] 肖林，张曼. 中国大型基础项目融资机制研究[J]. 上海综合经济，2001（1）.

[44] 秦旋，张云波. BOT 项目融资模式又一成功范例——浅析泉州刺桐大桥项目融资 [J]. 基建优化，2001（3）.

[45] 魏保安. 基础设施建设项目融资中的 BOT [J]. 开封大学学报，2000（3）.

[46] 袁东. 中国基础设施项目融资与政府财政 [J]. 中国投资，1999（3）.

[47] 王立国. 项目融资中资金结构的选择 [J]. 财经问题研究，1999（12）.

[48] 乐后圣. 项目融资成功的五大条件 [J]. 中外管理导报，1999（5）.

[49] 徐大鹏，赵梅. 项目融资的风险控制技术分析 [J]. 济南金融，1999（2）.

[50] 王会锋，罗丹，马述忠. TOT：项目融资新方式[J]. 中国软科学，1999（3）.

[51] 蒋振声，周英章. 国外金融租赁业的成功发展对我国的启示 [J]. 金融

与经济，2001（2）.

　　［52］戎刚. 发达国家城市基础设施建设的特点及借鉴［J］. 中国城市经济，2002（3）.

　　［53］刘晓君，张宏. 基础设施项目融资的有效方式——TBT［J］. 建筑经济，2004（4）.

　　［54］牛大勇. 西部基础设施建设项目融资的应用研究［J］. 哈尔滨工程大学学报，2003（2）.

　　［55］周君，刘伊生. 大型建设项目的租赁融资模式研究［J］. 建筑经济，2005（9）.

　　［56］崔健，刘东. 城市基础设施建设投融资模式创新的基本思路［J］. 开放导报，2012（3）.

　　［57］崔军. 我国地方政府债务治理：近期目标与长效机制［J］. 财经问题研究，2011（7）：14-18.

　　［58］石亚东，李传永. 我国城市基础设施投融资体制改革的难点分析［J］. 中央财经大学学报，2010（7）：62-65.

3. 网站

　　［1］美国联邦储备委员会：http：//www.federalreserve.gov.

　　［2］抵押会融内情：http：//www.imfpubs.com.

　　［3］美国证券业与金融市场协会：http：//www.sifma.org.

　　［4］欧洲 REITs 联盟（EPRA）：http：//81.17.33.253.

　　［5］美国 REITs 联盟（NAREIT）：http：//www.reit.com/Default.aspx.

　　［6］美国经济研究署：http：//www.bea.gov.

　　［7］美国联邦存款保险公司：http：//fdic.gov.

　　［8］美国标普：http：//www.standardandpoors.com/home/en/us.